本书中所述研究内容获 2018 年度教育部人文社会科学研究规划基金项目《跨区域产业协同集聚的微观机制及溢出效应研究：基于多维邻近的视角》（项目批准号：18YJA790004）资金支持。

多维邻近视角下跨区域产业协同集聚的微观机制和溢出效应研究

白孝忠　著

中国水利水电出版社
www.waterpub.com.cn

·北京·

内容简介

现代信息通信技术广泛应用背景下，跨区域要素流动、产业协同集聚成为新常态。本书探讨了多维邻近性的概念及分类，构建了多维邻近性下跨区域产业协同集聚的理论框架，分析了其演进过程与现代信息通信技术背景下的变化，分析了跨区域产业协同集聚的模式，深入探讨了认知邻近与制度邻近对跨区域产业协同集聚的微观机制，并研究了多维邻近性与跨区域产业协同集聚的溢出效应，最终得出结论并展望了未来的研究方向。

本书适合地理学、经济学、城市规划等领域的研究者，以及城市规划与管理者、政策制定者和对产业、区域经济有兴趣的公众阅读。通过深入研究此主题，读者可深入理解产业协同集聚的机制、影响及政策建议，为实际工作与研究提供有益参考。

图书在版编目（CIP）数据

多维邻近视角下跨区域产业协同集聚的微观机制和溢
出效应研究 / 白孝忠著 . —北京：中国水利水电出版
社，2024.6. -- ISBN 978-7-5226-2514-0

Ⅰ . F269.27

中国国家版本馆 CIP 数据核字第 202496PD69 号

书　　名	多维邻近视角下跨区域产业协同集聚的微观机制和溢出效应研究 DUOWEI LINJIN SHIJIAO XIA KUAQUYU CHANYE XIETONG JIJU DE WEIGUAN JIZHI HE YICHU XIAOYING YANJIU
作　　者	白孝忠　著
出版发行	中国水利水电出版社 （北京市海淀区玉渊潭南路 1 号 D 座 100038） 网址：www.waterpub.com.cn E-mail：zhiboshangshu@163.com 电话：（010）62572966-2205/2266/2201（营销中心）
经　　售	北京科水图书销售有限公司 电话：（010）63202643、68545874 全国各地新华书店和相关出版物销售网点
排　　版	北京智博尚书文化传媒有限公司
印　　刷	三河市龙大印装有限公司
规　　格	170mm×240mm　16 开本　14.75 印张　236 千字
版　　次	2024 年 6 月第 1 版　2024 年 6 月第 1 次印刷
定　　价	69.00 元

前　言

经济高质量发展阶段，我国产业链发展变得尤为艰难，全球制造业领域的"断链""堵链""缺链"等现象时有发生，为破解产业链稳定运行的"卡脖子"问题，党的二十大报告强调："加快建设现代化经济体系，着力提高全要素生产率，着力提升产业链供应链韧性和安全水平。"技术创新、产业升级是产业链韧性提升的根本途径。近年来，在新一轮技术变革和产业革命条件下，服务业的发展日益成熟，尤其是数字经济渗透到产业链供应链全过程，制造业和服务业协同集聚融合发展成为制造业转型升级的重要方向。产业协同集聚是单一的产业集聚步入成熟阶段，基于水平或垂直的经济技术关联所形成的异质性产业间集聚，是产业集聚发展的高级阶段，通过知识溢出效应和规模经济效应等推动知识创新、技术升级，从而进一步促进产业转型升级。高质量发展背景下，产业协同集聚的形态对加速区域创新进程，提升我国制造业产业链韧性和安全水平，乃至现代产业体系构建具有重要意义。

1997 年两位美国学者 Ellision 和 Glaeser 首次提出产业协同集聚现象以来，学者们通过修正后的 E-G 指数测算，发现美国、欧盟等国家或地区在县、州等不同的区域层次存在不同程度的产业协同集聚。国内相关文献表明，当前我国经济已经逐渐从单一产业集聚转向多个产业协同集聚，不仅许多地方的产业结构以生产性服务业和制造业的协同集聚为主，而且区域间由于地域相接、文化相承、人脉相亲等历史渊源，以及各区域比较优势各异，实现了虚拟产业协同集聚、圈层式跨区域产业协同集聚等新型集聚发展模式。在现代信息通信技术广泛应用和创新驱动高质量发展背景下，我国产业集群式发展开始步入从生产型产业集群向创新型产业集群升级的转型期，然而我国跨区域产业协同集聚普遍面临整体发展不充分、创新动力不足、同质化依然严重等瓶颈制约。由于我国大多数产业集聚区或高新区始于政府优惠政策的支持与引导，在成长的过程中更多关注配套基础设施建设、土地优惠、区际协调机制构建等"硬"条件的改善，从多维邻近视角来看，忽略了集聚主体间制度邻近和认知邻近等多维邻近关系对跨区域产业协同集聚发展的影响。作为产业集聚的高级组织形态，跨区域产业协同集聚的发展离不开主体间的创新活动及官产学研合作，而内部学习机制是实现各创新要素溢出和积累，促进产业集聚创新发展的关键，也就是需要多维邻近关系的协调、控制和促进效应来激发集聚主体的创新动力，提升集群整体的创新能力。基于此，如何引导集聚主体构建有利于交互学习的创新机制，强化多维邻近关系对跨区域产业协同集聚的影响作用，是当前学术界重点关注的方向。

本书研究目的在于尝试从多维邻近这个全新视角，围绕"多维邻近与跨区域产业协同集聚"论题，深入探析并回答以下问题来构建一个较为完善的多维邻近视角下跨区域产业协同集聚微观机制的理论分析框架：信息通信技术广泛应用下，跨区域产业协同集聚有哪些特征？生命周期和开放性视角下跨区域产业协同集聚如何演进？单一地理邻近性分析视角为什么对产业协同集聚机制已缺乏解释力？产业集聚虚拟化转型趋势凸显，跨区域产业协同集聚有哪几种模式？制度邻近、认知邻近如何影响跨区域产业协同集聚？多维邻近性视角下跨区域产业协同集聚的溢出效应是什么？在此基础上，以长江经济带产业集聚为研究对象，运用制造业区位熵指数（LQM）、生产性服务业区位熵指数（LQP）、E-G修正后的产业协同集聚指数（RI）对长江经济带各省市、各区域以及整体制造业集聚、生产性服务业集聚和产业协同集聚进行测度，并评价跨区域产业协同聚焦程度；建立实证模型，对认知邻近、制度邻近对跨区域产业协同集聚的微观机制的理论观点进行了实证检验，并对长江经济带跨区域产业协同集聚发展提出政策建议。以期为促进我国各级政府重视跨区域产业协同集聚主体间多维邻近关系的作用及交互学习机制体系的构建提供帮助，进而为完善我国区域协调发展政策与创新机制提供参考。

本书在教育部人文社科项目《跨区域产业协同集聚的微观机制及溢出效应研究：基于多维邻近的视角》（项目批准号：18YJA790004）的资助下，竭力围绕"多维邻近与跨区域产业协同集聚"这一全新的研究领域在理论机制与实证分析层面进行探索性研究。

本书在编写过程中，参阅了大量的文献，引用了同类书刊的部分资料，在此，谨向有关作者表示衷心感谢。

本书竭力围绕"多维邻近与跨区域产业协同集聚"这一全新的研究领域在理论机制与实证分析层面进行探索性研究，但囿于本人的学术水平和精力，本书仍存在一定的局限性和不成熟之处，有待今后进一步深入探讨。恳请各位专家学者批评指正的同时，企盼本书的出版能引起国内外学者对此论题的广泛关注和深入研究。

白孝忠

2023 年 10 月

作者简介

　　白孝忠，湖北洪湖人，湖北工业大学经济与管理学院副教授，硕士研究生导师，国际经济与贸易专业专任教师，主要从事国际贸易学、产业经济学与区域经济学的教学和科研工作。为本科生、研究生讲授《国际贸易实务》《国际贸易学》《国际商务谈判》《国际服务贸易》《国际贸易政策与实务》《跨文化沟通与商务谈判》等多门课程。以独立作者或第一作者在《科技进步与对策》《统计与决策》《生态经济》等国内外期刊上发表论文20余篇，主持教育部人文社科规划项目一项，省级以上科研项目五项，出版专著1部，参编教材3部。先后获得首届湖北工业大学最受欢迎老师奖和第二届湖北工业大学最受欢迎老师奖。

目　　录

前　言

第1章　绪　论 1

　　1.1　研究的背景与意义 1

　　　　1.1.1　研究背景 1

　　　　1.1.2　研究意义 4

　　1.2　相关研究综述与不足 7

　　1.3　研究的基本思路与方法 11

　　　　1.3.1　研究思路 11

　　　　1.3.2　研究方法 11

　　1.4　研究框架与主要内容 12

　　1.5　本书的创新点 14

第2章　多维邻近性概念及分类探讨 16

　　2.1　多维邻近性文献回顾与概念界定 16

　　　　2.1.1　多维邻近性的起源与探索 17

　　　　2.1.2　多维邻近性概念的界定 20

　　2.2　本书的多维邻近性概念框架 25

　　2.3　本章小结 26

第3章　多维邻近性下跨区域产业协同集聚：一个理论框架 27

　　3.1　产业集聚理论演进及异质性 27

　　　　3.1.1　产业集聚理论的演进 27

3.1.2 产业集聚异质性 30

3.2 区际产业联动和跨区域产业协同集聚的特征 34

3.2.1 区际产业联动 34

3.2.2 跨区域产业协同的界定和集聚的特征 36

3.3 多维邻近性跨区域产业协同集聚研究的分析框架 42

3.4 本章小结 43

第4章 跨区域产业协同集聚的演进：生命周期理论与开放性视角 .. 45

4.1 产业协同集聚构成分析 45

4.1.1 集聚主体 45

4.1.2 集聚网络 51

4.2 跨区域产业协同集聚演进——基于生命周期理论 55

4.3 跨区域产业协同集聚的根植性与开放性 62

4.3.1 根植性与产业集聚 62

4.3.2 跨区域产业协同集聚的根植性分析 64

4.3.3 开放性视角下跨区域产业协同集聚 66

4.4 本章小结 70

第5章 ICT背景下跨区域产业协同集聚：理论发展脉络与反思 72

5.1 知识溢出、产业集聚与临时地理邻近 72

5.1.1 知识溢出与产业集聚 72

5.1.2 地理邻近与产业集聚 74

5.1.3 ICT背景下临时性地理邻近的提出 76

5.2 产业协同集聚机制的文献回顾 79

5.2.1 产业层面的产业协同集聚机制理论演进 79

5.2.2 空间层面的产业协同集聚机制理论演进 81

5.3 ICT背景下跨区域产业协同集聚的理论反思 82

5.3.1 ICT背景下地理邻近的分析对产业协同集聚机制
已缺乏解释力 83

5.3.2 ICT背景下跨区域产业协同集聚的空间范围效应扩大 84

5.4 本章小结 86

第 6 章　虚拟集聚与跨区域产业协同集聚：模式与现实考察 87

　6.1　虚拟集聚的特征和外部性 87

　　　6.1.1　虚拟集聚的提出 87

　　　6.1.2　虚拟集聚的特征 89

　　　6.1.3　虚拟集聚的外部性 92

　6.2　跨区域产业协同集聚的模式分析 95

　　　6.2.1　跨区域产业协同集聚的内涵 95

　　　6.2.2　跨区域产业协同集聚的模式 98

　6.3　跨区域产业协同集聚的现实考察——以长江经济带为例 102

　　　6.3.1　长江经济带概述 102

　　　6.3.2　长江经济带跨区域产业协同集聚考察 104

　　　6.3.3　结论与建议 114

　6.4　本章小结 115

第 7 章　认知邻近、制度邻近对跨区域产业协同集聚的微观机制 .. 117

　7.1　知识流动与跨区域协同创新 117

　　　7.1.1　关于知识资本的研究 117

　　　7.1.2　知识流动促进跨区域协同创新的影响机理分析 123

　7.2　认知邻近对跨区域产业协同集聚的微观机制 128

　7.3　制度邻近对跨区域产业协同集聚的微观机制 135

　　　7.3.1　相关文献回顾 135

　　　7.3.2　制度环境与产学研合作创新 140

　　　7.3.3　制度邻近对跨区域产业协同集聚的微观机制 143

　7.4　多维邻近性对跨区域产业协同集聚的交互机制 147

　　　7.4.1　文献回顾 147

　　　7.4.2　多维邻近性对跨区域产业协同集聚的交互机制 149

　7.5　认知邻近、制度邻近对跨区域产业协同集聚微观机制的实证检验 150

　　　7.5.1　理论假设 150

　　　7.5.2　指标体系构建 151

　　　7.5.3　数据说明 154

　　　7.5.4　模型设定 154

7.5.5 结果分析 155

7.5.6 结论与政策建议 159

7.6 本章小结 160

第8章 多维邻近性与跨区域产业协同集聚溢出效应 163

8.1 集聚效应的文献回顾 163

8.1.1 集聚效应的提出 163

8.1.2 生产性服务业集聚效应 164

8.1.3 产业协同集聚效应 164

8.2 多维邻近性视角下跨区域产业协同集聚与区域创新能力 ... 166

8.2.1 区域创新能力的影响因素分析 166

8.2.2 跨区域产业协同集聚对区域创新能力的影响机制 ... 170

8.3 多维邻近性视角下跨区域产业协同集聚与产业升级 ... 174

8.3.1 全球价值链与产业升级 174

8.3.2 多维邻近性视角下跨区域产业协同集聚促进产业升级
的机制 180

8.4 多维邻近性视角下跨区域产业协同集聚与经济持续增长 ... 184

8.4.1 内生经济增长理论及其适用性 184

8.4.2 多维邻近视角下跨区域产业协同集聚促进经济增长的作用机制
.... 188

8.5 本章小结 193

第9章 结论与研究展望 195

9.1 结论 195

9.2 研究展望 198

参考文献 201

第1章 绪 论

1.1 研究的背景与意义

1.1.1 研究背景

早在 18 世纪 70 年代，古典经济学派和现代经济理论的创始人之一亚当·斯密（Adam Smith）在其分工论中就论及：分工是提高劳动效率的主要原因，也是经济发展的基础，"劳动分工和专业协作的深化是经济长期增长的源泉"。在亚当·斯密看来，分工的形成并不完全是个人能力的自然差异，起因在于人们的易货倾向和市场范围，而市场范围受制于运输效率的影响。亚当·斯密对经济思想史最重要的贡献之一，是以劳动分工为核心，将交易和市场联系起来形成完整的经济增长理论。对斯密分工理论做出开创性贡献的是美国经济学家艾林·杨（Allyn Young），他在经典文献《收益递增与经济进步》中指出：产业间的不断分工和专业化是实现收益递增的基本组成过程。艾林·杨的产业间分工思想验证了工业经济时代，随着产业间分工的深化，各地层出不穷的产业集聚现象，并最终实现外部规模经济和收益递增的演变过程。

产业集聚的研究始于 1890 年著名剑桥学派经济学家阿尔弗雷德·马歇尔（Alfred Marshall）在《经济学原理》一书中的外部经济理论，认为企业因追求外部经济而集聚在一起，而外部经济主要来源于"弥漫在空气中的秘密"，Marshall（1920）将"不再是秘密"总结为劳动力市场与基础设施共享、专业化投入共享和产业内知识溢出三个方面。集聚外部性理论未直接提及但已完全隐含地理邻近促进产业集聚形成的思想。产业集聚是典型的空间经济现象，其发展需要空间载体，但长期以来传统区位论没有真正将空间维度纳入一般性分析框架，地理邻近并没有引起主流经济学家的普遍关注。直至 20 世纪 70 年代末 80 年代初，随着西方资本主义国家经历福特时代到后福特时代的经济转型，美国加州的硅谷地区、意大利的中部和东北部等地区出现了一些有"黏结"性的区位，众多中小企业集聚于本地，全球资本、技术也可能"黏"在一起集聚发展，催生出一种内生增长机制（Stoper，1989），驱动这些地区经济可持续发展，这些地区称为"新产业区"。新产业区现象促使学者们对地理邻近论题予以高度关注。

一方面，20 世纪 70 年代末，随着城市化和工业化进程的不断推进，西方国家普遍进入以服务业为主导的经济增长模式，这种现代经济增长模式以知识和技术密集度高的研发设计、专业化生产服务、物流配送等生产性服务业为主要组成部分，并超越制造业成为经济增长的重要动力与创新之源（Bayson，1997）。另一方面，自 20 世纪 80 年代中期以来，随着信息技术和知识经济的兴起，制造业的发展再一次引起发达资本主义国家的高度关注，如德国的"工业 4.0"和美国的"工业互联网"发展战略促进了以信息技术为核心的生产性服务业与制造业的融合发展和协同集聚。20 世纪 90 年代兴起的新经济地理学派使产业协同集聚研究得以规范讨论。Ellison & Glaeser（1997）提出的产业协同集聚指数被广泛应用于实证研究，Venables（1996）的垂直关联产业集聚模型，从"需求关联"和"成本效应"两个作用维度分析关联产业间的产业协同集聚。然而，对于产业协同集聚的研究，无论从空间视角还是从行业视角，或是从内在机理与集聚效应的方面分析，都存在一些理论盲点和研究空白，尤其产业协同集聚的机理始终是一个未能很好解构的"黑箱"（陈晓峰，2015）。新经济地理学创始者 Krugman（1995）和 Venables（1996）从异质性关联视角探讨了地理邻近与产业协同集聚等相关论题，并认可地理邻近对产业协同集聚的重要影响。随着研究的进一步深入，学界发现非市场力量的技术外部性等其他因素对产业集聚也非常重要，技术外部性也就是知识溢出，在互联网时代,"新知识穿过走廊和街道要比跨越海洋和大陆容易得多"(Glaeser et al.,1992)。国内学者对产业协同集聚的影响因素研究成果颇多,同时也进一步探究了产业协同集聚的微观作用机制。陈建军等(2009)尝试性构建"要素 – 空间 – 城市、人口 – 制度"的分析框架探究产业集聚的成因。白重恩等(2004)还分别考察了地方保护主义和生产要素对产业集聚的影响。事实上,现有研究已完全隐含技术邻近、制度邻近、组织邻近和文化邻近等对产业协同集聚的微观作用机制。

自 20 世纪 90 年代以来,信息通信技术(information and communications technology,ICT)的快速发展及交通的便利性,基于全球资源优化配置的产品内分工,使企业的组织结构与生产趋于更加柔性化与专业化,资源跨区域流动与配置空前加大。党的十九大报告指出:建设现代化经济体系,必须把发展经济的着力点放在实体经济上,把提高供给体系质量作为主攻方向,显著增强我国经济质量优势。加快建设制造强国,加快发展先进制造业,推动互联网、大数据、人工智能和实体经济深度融合。互联网不仅改变了人们的生活方式,同时也在改变全球的资源配置方式,在 ICT 背景下,互联网 + 实体经济成为理论界全新的命题。互联网 + 突破了传统集聚模式对地理空间的依赖,企业可以便利地选择远距离的合作伙伴和服务对象,基于上下游关系的生产性服务业与制造业在信息网络空间中形成更为紧密的相互协同关系,并最终形成线下 + 线上互联互动的产业虚拟集聚新业态。制造业与生产性服务业跨区域虚拟集聚对传统产业集聚模式产生了重大影响。

当前,我国大力实施以促进城市群发展为抓手,全面部署"两横三纵"的城镇化战略横向格局,在此背景下,区域间产业转移、协同创新不断提速,跨区域产业协作与融合成为新诉求。以区域间产业转移为表征的产业集群(产业集聚)协同创新等论题引起学术界的关注热潮。产业协同集聚是通过相关产业与支援性产业的集聚,以及产业间的外部经济所形成的协同效应,来不断强化产业集群内部的"集体效率"和"外部经济"。产业协同集聚作为一种高级的产业组织形式,更重视产业的协同问题,高峰等(2008)从产业经济地理角度,总结了产业协同集聚的四大协同效应：分工协同、制度协同、创新协同和资本协同。可见，在我国大区域联动和区域协调发展战略的背景下，现实中的产业协同集聚发展更多可能是本地交流与远距离交流并存的形式，基于协作的需要而远距离的交流也是必要的，跨区域产业集聚与协同发展成为我国区域产业与创新政策设计的重要议题。

自20世纪90年代以来，法国邻近动力学派学者提出多维邻近性论题并广泛应用到创新、组织合作和产业集聚领域的研究。他们认为，邻近除地理邻近，还应包括制度邻近、组织邻近等（Rallet et al., 1999）。邻近是个多维的概念，单一的地理邻近分析视角无法系统探析产业集聚与产业集群创新的内在机理，邻近动力学派长期致力于将更多的空间变量内生化，努力尝试构建一个统一的、规范的新经济空间研究范式（李琳 等，2013）。作为一个新兴研究领域，多维邻近总体研究尚处于探索阶段，尽管国内外学者从宽泛意义上探讨了多维邻近对产业集群创新的内在机理，而针对产业协同集聚的影响机制及效应的探讨少之又少。鉴于此，本书在归纳总结和吸收相关研究成果的基础上，尝试将多维邻近性引入跨区域产业协同集聚的分析中，从多维邻近的视角探寻产业协同集聚的发展规律，构建更具普遍意义的产业协同集聚研究范式，以此补充空间经济学和新经济地理学关于产业集聚的研究。

1.1.2　研究意义

1. 理论价值

如今，邻近性被越来越多的学者应用于创新经济、组织合作和产业集聚等论题的研究，国内尚处于研究的探索阶段。本书以多维邻近性与跨区域产业协同集聚为研究对象，在用文献回顾产业协同集聚研究脉络的基础上，分析单一地理邻近产业协同集聚论的主要观点及其局限性，应用产品生命周期理论、根植性理论探讨产业协同集聚的演进过程。在用文献回顾虚拟集聚相关研究成果的基础上，本书探究了ICT背景下跨区域产业协同集聚的内涵与发展模式，继而从多维邻近的视角探寻跨产业协同集聚的发展规律，重点探析制度邻近与认知邻近对跨产业协同集聚的微观机制，以及制度邻近与认知邻近的组合对跨区域产业协同集聚的交互影响机制，并在此基础上，分析了多维邻近性视角下跨区域产业协同集聚的空间溢出效应。本书尝试拓展更具普遍意义的跨产业协同集聚研究范式，研究成果拓展了国内有关多维邻近性与产业集聚论题的研究领域，同时对于完善经济地理学、产业经济学与区域经济学等学科关于产业集聚与创新经济的理论体系具有重要的理论价值。本书具体理论贡献表现为以下几个方面。

（1）梳理和解析相关文献中有关多维邻近性的概念，并指出当前多维邻近性概念的重叠和模糊关系，在此基础上，对多维邻近性的维度从区域层面进行了重新划分和界定，尝试构建一个界定清晰、分类明确的多维邻近性研究框架。

（2）理论上从集聚主体和集聚网络分析了跨区域产业协同集聚构成，基于产业生命周期理论探讨了产业协同集聚的演进过程，并进一步阐述产业协同集聚的根植性属性和开放性属性。

（3）在总结虚拟集聚特征的基础上，探寻虚拟集聚的外部性，以及跨区域产业协同集聚的三种模式，此方面的研究成果对于ICT背景下集聚资源配置的方式和模式探讨有一定的理论价值。

（4）基于知识异质性的视角，探讨知识流动促进跨区域协同创新的作用机制，此研究结论为跨区域产业协同集聚的微观机制研究提供了思路，也扩大了协同创新理论的研究范围。

（5）从"技术－制度"维度探讨跨区域协同的微观机制和溢出效应，拓展了产业集聚理论的研究范式。传统集聚理论以"产业－空间"维度研究，本书以产业维度和空间维度的研究成果为基础，从技术和制度层面探讨ICT背景下跨区域协同集聚的形成机制。

2. 现实价值

党的二十大报告指出："建设现代化产业体系。坚持把发展经济的着力点放在实体经济上，推进新型工业化，加快建设制造强国、质量强国、航天强国、交通强国、网络强国、数字中国。推动战略性新兴产业融合集群发展，加快发展数字经济，促进数字经济和实体经济深度融合，打造具有国际竞争力的数字产业集群。"制造业是实体经济的基础，也是新一轮技术革命和产业革命下世界各国争先抢占的制高点。我国制造业门类齐全，工业体系完整，具有较好的市场优势、规模优势和体制优势，是全球公认的制造业大国。然而要建设成为制造业强国，还存在技术依存度高、"卡脖子"技术等高端技术缺乏等技术短板。推动我国制造业数字化、网络化和智能化是我国制造业变革和转型升级的必经之路。长江三角洲地区（以下简称"长三角"）等地的制造业发展经验表明：生产性服务业与制造业协同集聚，有效实现生产性服务业与制造业的"双轮驱动"是加快产业转型升级、构建现代产业体系以及统筹区域协调发展的重要手段。在新一代信息技术的背景下，随着大规模个性化定制、网络化协同制造等新兴商业模式的出现，"线上＋线下"互联互动的跨区域产业协同集聚已成为当前产业的新业态及发展趋势。本书研究成果对赋能我国制造业转型升级和高质量发展有一定的现实意义。

2019年12月1日，中共中央、国务院印发《长江三角洲区域一体化发展规划纲要》，至此，我国已形成长江三角洲区域一体化、京津冀协同发展、长江经济带发展、粤港澳大湾区建设等四大跨区域协调发展的总体格局，在此背景下，我国区域发展战略空间布局路径逐渐清晰，已从过去的单个区域发展，转向推进多区域、跨区域协调发展。因此，在新的协调发展阶段背景下，很有必要从跨区域层面探索产业协同集聚的微观机制及效应，进而有效推进高层次区域经济的协同发展，其重要意义不言而喻。本书响应国家区域发展新战略及高质量发展阶段的制造强国战略，全面把握跨区域产业协同集聚发展状况，以及多维邻近对产业协同集聚影响等方面的基础上，研究跨区域生产性服务业与制造业协同集聚的微观形成机制，将为更深层面上推进第二产业和第三产业协同发展及产业升级，深化区域合作，促进生产要素有序流通，激发区域发展活力，建立和完善跨区域城市协调机制提供参考及理论依据。本书还着重分析跨区域产业协同集聚的溢出效应，有助于科学布局具体行业，深化区际分工和构建现代产业体系，解决我国区域发展不平衡等问题，为我国区域产业协同发展和转型升级提供新思路。

1.2 相关研究综述与不足

1. 关于多维邻近在集聚经济的作用研究

法国邻近动力学派于 20 世纪 90 年代提出邻近性论题后，学术界掀起了运用多维邻近探讨创新、组织合作和产业集群等课题的热潮。邻近动力学派研究团队由 30 多位区域经济学家和产业经济学家组成，他们基于对空间经济学的浓厚兴趣，通过举办各类学术研讨会以及论文合作出版等方式，试图构建一个统一的、规范的新经济空间研究范式，并最终实现多维空间变量内生化的目的。Torre et al.（2000）是该研究团队中成果比较突出的学者，认为邻近概念具有多维性，包括地理邻近、组织邻近和制度邻近，邻近关系的核心在于经济行为主体的相互作用和共同协调。Boschma（2005）将多维邻近分为地理邻近、认知邻近、组织邻近、社会邻近和制度邻近等五个邻近；李琳和韩宝龙（2009）从组织合作视角将多维邻近性分为地理邻近性、组织邻近性和认知邻近性三大类；还有学者提出多维邻近还包括技术邻近和文化邻近（Knoben et al.，2006；王孝斌 等，2009），以及一般层面和二元层面（李琳 等，2009）。学者们因研究的视角各异，导致多维邻近性的界定存在重叠关系或不一致的地方（党兴华 等，2013）。

随着研究的深入，学者们对邻近性在集聚经济的作用机制做了较为深入的阐述，从单一维度的地理邻近研究拓展到多维邻近。Lazarsfeld et al.（1954）认为集聚主体因地理邻近享有相同的人文社会环境，有利于企业间相互沟通，降低了维护关系的成本。Kirat et al.（1999）提出制度邻近会影响经济主体间协调行为的方式。产业集群主体因目标、态度、习俗以及通行的规则等邻近，才能累积学习、集体行动形成一个有效的组织形式（Storper，1998）。Boschma（2005）提出，邻近过度或不足都不利于集群创新。Bresnahan et al.（2001）基于集群开放性的视角，认为集群创新绩效除源于内部，还需要寻求外部联系获取新知识，内外部知识结合能创造新的价值。通过外部联系还可以改善集群主体与外界的知识邻近水平，邻近水平提高，集群创新动能会增加（樊贵莲 等，2017）。

我国学者已开始关注多维邻近视角下的产业集群与创新问题研究，但静态的一元层面研究居多，动态多元层面（两个区域或两个组织之间）的理论与实证研究缺乏，尤其产业协同集聚研究的文献较少。高水平地理邻近有利于促进隐性知识的传播，从而推进创新（吕国庆 等，2014），制度邻近可以降低交流成本和交易成本，进而促进知识，尤其是隐性知识的转移（李琳 等，2009）；认知邻近促进知识的流动和转移，促进创新活动的产生（吴波 等，2006；李琳 等，2013）。刘新艳等（2015）分析区域环境与集群创新关系，提出社会文化、区域政策和要素环境等对集群创新绩效呈现正相关。此外，国内学者从地理邻近、认知邻近等视角实证分析了对我国汽车、软件等产业集群的作用机制（李琳 等，2009）。

2. 多维邻近性与产业协同集聚问题探讨

产业协同集聚的研究最早源于 20 世纪 20 年代的产业集群研究，以 Marshall（1920）的空间外部性理论为研究起点，Ellison et al.（1997）最早对差异化产业之间的空间集聚现象进行关注，并提出产业协同集聚概念。产业协同集聚包括单一产业协同集聚与不同产业协同集聚，本书侧重研究不同产业协同集聚，即生产性服务业与制造业协同集聚。不同产业间的协同集聚源于三个关键因素，即中间投入品与最终产品供应商之间的联系、共享劳动力市场、增加信息交换和劳动力市场（Marshall，1920；Ellision et al.，2010）；制造业和服务业之间的需求关联和成本关联（Venables，1996；Andersson，2006）、上下游关系（陈国亮，2010）才是产业协同集聚的根本原因。陈建军（2009）认为交易成本是影响协同集聚的重要因素。陈曦等（2018）基于产业关联和产业协同集聚的测度，结果显示，产业间关联度越强，产业协同集聚程度越高，劳动力共享效应对产业协同集聚有积极的促进作用。随着研究的深入，部分学者从外部动因探寻产业协同集聚形成机制。陈晓峰（2015）从产业联动和空间联动上总结了产业协同集聚的主要条件，认为产业协同集聚实质是不同产业集聚在空间维度和产业维度上的互补协同问题，产业关联和知识外溢并不是产业协同集聚的充要条件，两业（生产性服务业与制造业）在空间上也存在联动，而空间联动需要考虑空间的邻近性、运输费用和商务成本、制度支持等因素。江曼琦等（2014）基于上海市的生产性服务业与制造业协同集聚测度及实证分析，认为产业关联度只是产业协同集聚形成的动因之一，而城市劳动力池、知识溢出效应以及区域内市场效应是产业协同集聚的重要动因。上下游产业链的相互交流能促进产业协同集聚（张延平等，2019）。运输成本和"面对面"也是产业协同集聚的关键（刘月，2016）。Ellision et al.（2010）实证检验了 Marshall 关于产业集聚三大机制对产业协同集聚的显著性，国内学者从不同角度实证分析了生产要素、交通运输条件、地方保护主义、产业规模等方面对产业集聚的影响（陈晓峰，2017；陈建军，2009；刘月，2016）。

随着知识经济和数字经济的蓬勃发展，产业集聚化、融合化趋势日益显现，数字经济、ICT 的广泛应用对产业协同集聚形成的影响探讨引起学者的关注。谭洪波等（2022）认为在数字贸易的催化下，生产性服务业线上集聚后可贸易性增强，交易成本几乎为零，数字技术的作用使 Marshall 外部性呈现几何放大效应。孙耀吾等（2007）认为经济全球化和网络经济的兴起为产业虚拟集聚提供了契机，产业组织的虚拟化、以技术标准为纽带的网络组织和创新模式等推动着虚拟集群的发展。先进的信息技术、电子商务的兴起、集成制造技术的普及、网络技术的发展等为产业虚拟集聚创造了条件和动力（李运强 等，2006）。

近年来，随着我国经济高质量发展的推进，产业协同集聚研究从最初形成机制的探讨，转向对产业升级、技术进步、区域创新及经济增长等方面的溢出效应研究。地理邻近的产业协同集聚有助于知识流动和技术传播，这种空间溢出效应对技术创新及周边区域产生影响，技术、知识的共享是产业协同集聚的纽带和内在动因（陈子真 等，2018）。

产业协同集聚通过相关产业和支撑性产业的集聚，不断强化产业集群的"集体效率"和"外部效率"，提升产业集群内在的"知识水平"和竞争水平（高峰 等，2008）。陈晓峰等（2014）从产业关联的角度说明产业协同集聚对区域经济增长、专业化水平提升有正向作用，但技术创新作用不明显。李健等（2023）认为产业协同集聚通过知识共享、规模经济和产业关联提升高新技术企业的成果转化能力和技术研发水平。张红霞等（2022）认为产业协同集聚所产生的规模经济、知识溢出、要素共享和专业化分工等正外部性促进我国经济高质量发展。白清（2015）和陈建军等（2016）分别阐释产业协同集聚对制造业规模收益和地区工资收入的促进效应。乌云图等（2023）认为在数字技术迭代升级的背景下，数字技术外部性促进产业协同集聚修正资源错配的作用越来越强。王如玉等（2022）认为虚拟集聚作为"互联网+"催生的新业态，有效改善了信息、知识共享的手段和效率，大大降低了集聚主体依赖地理邻近带来溢出效应的程度。

以上文献仅从地理邻近探讨了产业协同集聚的形成机制，尽管部分学者提及了除地理邻近以外的其他相关维度，如知识溢出、制度支持、面对面交流等，但缺乏系统性的归纳总结，更多只是作为地理邻近性之外的补充或辅助性因素，深入探讨的文献比较少见。"多维邻近性与跨区域产业协同集聚"作为一个全新的论题，有以下可以拓展的空间：

（1）单一产业集聚动因探讨比较多，而不同产业协同集聚的研究在国内外仍处于探索阶段，尤其是多维视角探讨其微观机制不够系统深入，这是产业经济学和新经济地理学未来研究的重点内容之一。

（2）现有文献从跨区域层面研究产业协同集聚比较少见，需进一步探索。学界普遍认可该领域研究最适应的是较近的区域，且该区域市场化、一体化程度应较高，在 ICT 广泛应用和新的区域协调发展背景下，跨区域层面研究需尝试性探索。

（3）多维邻近视角研究跨区域产业协同集聚是个新命题，一个较为清晰、逻辑一致的理论框架有待构建。

（4）现有文献还没有形成一个完整的"现象 – 机制 – 效应"分析脉

络，导致效应研究的文献显得比较零碎、不系统，从区域层面提出促进产业协同集聚的政策研究还需进一步充实。

1.3　研究的基本思路与方法

1.3.1　研究思路

本书旨在构建一个较系统的多维邻近对跨区域产业协同集聚微观机制的分析框架，并尝试对多维邻近性影响跨区域产业协同集聚的微观机制进行实证分析及检验。为此，本书首先在梳理多维邻近性概念的基础上，构建较为清晰的三维邻近性概念框架，即地理邻近、认知邻近和制度邻近。然后，梳理产业协同集聚理论研究的不足，提出临时性地理邻近与跨区域产业协同集聚的论断，并尝试构建一个较为清晰、逻辑一致的多维邻近视角下跨区域产业协同集聚理论框架。接着，在产业集聚化、虚拟化和融合化发展的背景下，提出了跨区域产业协同集聚的三种模式；以长江经济带产业协同集聚为研究对象，分别计算长江经济带各省份、各区域以及整体的制造业集聚指数（LQM 指数）、生产性服务业集聚指数（LMP 指数）和产业协同集聚指数（RI 指数），综合评价长江经济带跨区域产业协同集聚的现实情况，并提出相应的政策建议。在此基础上，探讨认知邻近和制度邻近对跨区域产业协同集聚的微观机制。最后从理论上探究多维邻近性视角下跨区域产业协同集聚的溢出效应，得出本书的主要结论和未来进一步的研究方向。

1.3.2　研究方法

本书采用以下研究方法：

（1）文献研究法。查阅和研读大量国内外产业集聚和多维邻近性的经典文献，在借鉴产业经济学、空间经济学、区域经济学、制度经济学、技术创新理论以及企业组织与价值链理论等多学科研究成果的基础上，从多维邻近性的视角深入探讨跨区域产业协同集聚的微观机制和溢出效应，旨在构建一个界定清晰，更具普遍意义的产业协同集聚分析框架。

（2）实地调研法。为了深入解读国家区域发展新战略和高质量阶段的制造强国战略，作者前往长江经济带的部分省份进行实地调研，获取该区域的制造业集聚和生产性服务业集聚的第一手资料，了解多维邻近性与产业协同集聚关系的状况。

（3）多学科研究方法。本书基于ICT的应用背景，探讨社会资本、知识资本、制度支持等因素对跨区域协同集聚外部性的影响，在研究方法上，将综合产业经济学、新经济地理学、管理学、区域经济学、创新经济学、新经济社会学等相关理论观点，多视角探寻多维邻近性在跨区域产业协同集聚中的作用机制。

（4）理论研究与实证分析相结合的研究方法。本书理论上探讨了跨区域产业协同集聚的模式，多维邻近性对跨区域产业协同集聚的微观机制和溢出效应，并通过计量模型实证检验了多维邻近对跨区域产业协同集聚的微观机制。

1.4　研究框架与主要内容

跨区域产业协同集聚是集聚经济理论研究的一个较新论题，也是区域分工协作与产业创新发展的重要趋势之一。回顾产业协同集聚的理论脉络，现有文献以外部性的理论为逻辑起点，从产业层面和空间层面对此论题展开研究。在现代信息技术的驱动下，面向跨越地理边界产业协同集聚的迅速发展，发现已有研究局限于特定的地理区域，重视地理邻近对产业协同集聚的作用，忽视多维邻近性尤其是技术因素和制度因素对跨界集聚外部性的影响。基于本研究的可拓展之处，本书共分9章，具体研究框架（图1.1）如下：

第1章　绪论。基于本论题的研究现状，以及国家区域发展新战略和高质量发展阶段的制造强国战略的时代大背景，全面阐述研究的背景与意义、相关研究综述与不足、研究的基本思路与方法、研究框架与主要内容，以及本书的创新点。

第2章　多维邻近性概念及分类探讨。本章在梳理和解析相关文献中多维邻近性的概念及模糊关系的基础上，对多维邻近性的不同维度进行重新划分和界定。在考察多维邻近性与跨区域产业协同集聚关系后，依据邻近性的可分性以及最大限度地消除不同维度邻近性概念之间的重叠现象，选择地理邻近性、制度邻近性和认知邻近性等三维邻近性，旨在构建一个界定清晰、分类明确的多维邻近性概念框架。

第 3 章　多维邻近性下跨区域产业协同集聚：一个理论框架。本章文献在回顾产业集聚演进理论的基础上，从产业和空间维度阐述了产业集聚的异质性，在此基础上探析跨区域产业协同集聚的主要特征，进而解析本书关于多维邻近性对跨区域产业协同集聚微观机制的理论分析框架，这也是本书研究的逻辑起点和理论基础。

第 4 章　跨区域产业协同集聚的演进：生命周期理论与开放性视角。本章首先从集聚主体和集聚网络等两个方面分析产业协同集聚的构成，基于生命周期理论探析了跨区域产业协同集聚演进的起源和萌芽阶段、成长和自增强阶段、趋同和调整阶段等三个阶段。在此基础上，阐述了跨区域产业协同集聚的根植性与开放性。

第 5 章　ICT 背景下跨区域产业协同集聚：理论发展脉络与反思。本章首先对产业集聚与知识溢出的逻辑关系与文献脉络进行了梳理，总结了地理邻近对产业集聚形成的重要作用，并在此基础上提出全球化和信息化背景下临时性地理邻近这个论断，基于产业层面和空间层面的产业协同集聚机制理论演进的综述，审视了国内外文献地理邻近对产业协同集聚研究的局限性。

第 6 章　虚拟集聚与跨区域产业协同集聚：模式与现实考察。本章在解析虚拟集聚的内涵和特征的基础上，阐述了虚拟集聚的外部性，在此基础上提出了跨区域产业协同集聚的内涵及三种模式。选取长江经济带为研究对象，测度和评价长江经济带跨区域产业协同集聚程度，并提出相应对策建议。

第 7 章　认知邻近、制度邻近对跨区域产业协同集聚的微观机制。在回顾与梳理知识资本、社会资本等文献的基础上，探寻了知识流动对跨区域协同创新的作用机制，以及制度环境对跨区域产学研知识整合的影响，在此基础上，解析了制度邻近、认知邻近对跨区域产业协同集聚的微观机制。

第8章 多维邻近性与跨区域产业协同集聚溢出效应。本章文献回顾了产业集聚效应的基础，解析了多维邻近性视角下跨区域产业协同集聚与区域创新能力、产业升级和经济持续增长的作用机制。

第9章 结论与研究展望。提出本书的研究结论，指出研究不足以及未来需要进一步关注和研究的方向。

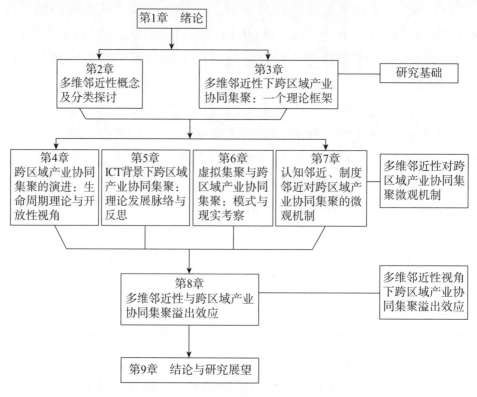

图 1.1 本书的研究思路和框架

1.5 本书的创新点

本书在学习、吸收相关研究成果的基础上，对多维邻近性如何影响跨区域产业协同集聚的形成进行探索性研究，力求突破已有研究的不足。创新之处体现在以下几个方面：

（1）创新性地将多维邻近视角导入跨区域产业协同集聚研究。本书基于经济全球化、ICT 的广泛应用，以及产业发展的集聚化、融合化和虚拟化等背景，创新性地导入多维邻近性，对跨区域产业协同集聚的微观机制进行多视角探析，突破已有研究局限于单一地理邻近视角的不足。

（2）构建基于跨区域产业协同集聚的多维邻近性概念框架。邻近性维度与内涵比较丰富，本书针对跨区域产业协同集聚的研究内容，为最大限度地消除邻近性概念的交叉性与重叠性，以及邻近性的可测度性原则，将多维邻近性划分为地理邻近性、制度邻近性与认知邻近性三个维度，并清晰界定这三个维度邻近性的内涵，以便更好地发挥三维邻近性在跨区域产业协同集聚研究中的作用，为实证分析提供理论支撑。

（3）尝试多学科、多视角探讨跨区域产业协同集聚论题。综合运用产业经济学、区域经济学、新经济地理学、创新经济学、管理学等多学科的相关理论观点，从技术和制度层面对多维邻近性与跨区域协同集聚的微观机制进行系统研究。此外，本书从开放性、根植性、生命周期理论等视角探究产业协同集聚的演进，并借鉴知识管理的研究成果，探析了知识流动对跨区域协同创新的作用机制等，为探讨认知邻近和制度邻近对跨区域产业协同机制的微观机制奠定理论基础。

（4）较完善地构建跨区域产业协同集聚的理论分析框架。本书融合多学科知识，以跨区域产业协同集聚的"现象描述 – 机制研究 – 效应特征"为逻辑主线，尝试从理论上推演三维邻近性对跨区域产业协同集聚的微观机制，并进一步提出理论假说，结合现实数据，建立计量模型对理论假说进行实证检验，以此为基础，探讨跨区域产业协同集聚的空间效应。

第 2 章　多维邻近性概念及分类探讨

2.1　多维邻近性文献回顾与概念界定

邻近性（proximity）即接近或相邻的意思，这个概念在地理学和心理学研究中被广泛使用。自 1999 年法国邻近动力学派在《剑桥经济学杂志》发表邻近性与知识创新主题的论文以来，邻近性思想在研究合作创新、产业集群（集聚）和知识溢出等领域取得了一定的理论成果。早期邻近性研究主要集中在经济学的地理邻近上，后来在经济地理学、空间经济学和创新经济学等多学科发展下不断完善，目前邻近性是一种多维的、多角度和多层面的概念。但因学者们研究的领域和目的不同，同一邻近性概念在不同的文献界定不清，且不同维度的概念存在交叉重叠的现象，一个界定清晰、规范的多维邻近概念框架有待构建。早期国外学者在研究集聚经济时普遍以隐含的地理邻近方式，认为一定空间地理范围的产业集聚源于地理邻近产生的区位优势或市场优势或正向的知识外部性。然而，服务经济时代，区域一体化和信息技术的快速发展，创新主体之间的合作很多时候是跨区域甚至是跨国的（Mora-Valentin，2004；Ponds et al.，2010），经济主体之间的交流与合作，地理邻近是否重要屡被质疑。基于此，本章在梳理和解析相关文献中多维邻近性的概念基础上，对多维邻近性的不同维度进行重新划分和界定，旨在构建一个界定清晰、分类明确的多维邻近性概念框架，为后面各章节的讨论奠定基础。

2.1.1　多维邻近性的起源与探索

20 世纪 80 年代，信息技术的发展使集聚主体的经济活动出现"非地方化"，人们越来越认识到集聚外部性不应该是局限于城市的节点内部，集聚经济发生的区域尺度在扩大，学者们也相应提出了"集聚外部性域""流动的外部性"和"区域外部性"等概念，传统集聚经济理论将地理空间当作"黑箱"的观点逐步突破。同时，西方经济地理学家对"空间"的解释也经历了诸多思潮的演变，相继经历了制度转向、文化转向、关系转向到演化转向。90 年代，法国邻近动力学派提出了多维邻近思想，作为一种全新的研究视角，邻近性从制度、认知、技术、地理等多维度探讨组织合作、创新和产业集群的作用机制，在经济地理学众多研究领域占据重要的位置。

邻近性问题的研究由来已久，早期 Marshall（1890，1921）关于集聚经济和产业区的研究，以及 Porter（1990）关于产业集群理论的研究，都以一种隐含的形式从地理邻近角度探讨经济主体在空间地理上聚集所产生的优势。早期学者的研究也普遍认为，地理邻近是创新主体合作与产业集聚的重要决定因素（Mansfield et al.，1996）。然而，随着网络通信技术及现代交通的快速发展，经济主体之间跨区域甚至跨国的合作时常发生，地理邻近的决定因素作用屡遭质疑（Ponds et al.，2010；Mckelvey，2003）。显然，空间不是独立存在的，行为主体在空间上还具有制度、文化、组织和社会等不同的人文背景。随着法国邻近动力学派多维邻近性概念的提出，研究者也逐步突破地理邻近和空间的束缚，从多个维度的邻近审视行为主体的合作关系问题。Kirat et al.（1999）将邻近性划分为三个维度（地理邻近、组织邻近和制度邻近），认为其他维度的邻近促进合作关系的作用不比地理邻近小，Boschma（2005）提出了影响合作创新的五个维度邻近性，并进一步明确了其他维度的邻近与地理邻近可以是替代关系或互补关系。检索国内外文献（表 2.1）发现，多维邻近性主要侧重知识扩散（溢出）、合作创新和产业集群与集聚等问题的研究，多维邻近的划分和名称时常重叠且不一致，出现频率比较高的多维邻近分别是地理邻近、技术邻近、认知邻近、制度邻近、社会邻近、组织邻近。多维邻近性研究在我国起步较晚，李琳等（2009）最早关注多维邻近性，并从组织合作的视角将多维邻近性分为地理邻近、组织邻近和认识邻近。

集聚外部性视角可强化地理邻近分析强度，而多维邻近性研究的理论框架和学术价值，在于致力于经济理论中的空间变量内生化，提升认知和制度等邻近性对微观主体的作用机制。Fujita et al.（2005）认为经济主体空间集聚的内生变量有两类：一类是产品或服务的交易活动所产生的经济联系；另一类是知识溢出（扩散）、交互学习以及知识创新所产生的知识联系。Jed Kolko（2007）研究表明，与单一制造业集聚相比，服务业集聚以及产业协同集聚存在明显的知识溢出，且知识纽带是协同集聚的根本动力之一。邻近性研究作为近年来西方空间科学关注的热点，强调知识外部性、网络关系和制度功能的重要作用，对于研究跨区域产业协同集聚的微观机制以及跨界协同创新有重要的启示。

表 2.1　多维邻近性主要研究范围及代表文献

研究类别	知识扩散（溢出）研究	合作创新研究	产业集群与集聚研究
地理邻近	Houghton et al（2009）；Bornmannl（2017）、Gallie（2009）、Kapetaniou et al（2019）、Aldieri L（2011，2016）；王建华（2015）、Basile R（2012）；Wang J（2018）；Agrawal A（2008）；Torre（2008）；Grillitsch M（2015）	Kecsks（2017）；Drejer I et al（2017）、Kate（1994）；刘凤朝等（2018）、Mansfield et al（1996）；Heogl et al（2004）；Singh（2005）；Petruzzelli（2011）；顾伟男等（2019）；曹兴等（2016）；Wei Hong（2013）；Maggioni（2009）	Allende（1970）；Boschma（2005）；王缉慈（2005）；李琳等（2012）；Hansen（2013）；Duranton et al（2005）、Maskell（2007）；Broekel（2007）、Maria et al（2005）；王孝斌等（2007）、Liang-chih Chen et al（2014）
技术邻近	Grillitsch（2015）；Aldieri.L（2011，2016）、Basile（2012）；Wang J（2018）；Parent et al（2008）；Greunz et al（2003）、Natalicchio（2017）；Marrocu et al（2014）、黎振强（2011）；Beerkens（2019）	Sampson（2005）；Santangelo et al（2019）；Narula（2009）；陈文婕等（2019）；Petruzzelli（2011）；Natalicchio（2017）；Kim（2007）；Mowery（1998）；Jaffe（1996）、Fengchao（2014）；夏丽娟等（2017）	Scott（1993）；Ravi et al（2013）、Dnieles（1985）；俞路（2007）、Cassi et al（2014）

续表

研究类别	知识扩散（溢出）研究	合作创新研究	产业集群与集聚研究
认知邻近	Boschma et al（1999）；李琳等（2011）、Hautala（2011）；Prescott（2014）、Nooteboom（1999）、Romans R et al（2007）、Molina–Morales et al（2014）；Callois et al（2008）	Novte boom（2003）；Marek et al（2017）、Gilsing（2008）；曹兴等（2016）；Boschma et al（1999）；Lambooy et al（2001）、Levitt et al（1996）；Wuyts（2005）、Balland（2009）；毛崇峰等（2016）	Giuliani（2007）；Braczyk et al（1993）、Steinmo et al（2016）；Steinmo（2016）、Cassi et al（2014）；Sorenson（2003）、Kuttim（2016）；Powell（1996）、Huber（2012）；Andraw et al（2009）
制度邻近	王建华（2015）；lander（2015）；Ben Letaifa（2013）；党兴华等（2013）；Boschma et al（2005）；Guan et al（2016）；Ajay Agrawal（2001）	Crescenzi et al（2016）；夏丽娟等（2017）、Boschma（2005）；Gilly et al（2002）；Pieter et al（2016）；Geldes et al（2017）、Balland P A（2012）；Ponds（2007）	Lazzeretti et al（2016）；Compbell（2007）、Asbjorn et al（2011）；Gertler（2003）、Aguilera et al（2015）；Molina（2014）、Karlsen et al（2011）；Kirat et al（1999）
社会邻近	Aldieri L（2011，2016）；Basile et al（2012）、Abdelmoula M（2008）；Cassi et al（2014）；Caragliu A（2015）；Agrawal A（2008）；Basile（2012）；Broekel et al（2011）；Coenen et al（2004）；Callois（2008）；阮平南等（2017）；滕飞等（2018）	Whittington（2009）；Ssxenian（1994）、Gulati（1995）；Maggioni et al（2007）、Agrawal et al（2006）；Agrawal et al（2006）、Wei Hong et al（2013）；Schwartz et al（2012）、Petruzzelli（2011）；Bercovitz et al（2011）、Brunee（2010）；Kim（2007）；Singh（2005）	Rolf Stein（2002）；Huber（2012）、Ben Letaifa（2013）；Lazzeretti et al（2016）
组织邻近	Agrawal et al（2008）；Muller（2016）、Sally et al（2005）；Meister et al（2004）、Vissers et al（2013）、Antonio（2014）；Capaldo et al（2014）	夏丽娟等（2017）；Cooke et al（1998）、Gallaud et al（2005）；Blanc et al（1999）、Meister et al（2004）；Cassi（2014）、Steinmo et al（2016）	Peter（2009）；李琳等（2011）、Knoben et al（2006）；Torre et al（2005）、Karlsen et al（2011）、Lazzeretti et al（2016）

2.1.2　多维邻近性概念的界定

邻近性的多维性尽管被国内外区域经济学、经济地理学及创新经济学等多学科关注和认同，但由于学者们分析的视角不同，研究目的各异，现有多维邻近性的划分不一，概念之间有明显的重叠与交叉现象，且界定歧义明显。本部分在梳理相关文献中多维邻近性概念的基础上，尝试对多维邻近性进行重新界定与划分。

1. 地理邻近性

地理邻近性是邻近维度里最常见的，研究最成熟的维度之一，文献中也称为空间、地域、本地、物理等邻近性，是基于一定的地理空间范围对经济活动的观察与研究而提出来的。地理邻近也是多维邻近里最为直观的一种形式，指创新主体之间绝对的物理距离，可用经济活动主体区域之间的运输时间或运输成本来表征（Cunningham，2012），Torre（2005）用两单位之间公里距离的区域范围来表征地理邻近，新经济地理学 用"成本维度"这一概念隐含地理邻近性。地理邻近性的另一界定是功能邻近，这种邻近存在于区域尺度、国家尺度或全球尺度，用创新主体是否处于同一尺度单位来表征（Torre，2005）。

高水平的地理邻近有利于微观主体沟通便利与隐性知识的传播，地理邻近对产业协同集聚的促进作用毋庸置疑。当然，不同产业在空间上协同集聚有一定距离上的要求，适合的空间邻近才有助于产业联动和集聚正外部效应的发挥。顾乃华（2011）基于 HLM（hierarchical linear model，等级线性模型）实证检验了我国城市生产性服务业集聚对工业的正向外溢效应存在较为明显的区域边界。此外，集聚经济会产生"拥挤成本"（查日升，2013），当拥挤成本超过外部经济时，地理邻近会逐步弱化集聚主体的"集体效率"，需要制度等其他因素强化区域产业协同集聚的竞争优势。

基于不同的研究视角，地理邻近性可以分为一般层面的邻近和二元层面的邻近，一般层面的邻近指相关组织在特定区域的集聚。二元层面的地理邻近是两个区域之间的地理空间距离，Torre（2005）用两单位空间区域范围属于二元层面的界定。

2. 技术邻近性

Jaffe（1986）首次用"技术距离"表述技术邻近性概念，指两地之间的技术相似程度，并采用专利差异来衡量技术邻近，后来 Schamp et al.（2004）拓展了概念的内涵，认为技术邻近并非技术本身，而是知识主体在技术空间上的相似程度，技术空间指知识基础或专业知识。Knoben（2006）关于技术邻近性的概念更具有普适性，他认为技术邻近需从两个方面把握，一方面是技术邻近与"吸收能力"的概念联系在一起，吸收能力是经济活动主体识别、吸收和利用新的外部知识的能力，双方吸收能力相近，才能从合作中获益并提升彼此的技术学习水平；另一方面，技术邻近还与"相对吸收能力"这一概念（Lane et al.，1998）有联系，也就是各组织在吸收能力上存在一定差异，只有合作双方相对吸收能力维持在适当的水平，才有利于知识的相互学习与有效传播。技术邻近性最早用于产业集聚的发展研究，Klaus（2009）认为因技术邻近所产生的知识外溢使主体间相互吸收知识和知识转移变得容易。同样，技术邻近性过度也会因新的知识源缺乏而导致技术"锁定"。

技术邻近也有一般层面和二元层面之分。就一般层面而言，技术邻近强调集聚主体应具备的先验知识与技术所吸收外部知识的能力，而二元层面的技术邻近表述的是两个主体间的相对知识吸收能力，这个能力取决于双方交换的知识源，是由交换双方共同决定的。

3. 认知邻近性

认知邻近性指组织成员感知、诠释、理解和评估世界方式的相似性（Wuyts et al.，2005），认知邻近性反映经济主体沟通时需要具有的行为方式相似程度，包括共同的知识技术以及相似的经验。Tremblay（2003）认为认知邻近是一种关系属性，Rallet（1999）认为认知邻近指隶属于同一社会实践团体而得以高效沟通的成员，显然认知邻近与组织、文化等邻近概念存在交叉重叠。认知邻近与技术邻近的概念非常相似，但有明显区别，Knoben（2006）进一步探讨了认知邻近与技术邻近的差别，认为技术邻近重点强调主体相互之间学习到什么，而认知邻近的内涵更宽广，强调主体间需要以知识吸收能力为基础，强调如何交流，主体沟通与交流是否顺畅。但是，行为主体间认知差异太小时，彼此之间几乎不存在相互学习的地方，这就降低了学习的可能性。李琳等（2017）强调认知邻近过度会形成一种"竞争力陷阱"，导致认知锁定。而且，当合作企业之间过多的认知邻近时，单个企业的某些技术创新会因"竞争力陷阱"无法被需求方获取，创新企业的收益无从保障，知识外溢的风险成为可能。

认知邻近是互动学习的前提（Boschma，2005），一般层面认知邻近强调同一社会实践网络中沟通与交流所需认知的相似性及流畅性。二元层面的认知邻近是两个主体间或两个区域间的认知相似性及流畅性。

4. 制度邻近性

制度邻近性的概念多是源于 North（1991）对制度的界定，认为制度是人为设置的，用于制约政治结构和经济以及社会相互影响的。制度分为非正式的限制和正式的限制。非正式的限制如认可、禁忌、习惯、传统和行为准则等，正式的限制如宪法、法律和财产权利等。基于此，一般来说，制度邻近性是指主体之间交互学习的共同规则（包括非正式的制度和正式的制度），以便于增进经济主体之间的互信和经济合作。Torre（2005）认为引入制度邻近性的原因在于独立或分开的经济主体在历史、文化和政治等方面经济协调的困难，交互行动需要以制度邻近性作为一种集体协调机制。但是现实的组织合作与创新领域，制度、文化与组织三者是相互影响和相互作用的，也就是制度邻近性的内涵与文化、组织等邻近有重叠现象，Knoben et al.（2006）认为制度和文化关联性很强，很难将这两个概念界定开，同时，制度邻近性的分析包括组织的规则和惯例，李琳（2014）界定制度邻近性和文化邻近性在二元分析层面可以简单看作组织邻近性的一部分。制度邻近也具有适度性，制度的过度邻近会造成"搭便车"现象泛滥，主体核心技术溢出，损害合作方的绩效和积极性。

制度邻近性的一般层面体现集聚主体所在国家、区域的制度框架相似度，二元层面的制度邻近强调不同组织间或不同区域间正式制度和非正式制度的相似程度。

5. 社会邻近性

社会邻近性的概念源于社会嵌入性文献，通常被定义为组织合作中已经存在涉及信任的朋友、亲属或者以前有过接触经验的社会关系。基于信任的社会关系有利于隐性知识的转移（Maskell et al.，2006）。社会邻近性研究往往和社会网络研究联系在一起，Lissoni F（2010）研究表明知识溢出过程中创新者之间的社会嵌入关系发挥重要的角色。Saxenian（1994）认为交互式学习重要的是企业通过主动与其他主体建立的伙伴关系而嵌入社会网络中。西方文献中社会邻近性、个人邻近性和关系邻近性三个概念经常混淆使用（Schamp，2004；Coenen，2004），Oerlemans（2005）认为社会邻近性是指主体属于同一关系空间，显然这三个概念也有重叠现象。值得注意的是，一些学者将社会邻近性看作是组织邻近性的一部分，或看作是一种特殊的组织邻近性。社会邻近性多用于合作创新研究。社会关系的邻近让主体间拥有相互的信任，为组织间知识交换提供了有效的途径。从经济学的角度来说，社会关系网络限制了机会主义行为，协调了主体间的交易。

从一般层面来看，社会邻近性是指集聚主体是否属于同一合作网络或社交圈，考察集聚主体在社会关系中的相对位势。二元层面的社会邻近从组织合作的视角强调集聚主体间与第三方主体是否属于同一关系空间。

6. 组织邻近性

组织邻近性在现有文献中是一个相对模糊的概念，狭义的组织邻近性是指主体同属于一个关系空间（Oerlemans et al.，2005），这个概念显然和关系邻近性有重叠。广义的组织邻近性指行为主体间具有相近的隐性或显性行为规则及惯例，以及具有同一套表述系统或信念集，以促进相互沟通与交流（Torre et al.，2005）。从界定范围来看，这个概念与制度邻近、文化邻近以及认知邻近都有一定程度的重叠关系。

阮平南等（2018）定义组织邻近性为在组织安排中，组织内部和组织间关系共享程度。值得注意的是，一些学者提出将制度、文化、认知、关系等邻近性合并到组织邻近性的概念中，并提出"广义邻近性"的概念。组织邻近性对组织合作与创新的作用体现在组织邻近性有助于降低交易成本促进管理知识交流，然而过度组织邻近性会限制组织的灵活性，可能妨碍主体间互动学习效率。

组织邻近的一般层面指两个集聚主体是否同处于一个网络关系，体现两个主体的结构对等性。二元层面的组织邻近指两个不同网络关系的组织环境、制度和约束等相似度。

图 2.1 显示了不同维度的概念之间的交叉重叠关系，具体表现如下：

（1）地理邻近的概念比较清晰，没有和其他邻近性发生重叠，但学术界对此称呼比较多，如空间邻近性、地域邻近性、本地邻近性等。

（2）其他五维邻近性都有不同程度的重叠关系，如制度邻近性、组织邻近性和认知邻近性等之间，技术邻近性和认知邻近性之间，社会邻近性和组织邻近性之间。

（3）各维度的重叠关系及分析的视角不同，使各维度的界定模糊不清，维度的一般层面和二元层面的划分也导致现有多维邻近性概念的不明晰。

（4）随着对邻近性研究的不断深入，文献还出现了知识邻近性、文化邻近性、经济邻近性、交通邻近性等维度（李子彪 等，2022；汪旭辉 等，2005；李晨 等，2017）。

图 2.1　多维邻近性的重叠性

2.2　本书的多维邻近性概念框架

上文分析表明，邻近性的多重性使其成为组织合作、创新与产业集聚等论题非常有用的分析工具和框架，但多维邻近性的重叠与模糊关系，导致实际研究中严格区分和界定其内涵存在一定困难。跨区域产业协同集聚是一个比较复杂的研究体系，可以从组织层面、区域或国家层面甚至跨国层面等展开研究。组织层面主要关注经济活动主体，包括制造企业、生产性服务企业以及政府部门等集聚主体之间形成的邻近性关系对产业集聚的影响；区域或国家层面主要关注区域之间或国家之间形成的邻近性关系对产业集聚的影响。两个分析层面研究对象各异，多维邻近性的内涵也不尽相同，两个分析层面虽然独立却相互关联，组织嵌入于区域中，区域通过多维邻近影响组织。本书在考察多维邻近性与跨区域产业协同集聚关系后，依据跨区域产业协同集聚的特征、邻近性的可分性以及最大限度地消除不同维度邻近性概念之间的重叠现象，选择地理邻近性、制度邻近性和认知邻近性等三维邻近性解析跨区域产业协同集聚的微观机制。

1. 地理邻近性

地理邻近性指反映集聚主体之间空间距离的远近性，也就是主体间要素传播和运输所需要的物理距离。关于地理邻近的测度方式，部分学者遵循古典经济学强调的"两单元之间的公里距离（Torre，2005）"，用集聚主体之间的绝对地理距离来表征，也有部分学者用相对地理距离，即集聚主体所处地域之间的交通时间或交通成本来表征。二元层面的地理邻近性指跨区域尺度的地理邻近，一般用"成本维度"，即区域间的绝对地理距离来表征（党兴华 等，2013）。

2. 制度邻近性

制度邻近性由一系列的正式制度（政策与惯例）和非正式制度（文化、习俗、价值观等）构成。从二元层面来看，制度邻近反映地区或国家层面制度环境的相似和共享程度，制度环境依然由一系列的正式制度和非正式制度构成，体现地区间或国家层面的制度框架。

3. 认知邻近性

认知邻近性反映集聚主体在相互沟通时所表现的处事、沟通等行为方式的接近程度，包括经验、语言、知识和技术等，涵盖一般意义上的技术邻近相似性，从产业协同集聚内在机理来看，技术/经验邻近更具有认知邻近的集聚要素特征，直接体现知识的有效转移和合作，以及组织或区域间识别、理解和利用新知识的吸收能力。二元层面的认知邻近性反映不同区域集聚企业在沟通、处事等行为方式的相似性，以及区域之间实现有效沟通与交流的程度，包括经验、语言、知识和技术等，涵盖一般意义上的技术邻近相似性。

本书构建的三个维度邻近性概念框架划分明晰、界定清晰，克服了以往文献中邻近性之间划分不一、概念彼此交错重叠、模糊且歧义等弊端，能充分解析跨区域产业协同集聚的微观机制。

2.3　本章小结

多维邻近性在产业集群（集聚）等研究领域取得了一定的研究成果，早期的多维邻近性研究主要集中在地理邻近性上，创新经济学、空间经济学等学科的发展逐步完善了多维邻近性的概念框架。梳理现有文献，地理邻近性、认知邻近性、制度邻近性、技术邻近性、组织邻近性和社会邻近性等六维邻近性被经济学科广泛应用。由于学者们研究的领域和目的不同，同一邻近性概念在不同的文献中界定不清，且不同维度的概念存在交叉重叠的现象，一个界定清晰、规范的多维邻近概念框架有待构建。本书依据邻近性的可分性以及最大限度地消除不同维度邻近性概念之间的重叠现象，选择地理邻近性、制度邻近性和认知邻近性解析跨区域产业协同集聚的微观机制。构建的三个维度邻近性概念框架划分明晰、界定清晰，为后面各章节深入探究跨区域产业协同集聚论题做好铺垫。

第3章 多维邻近性下跨区域产业协同集聚：一个理论框架

3.1 产业集聚理论演进及异质性

3.1.1 产业集聚理论的演进

产业集聚的概念比较广泛，与此概念相近的有企业集聚和产业集群，这三个概念关注的核心内容比较一致，只是具体内涵的宽度与重点有差异。德国经济学家阿尔弗雷德·韦伯（Alfred Weber）最早提出集聚这个概念，他在 1909 年出版的代表作《工业区位论》一书描述 19 世纪后半叶工业企业的区位特征时，首次用集聚因素解释产业集聚的原因与机理，认为工厂最佳区位由三个区位因子决定，分别是运输成本、劳动力成本和集聚经济。Weber 工业区位论的中心思想体现在：集聚的根本原因是成本最小化。对于特定产业（企业）而言，以上三个因子需进行组合，才能实现成本最小化。在 Weber 工业区位论之后，出现了多个区位理论，最为经典的是埃德加·M·胡佛（Edgar Malone Hoover）首次将集聚经济分为地方化经济、城市化经济和内部规模经济。在 1970 年出版的《区域经济学导论》中，胡佛在韦伯模型的基础上，考察了单个集聚主体的区位决策、整个工业部门的区位结构以及不同产业之间的相互联系等问题，并系统解析经济区域化的三个基石：自然资源优势、集聚经济性和运输成本。瑞典经济学家托德·帕兰德（Tord Palander）也是区位论的重要贡献者之一，他在 1935 年的学位论文《区位理论研究》中，将不完全竞争的概念和远距离运费衰减规律引入区位论，以价格为变量研究区位空间的均衡，认为最佳的生产地应该是产品生产的所有费用最小的地点。此后，以 Losch、Hotelling 为代表的区位相互依存学派强调需求对区位的选择与影响，认为区位的最终目的是寻求利润最大的地点。总体来看，传统区位论的一系列研究从不同角度诠释了企业空间选择和集聚的基本动因，而且交通运输费用等成本分析也为后期新经济地理学的兴起奠定了一定的基础，但受制于空间不可定理（藤田昌久 等，2015），没有真正将空间维度纳入一般分析框架，系统探析其中的过程和机制有所欠缺。此外，在分析思路上缺乏政府因素的关注，宏观分析和动态研究极为有限。

Marshall（1890）的产业区理论是产业集聚理论的重要基础，他在《经济学原理》一书中提出了产业区理论，所谓产业区是指同一行业的集聚（也称为专业化集聚）所形成的特定区，产业区所形成的特殊优势称为集聚的外部经济，是产业集聚形成的主要原因。外部性理论概括为三个方面：劳动力蓄水池、共享的中间投入品市场和知识溢出。Marshall 的集聚外部性的理论框架沿用至今，是解释空间经济和城市经济等重要问题的理论基础。产业集聚如何促进经济增长和技术进步，产业集聚的动态外部性理论被学界广泛关注。目前，动态外部性一般分为 Marshall 外部性、Jacobs 外部性和 Porter 外部性。Marshall 外部性主要强调同一行业企业所形成的集聚，也就是侧重专业化集聚研究，集聚区内企业相互邻近，高效的沟通渠道与方式以及技术相关的非标准化信息（又称为默式信息），加快了集聚区内信息、知识与技术的流动。知识技术的溢出促进了集聚区企业整体技术的提高，进而促进区域经济的整体发展。Marshall 外部性还强调垄断竞争相比完全竞争市场结构更有利于地区经济长期增长，在垄断竞争状态下，企业可以获得更多的超额利润，以此激励企业加强自主创新获得垄断优势。Jacobs 外部性进一步拓展了集聚所带来的正外部性。Jacobs 外部性认为多样化的产业集聚更有利于提升地区经济增长与技术创新，原因在于多样化和差异化产业集聚相比单一产业结构集聚更能促进技术进步。Porter

外部性更多强调集聚区内同一行业或同一产业链企业竞争的重要性。Porter 在《国家竞争优势》一书中对基于产业集群的国家竞争优势进行了深入的分析，认为产业集群是工业化进程中的普遍现象，并从组织变革、价值链、经济效率和柔性方面所形成的竞争优势研究分析了产业集聚形成的影响机理。1998 年 Porter 出版的《集群与新竞争经济学》一书，将产业集群理论推向新的高潮，认为集群是特定产业中互相联系的公司或机构聚焦在特定位置的地理现象，产业集群的核心内容和根本保障是竞争力的形成和竞争优势的发挥。

自 Marshall 的集聚外部性理论之后，产业集聚（产业集群）理论在主流经济学界沉寂了相当一段时间，新经济地理学和新贸易理论的双料开创者保罗·克鲁格曼（Paul Krugman）所代表的新经济地理学（New Economic Geography，简称 NEG）结合不完全竞争和企业层面的规模经济等理论，用规范的数学模型为产业集聚的形成提供了很好的解释，也将产业集聚理论研究推向高潮。Krugman（1991）认为空间问题一直没有引起主流经济学的高度重视是因为缺少精确模式分析规模报酬的假设，他把空间因素引入正式的经济分析，在 D-S 模型的基础上加入劳动力流动与要素报酬之间的累积因果关系，从经济活动的内部机制来解释集聚现象。Krugman（1991）在《递增收益与地理集中》一文中，通过建立核心 - 边缘模型（Core-Periphery 模型，简称 C-P 模型）来进一步解释经济地理聚焦的内在运行规律。产业集聚带来的向心力和离心力这两种力量决定经济行为和要素在空间上是收敛还是扩散，向心力反映产业层面就是产业集聚，这也是空间经济学和新经济地理学非常重视的原因。而行业地理集中主要受三个效应驱动，即市场准入效应、生活成本效应和市场挤出效应，前两种效应会形成向心力，第三种效应会形成离心力。C-P 模型的经济思想体现在：一个经济规模较大的区域，由于前后向联系，会形成自我持续的地理集中现象，经济规模越大，集中越明显，运输成本越低，制造业所占的经济份额越大，厂商水平上的规模经济越显著，越有利于集聚。新经济地理学的重要假定和基石是任何制造业产品都有运输成本。C-P 模型解释了经济活动空间集聚的内在机理，为后期经济学和区域经济学在空间尺度上的分析开辟了一条新的研究范式。

国内学者吸收和借鉴国外产业集聚的研究成果，结合中国实践从不同视角对产业集聚的形成机制进行了探讨。陈柳和刘志彪（2008）提出人力资本型员工创业能形成区域产业集聚的思想，认为从集聚区域内企业分离出来的新企业员工增加了区域集聚度，这种企业核心能力衍生所形成的学习效应是集聚得以实现的根本途径，并通过江苏省服装行业集聚进行实证案例论证。刘新艳等（2011）认为新兴产业的集聚除了受传统的地理区位和资源禀赋因素影响外，更多表现出对技术发展、人才交流与培训、资本等创新要素、市场环境和政府作用的依赖。邱成利（2001）从制度创新视角探讨产业集聚的形成机制，认为制度创新所导致的交易成本下降为产业集聚的形成提供了深层次的保障。王立勇等（2021）认为在交通发达地区能产生集聚的规模效应，而在交通欠发达地区，一味追求集聚会产生挤出效应。

综上，产业集聚理论经历了从 Weber 的区位论到 Marshall 外部性理论、动态外部理论以及克鲁格曼 C–P 模型的演进过程，认为产业集聚的生成是交通成本、运输成本和交易成本，或外部性，或竞争等一系列因素作用的结果。在经济全球化和 ICT 广泛应用背景下，企业区位选择往往会受制于制度、文化、科技、社会等因素的影响，现有文献即使模型解释能力很强的新经济地理学，也很少将这些因素纳入分析框架下。

3.1.2 产业集聚异质性

异质性的概念最早由 Wachter et al.（2000）提出，之后部分学者开始关注产业集聚的异质性问题，从产业集聚对经济增长影响的视角来看，异质性包括三个方面：代表产业发展特征的产业集聚类型异质性，代表集聚地区的产业空间集聚异质性，产业集聚效应的异质性。本书主要研究产业集聚类型异质性和产业空间集聚异质性。

1. 产业集聚类型异质性

从产业互动的角度来看，产业集聚分为单一产业集聚和多个产业集聚两种类型（赵伟 等，2015）。本书分析的单一产业集聚主要指制造业集聚和生产性服务业集聚，多个产业集聚侧重研究生产性服务业与制造业的协同集聚。早期关于产业集聚的研究偏重工业或制造业，20世纪 70 年代，随着欧美国家服务经济的快速发展，以及新型城镇化建设步伐的加快，生产性服务业的发展引起学术界高度关注。如同制造业集聚，生产性服务业也呈现向中心城市、城镇集市中心和制造业集中区等区域集聚的趋势。在此背景下，加之同时期产业集聚理论的日趋完善，生产性服务业集聚成为经济学家研究的一个新领域。Keeble（1991）认为生产性服务业集聚是生产性服务企业及其他相关要素在地理空间上的集聚。从互动内容上看，无论制造业集聚还是生产性服务业集聚，大部分学者都以 Marshall 外部性理论为起点，从投入产业关联、知识和技术溢出等方面探讨内在机理，Scitovsky（1954）进一步将此概括为金钱外部性和技术外部性。

单一产业在空间存在集聚现象，不同产业间在特定空间上也倾向于协同集聚（Ellison，1997），多个产业协同集聚的发展是指投入产出的上下游关联企业集聚在同一市场范围内，实现产业集聚的规模经济。Krugman（1991，1995）认为不同产业因紧密的投入产出关联而地理接近，这样既有利于节约中间产品的运输成本，也可能使企业拥有共同的产品市场或生产要素市场。Venables（1996）肯定克鲁格曼的观点，并进一步解释投入产出关联的上下游产业为节约运输成本和产生外部规模经济，更有可能在空间上集聚。Fujita（1999）认为关联与集聚之间存在因果循环关系，正是这些上下游的垂直关联的存在，产业空间集聚一旦形成就能持续延续下去，并形成累积循环因果的关系并相互强化，这种垂直关联产业的"金钱外部性"所产生的凝聚力，是由市场机制主导的。后来，Lucas（1988）、Saxenian（1994）等考察纽约的专业化街道和硅谷等地后，认为非市场力量的"技术外部性"（也称为溢出效应）也对多产业协同集聚非常重要，邻近产业链上企业（产业）

之间所开展的管理经验与知识技术分享、人力资本交流等无形的交往和联系，加强了企业（产业）之间的"水平关联"，水平关联与"技术外部性"相对应，由非市场作用自发引起，水平关联也能产生集聚。

2. 产业空间集聚异质性

20世纪90年代形成的空间经济学使产业集聚研究从产业互动层面向空间互动层面延伸。空间经济学对空间进行抽象，认为空间是一个异质性的平面，将主流经济学长期忽视的空间因素引入经济活动的分析中，研究集聚主体的空间分布特征和集聚机制。Krugman（1991）构建的基于"核心–边缘"理论的一般均衡模型，用于解释空间异质性对产业集聚的影响机制，在空间经济学的发展历史上具有开创性历史意义。从空间互动角度来看，基础设施较好、劳动力素质较高的区域发达地区（即"核心"区域）主要从事制造业生产，当制造业集聚到一定规模以后，受土地、劳动力和制度约束等方面的限制，制造业开始向公共基础设施落后、劳动力素质相对较差的"边缘"区域转移，而"核心"城区进行结构优化，发展生产性服务业或其他为外围服务的产业，当"边缘"区域承接制造业转移，并不断集聚形成次中心区域，继而同样因各种限制条件会继续向外围转移。空间经济学者认为这种空间格局的形成源于经济活动的"离心力"和"向心力"（Krugman，1991）。两种力量的复杂作用使区域经济表现为"块状经济"。

空间经济学对"块状经济"内生机理的解释比较充分。尽管自然条件和要素禀赋是产业空间集聚差异的重要因素，空间经济学寻求的却是经济系统的内生力量以及内生力量如何影响经济活动空间差异问题。克鲁格曼等学者认为"离心力"和"向心力"具有自我强化的循环累积因果特征，"向心力"包括本地市场放大效应（又称为后向联系）和价格指数效应（又称为前向联系）。本地市场放大效应指生产分布的变化会引起区域相对市场规模的同向变化，市场规模的扩大进一步引起区域相对生产分布的同向调整；价格指数效应指生产分布的变化会引起价格指数反向变化，价格指数的下降会使生产份额高的区域更具有吸引力，循环累积因果关系就这样形成。高度集聚的区域因市场竞争激烈，限制了企业获利能力，"离心力"产生的市场拥挤效应会使企业分散，两种力量的相对强弱决定了长期稳定的空间分布模式。藤田昌久等人指出经济活动具有区位黏性，区位黏性是路径依赖的结果，企业历史上选择了某种产业分布模式或路径依赖，各种经济活动一旦适应这种模式或路径，这个区位就对企业经济活动产生依赖，当黏性很强时，系统的内生力量就很难改变原有的状态。

Fujita（2005）进一步丰富了空间集聚异质性的思想。他把产生经济空间集聚的内生力量分为两类，一类是"经济关联"引发的经济空间集聚。经济关联从经济主体行为这一微观基础入手，研究"离心力"和"向心力"两种力量的来源，以及经济集聚的长期均衡问题；另一类是"知识关联"引发的经济空间集聚。一般用知识或技术外部性或知识溢出来描述"知识关联"所产生的经济空间集聚。空间经济学认为"外部性"隐含太多复杂的因素，从内涵的角度来看，"知识关联"能更准确表达知识创造和知识传递所产生的"向心力"。Berliant et al.（2009）构建的文化知识创造和传递模型——TP 模型，分析区域之间的经济关联和文化知识关联循环累积因果的作用，以及文化产业空间集聚的动力机制。TP 模型也称为二人模型，假定初始对称的两区域，即区域 A 和区域 B，两种生产要素，即知识分子和普通工人，其中知识分子可以跨区自由流动，普通工人限制在本区域。区域 B 为区域 A 提供中间投入品——文化新知识，在一定自由贸易度的条件下，区域 A 的知识分子逐步加入区际要素流动进入区域 B，由此区域 B 成为知识创新和传递、知识分子人才以及制造业企业集聚地，初始对称的两区域演化为以区域 B 为核心的"核心－边缘"空间格局。值得注意的是，不同于主流经济学，空间经济学理论体系将政府行为内生化，关注内生的政府行为与贸易自由度的相互作用对经济空间集聚的影响作用。

3.2 区际产业联动和跨区域产业协同集聚的特征

3.2.1 区际产业联动

在经济全球化和区域经济一体化蓬勃发展的大背景下，产业联动无疑是推动区域融入国际产业价值链，促进产业融合升级和提升产业竞争力的有效途径。产业联动不同于简单的产业转移，它更强调产业联系基础上的错位发展和产业融合（马随随，2020）。从理论渊源来看，区域产业联动可以追溯至法国经济学家弗朗斯瓦·魁奈（Francois Quesnay）的《经济表》对社会再生产理论的表述，以一种抽象的研究方式，认为必须从整个经济系统而不是从单个经济主体来考察再生产。Weber 的工业布局论从运输成本角度为区域之间产业联动、区域专业化生产提供了理论解释。Weber 认为，在原料产地、能源基地与消费市场一定的情况下，运费最低的地点可以带来最大利润，是企业选址的最佳地点。Dicken（2001）通过分析跨区域企业地理空间与控制能力之间的关系，研究表明控制效果和被控制企业的空间位置关系很强，企业的地理空间不仅影响其控制地位，而且影响其结构和产品生产特征的整体变化。Massey 等人指出区域之间的上下游产业链关系和投资决定区域的发展，形成"空间的分工"。

进入 20 世纪 90 年代之后，随着哈佛大学教授 Porter 首次用"产业集群"的概念界定生产的地域集中状况后，区际产业联动研究多转向产业跨区域集聚的研究方向。Scott et al.（2003）通过对硅谷和"第三意大利"等区域进行案例研究后，认为欠发达国家（或区域）应采取非均衡发展政策，先通过产业的区域集聚方式促进核心区域发展起来，然后带动外围区域发展，并进一步论证表明非均衡发展模式也适合发达国家。进入 21 世纪，国际生产体系发生重大变革，跨国公司为寻求全球战略资源驱动生产网络化的形成与发展，产业区际联动研究开始关注全球范围内的产业网络关系。Coe et al.（2008）认为欠发达地区应充分发挥区域的发展潜力，注重如何与全球价值网络建立链接关系。显然，这些研究都认可区际合作与联系影响了区域产业的发展与演化，但对于区际联动的机理以及如何调控产业关系缺乏深入的研究。

自改革开放以来，为解决区域发展不平衡和不协调等现象，我国先后实施了西部大开发、振兴东北地区等老工业基地、中部地区崛起、"一带一路"建设、京津冀协同发展、长江经济带发展等战略或措施，区际产业联动通过区域间的分工与链接，促进生产要素的重新组合与优化配置，积极推进区域协同发展。我国学者结合中国产业发展实践，开展了众多此方面的研究。高伟（2012）认为区际产业联动源于产业链在空间上的布局，具有区域维度、产业链维度和企业维度，是企业等微观主体空间扩张和区位调整的过程。陈红儿（2002）认为产业的区际布局是发达区域产业结构调整升级的重要途径，也是欠发达区域经济起动与发展的良好契机。王红霞（2007）提出产业空间联动是在地方政府的直接政策推动下进行的。王辑慈从区域集群的外部联系视角，认为价值链低端的产业集群升级为具有创新能力的高端价值链集群，需探寻集群内外的非贸易依赖关系。朱华晟（2005）认为集聚体实际上跨域了多个行政区域。高伟（2012）根据不同主体的主导程度，将国际产业联动分为产业转移、区域共建产业园、总部－生产基地和供应商伙伴等四种模式。杨亚琴等（2022）在探究双向飞地模式的动力机制基础上，提出双向飞地模式能促进区域创新链互联互促，重构创新创业产业体系，是跨区域产业联动和要素流动的双向通道。

总体来看，国内外学者对区际产业联动的研究成果为本书跨区域产业集聚和协同创新研究奠定了一定的理论基础，但该理论体系进一步完善，需明确以下几个内容：一是区际产业联动的内涵具有模糊性和复杂性，学界还没有一个统一的概念界定；二是区际产业联动的主体是政府、企业还是其他机构，由于现有文献对产业联动缺乏深入的探讨，主体界定也比较模糊；三是区际产业联动的原因及驱动因素是什么，需进一步明确与探讨；四是现有文献缺乏区际产业联动的效应研究，在我国区域协调新战略背景下，需进一步探讨如何调控从而产生正向的帕累托效应。

3.2.2　跨区域产业协同的界定和集聚的特征

3.2.2.1　跨区域产业协同的界定

无论是跨区域产业协同问题，还是跨区域产业协同集聚问题，首先需辨析"跨区域"这个核心内容。跨区域，顾名思义，是指跨域具有一定边界的地域，而具体跨域什么区域，需进一步明晰"区域"的概念。Hoover 对"区域"的定义为：按内部的某种同质特性或者某种一体化的功能而划分的地区。经济地理学认为区域具有以下特征：独特的经济结构、空间结构和功能，有层级、等级及大小之分，分同质区域和集聚区域，一个经济体区域间有一定的联系等。Cookie（2001；2002）基于区域创新体系的视角认为区域具有"地理区域"和"文化特征"，同时也具有支持创新网络和具备特定功能的地域空间。在我国经济领域，区域经济也被称为地区经济，是指分布在各个行政区域的那部分国民经济，它的形成是劳动地域分工的结果。目前，我国行政区域基本划分为省、县和乡三级，但为了便于管理，目前全国普遍分为省级、地级、县级、乡级四级行政区域。因此，在实际中，跨区域可能是跨省区的区域，也可能是省域之内的跨地级市、跨县的区域，甚至可能是跨省级行政区划的特定的区域。在涉及中国经济问题研究时，我国大部分学者常以省级行政地域用作区域划分的标准。

协同发展是区域经济发展的一个重要命题。协同论诞生于 20 世纪 70 年代，德国物理学家赫尔曼·哈肯（Hermann Haken）的论文《协同学：一门协作的科学》首次正式阐述了协同学的主要概念和思想。协同学就是研究系统中各子系统之间相互协调作用的科学。他认为协同学即"协同合作之学"，研究的重点是"集体行为"，是"人们的那些似乎相互约定的行动"（Haken，1977）。因此可以认为协同论是解决在集体行为中各子系统调节彼此客观价值关系，使之从无序到有序，并不断趋于平衡的理论。协同理论提出以后，20 世纪 70 年代主要用于自然科学领域，进入 20 世纪 80 年代之后，协同理论有了新的突破，Porter（1985）

首次提出价值链概念后，用价值链理论来解释协同，认为经济活动主体通过建立内部业务单元之间的关联和企业之间的关联而获取竞争优势。Bart Van Loo 等将协同理论应用于组织创新领域，认为组织创新战略实施的复杂性和可持续性，科技的协同潜力尤其重要。

国内外现有文献表明，从产业集群视角，分析产业集群的协同发展机制，或协同性与集群竞争优势的关联机制等，是当前协同理论研究的热门论题。Inna Milko（2014）认为集群作为增强企业技术能力的有效组织方式，就要切实提高集群的协同竞争力。Yulia Vertakova（2016）评估了创新与制造业集群之间的协同关系，并认为产业集聚是创新系统高质量发展和经济可持续发展的源泉。国内学者基于国家区域协调发展战略，从实证角度分析我国区域间产业集群协同发展问题，高峰等（2008）基于长三角地区的产业协同集聚，研究区域间产业协同集聚给该地区的分工、资本、制度和创新带来的协同效应，以及对产业升级的影响作用。周肇光（2011）围绕协同机制的联合性、融合性、有效性和科学性，探讨了上海和台湾地区两地产业集群协同发展路径。

基于已有研究，本书将跨区域产业协同发展界定为：来自不同功能和文化特征的行政区产业组织间所形成的一个结构有序、功能互补和共生发展的一个开放性系统。一方面，它是一个不同行政区产业组织间资源、环境、社会和制度政策等子系统相互制约、相互作用，寻求更高协同效益和协同竞争优势的动态过程；另一方面，跨区域产业协同发展是产业协同与外部的政治系统、文化系统和社会系统的有机统一。跨区域产业协同系统为了整体的良性循环，必须使自己走向稳态。而系统结构的稳定主要取决于趋向一体化、对称互惠的共生模式形成，也就是产业协同需要政治、文化和社会等其他系统的支持，形成彼此互为中介、互为催化和互为因果的超循环系统结构。

3.2.2.2　跨区域产业协同集聚的特征

相关产业协同集聚在世界各城市普遍存在，即使服务业高度集聚的美国硅谷、好莱坞等所在的区域，也不完全是单一产业集聚，而是服务业和制造业分布于连续的地理空间上（Helsley et al.，2014）。随着ICT的广泛应用，以及产业集聚化、融合化和虚拟化趋势凸显，产业协同集聚带来的外部性不再完全依赖地理空间邻近，产业分离式集聚、线上＋线下协同集聚已成为新型的产业组织形态。跨区域产业协同集聚和传统地理集聚相比具有明显的区别，学者们从不同视角对多样化集聚进行了分析，本书受相关研究成果的启迪，总结跨区域产业协同集聚的特征如下（图3.1）。

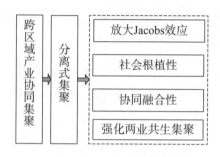

图 3.1　跨区域产业协同集聚特征模型

1. 强化两业共生集聚

共生理论的研究最初应用于生物学领域，产业共生是模仿生物系统所提出的一个新概念，指不同产业之间，或产业内部的相异行业交叉、渗透和融合的过程而最终演化为一种新的产业形态或新的产业特征（植草益，2001）。产业共生在实践中可能存在知识溢出，或劳动力市场共享等，表现为能量和物质的交换。生产性服务业与制造业典型具有共生性。产业共生集聚是指产业内或产业间的企业集聚某一特定区域，通过信息、能量的交换，达到经济效益和环境效益有机统一的一种新型循环产业集聚形态（刘军 等，2022）。生产性服务业主要为制造业生产活动提供服务，具有产业关联性、中间投入性、技术创新性和知识密集性等特征，能为制造业的专业化生产、低成本生产、连续生产、高效生产提供保障。基于企业内生需求的原因，生产企业在市场机制的引导下，自发对生产加工流程进行更新与改造，进行物质与能量的交换，最初几个具有共生关系的企业为改进企业生产模式自发聚集在同一地理空间，相互获取共生利益，随着内生需求的逐步延伸和全产业链的延展，吸引越来越多的同类企业或相关企业集聚于此，知识溢出和劳动力共享等特征日益显现，集聚的程度也越来越高。ICT技术条件下，跨区域集聚主体不再局限于空间距离的"面对面"交流，企业共生关系进一步强化，集聚外部性相比传统地理集聚放大，呈现不同区域生产性服务业与制造业专业化集聚和多样化集聚并存的组织形态。

2. 分离式集聚

从空间联动来看，跨区域产业协同集聚通过推动知识和技术外溢，以及高端人才的流动，强化了邻近城市间的空间联动性。根据要素禀赋理论和空间经济学的"核心－边缘"模型，将城市群作为区域空间载体，在地区要素存在差异的情况下，中心城区基础设施良好、人口众多，资本和技术要素相对比较充沛，外围城市因土地、劳动力等要素上具有成本优势，区域根据各自要素禀赋结构进行产业布局，进而推动生产性服务业与制造业在空间上的要素重组集聚，形成以中心城市为主，辐射外围城市的分离式协同集聚格局。区域企业间长期协作产生的互动行为，如技能、知识、信息等方面的交流，以及高端人才培训会在两业间带来动态外部性，推动区域产业协同集聚的演化。因此，跨区域协同发展更多体现跨区域产业协同集聚（孙正 等，2021）。此外，全球化的分工体系打破了传统"小而全"的地方产业组织体系，特定区域资源总是有限的，过分集聚会带来要素成本上升，出现集聚不经济现象，当集聚不经济弱化了集群内部分工协作的竞争优势时，企业必然将部分生产流程外包给区域外的其他集群，更多依赖多个区域的整体功能来提升产业集群的竞争优势，以正式或非正式的联系形成一个跨区域的产业集群合作网络组织体系。在 ICT 广泛应用背景下，生产性服务型企业无论身处何处，都能通过网络技术平台向各地制造业集聚区提供中间投入品或服务，也促进了跨区域生产网络的形成。Chou et al.（2011）研究无锡 IT 产业发现，无锡 IT 公司为了获取技术、人才或金融服务，通常在珠江三角洲取得跨区域产业集群关系，以及在深圳设立办事处。

3. 放大 Jacobs 效应

Jacobs et al.（1961）在城市多样化理论里首次提出 Jacobs（雅各布斯）效应这个概念，指多样化集聚带来的知识和技术溢出，由此形成的城市化经济，即多样化集聚所形成的外部性。在《美国大城市的死与生》一书中，Jacobs 提出"大城市的多样化是自然生成""城市的健康发展需要相互关联、相互交错的多样化"。Jacobs 效应的作用机理体现在：产业结构多样化导致人口、文化和就业结构的多样化，吸引不同人才集聚，促进产业间分工和互补，提升知识、科技传播和应用能力，推动城市创新能力和创新文化的形成，进而扩大城市规模经济，丰富城市基础设施和服务功能，为城市可持续发展提供新的动力。基于技术关联和产业关联的生产性服务业与制造业协同集聚作为产业集聚的最高组织形式，能为产业带来多样化的知识，实现产业间交叉性技术创新，相比产业内创新，产业间技术创新是更为本质的创新（赵峰 等，2020）。正如 Jacobs（1961）所说，"大城市是多样化天然的发动机，是新知识、新理念的孵化器。"Wu et al.（2016）研究发现产业协同集聚可以提高城市化水平，中国西部城市实证研究显示效果更显著。陈建军等（2016）提出以产业协同集聚进行空间布局调整，可以通过效率增进效应和外部溢出效应来提高城市生产效率。在 ICT 条件下，跨区域产业协同集聚的空间无限扩展，Jacobs 效应无限放大，创新知识和技术在产业间扩散所带来的知识溢出效应突破空间局限性，更有利于新工艺、新技术、新商业模式及新的生产方式的诞生与推广，为城市发展带来巨大的综合收益。

4. 协同融合性

在高质量发展阶段，众多城市的产业升级和产业布局优先选择生产性服务业与制造业协同发展。在协同发展的初期阶段，制造业与生产性服务业会在同一地理空间选择集聚，并在各自集聚的基础上因外部性经济实现产业间的集聚，即产业协同集聚，随着产业升级的深入推进，生产要素集聚的空间范围不断扩展，产业空间呈现生产性服务业与制造业分离式集聚的"核心－边缘"模式。ICT 条件下，网络技术的发展拓宽了创新资源共享的机会和途径，跨区域集聚的企业、高校、科研服务机构等创新主体凭借各区域各主体的资源优势，联合研发的成本更低，研发效率更高，推动技术创新联动，也缩小了生产性服务业与制造业的认知距离。同时，许多生产性服务业经过数字化改造后，作为制造业的中间投入品和创新资源，对制造业的研发、物流、设计、供应链管理、售后服务等环节的渗透性更强，通过 Jacobs 效应加快了制造业产业链的一体化生产性服务功能，推动制造业服务化，形成两者互动融合"合二为一"的产业体系。在这一融合的趋势下，生产要素会在产业间再次分配，要素配置的边界日趋模糊，在新技术的推动下，两大产业内部结构进一步优化，不断向高技术化和高智能化发展，产业合作更加紧密，产业效率不断提升。孙正等（2021）认为两业协同融合对加快产业升级，加快中国由制造大国向制造强国迈进有利。许士道等（2021）基于我国 30 个省份的面板数据实证表明，产业协同集聚对产业融合产生了显著效应。值得注意的是，孙正等（2021）研究表明，两业融合的新型业态发展格局，也会存在两者不协调、不平衡等问题，解决这些问题需要深入分析影响生产性服务业和制造业融合的四个决定因素，分别为产业创新能力、交易成本、环境规则和税收竞争。实证研究表明，产业创新能力和环境规则显著促进两业协同融合，且影响周期比较长，但影响效果逐渐减弱；交易成本和税收竞争对两业协同融合具有抑制效应，且影响效应周期比较长。

5. 社会根植性

Polanyi（1969）首次提出根植性概念，Granovetter（1985）是根植理论的集大成者，他把根植性分为结构根植性和社会根植性，指出经济活动是根植于社会关系中的。Marshall 研究产业集聚时就阐述了根植性的内涵和作用机理，认为外部性经济对产业集聚有重要作用，同时也强调地方的社会规范、价值体系与产业发展的不可分割，对产业集聚起到了关键性的作用。苗长虹（2004）认为地区内部在长期生产中会演化变迁，并形成包括创新精神、道德伦理、文化等的"产业氛围"。

同样，跨区域产业集聚的形成与发展具有社会根植性，正是这种根植性造就了跨区域产业协同集聚的可持续发展。跨区域产业协同集聚是具有高度投入产出关联的上下游产业的集聚，而这种分离式集聚主要动因源于生产性服务业与制造业技术关联所带来的知识外溢。按照Fujita（2005）动态的知识创新和扩散模型——"Two-Person Model"（TP模型）的思想，知识创新源于区域内部以及跨区域之间创新主体的相互作用，区域内部依靠知识的交流与创造来创新，而区域间创新源于区际人口流动，其中文化、价值观和习俗等社会文化环境的内生性作用非常关键。运行良好的产业集群往往存在共同的文化传统、行为规则和价值观，还有共同的历史或拥有某种传统（符正平，2002）。此外，集聚主体因相近的文化背景和价值取向，在实际的经济活动中集聚主体的思维和行为模式一致性较高，就能强化企业成员行为的连续性，维护组织的稳定性和向心力。

3.3 多维邻近性跨区域产业协同集聚研究的分析框架

产业集聚的动因探究，从19世纪初叶德国经济学家Thunnen的"农业区位论"，德国经济学家Weber的"工业区位论"，19世纪末叶Marshall的"产业区位论"，20世纪90年代Krugman的"核心–边缘"模型，到Porter的产业集群及国家竞争优势理论等，邻近性都以一种隐含的形式被提及，强调单一地理邻近所带来的区位优势或市场成本优势，以及正向知识的空间外部性在产业集聚中的重要作用，但是忽视了制度、文化、组织、认知等一系列因素对产业集聚的影响。其后，法国邻近动力学派的经济学者们将空间变量内生于经济活动中，正式将邻近性引入产业动态调整和空间动力学研究中，认为邻近性是个多维的概念，不仅是地理邻近性，还有制度邻近性、认知邻近性等。

自20世纪70年代以来，随着服务经济，以及区域一体化和信息技术的快速发展，生产性服务业和制造业协同集聚作为产业集聚的最高组织形式，在西方主要发达国家迅速发展，尤其在中国区域协调发展的大背景下，产业跨区域协同集聚也已成为一种新兴产业业态。邻近性内涵的多重性成为分析跨区域产业协同集聚的一个非常有用的工具和框架。根据本书构建的多维邻近性概念框架（见第 2 章），多维邻近性分为地理邻近性、制度邻近性和认知邻近性。地理邻近性反映区域层面的产业集聚主体间的空间距离的远近。对跨区域产业协同的影响涉及两个层面，一是行政区域内集群内部企业通过垂直关联和水平关联，促进产业协同集聚；二是行政区域间集群企业得益于 ICT 条件下的临时地理邻近性，作用于跨区域产业协同集聚的过程中。制度邻近性在区域层面研究，反映不同行政区域制度环境的相似程度，本书将从非正式制度、政策性制度等制度约束等多个视角阐述制度邻近性对跨区域产业集聚的影响。认知邻近性涉及知识、经验、技术和语言等多方面，反映集聚主体在相互沟通时所表现的处事、沟通等行为方式的接近程度。

地理邻近性、制度邻近性和认知邻近性在一定程度上可以独立作用于跨区域产业协同集聚，也可以以不同的组合形式交叉作用于跨区域产业协同集聚。因跨区域产业协同集聚是基于数字贸易、ICT 的应用所形成的一种新兴产业业态，集聚空间得以充分扩展，集聚动因更多依赖技术关联带来的知识外溢。基于此，本书在回顾地理邻近与产业集聚的局限性基础上，提出"临时地理邻近与跨区域产业协同集聚"的论题，侧重探究认知邻近性和制度邻近性对跨区域产业协同集聚的微观机制和溢出效应。基于此，可按以下思路构建本书关于多维邻近性对跨区域产业协同集聚微观机制的分析框架。这些内容分别在第 4 ～ 8 章逐一探讨。

3.4　本章小结

文献回顾产业集聚的演进，提出 ICT 广泛应用背景下，现有文献的不足；在梳理国内外学者对产业集聚类型异质性和产业集聚空间异质性界定的基础上，综述了产业集聚异质性的内在机理。回顾和梳理区际产业联动和跨区域产业协同研究成果的基础上，提出了本书关于跨区域产业联动和跨区域产业协同的界定，在此基础上，探究了跨区域产业协同集聚的五个特征：分离式集聚、强化两业共生集聚、放大Jacobs效应、协同融合性、社会根植性。基于传统经济学解析产业集聚"单一地理邻近性"的缺陷，本书提出"临时性地理邻近与跨区域产业协同集聚"论题，进而提出了多维邻近性视角下跨区域产业协同集聚微观机制与溢出效应的理论分析框架。

第4章　跨区域产业协同集聚的演进：生命周期理论与开放性视角

4.1　产业协同集聚构成分析

产业协同集聚作为产业集聚的高级阶段，是一个动态演化的经济运行系统，通过集聚主体以及集聚资源的自我强化机制，不断集聚新的优势和发展动力，保证集聚经济的效益和良性发展。本部分内容将依次从集聚主体、集聚网络两个方面分析产业协同集聚的构成，为探究跨区域产业协同集聚的微观机制奠定基础。

4.1.1　集聚主体

国际知识经济和企业发展组织在 2004 年白皮书里界定产业集群一般包括企业、政府、中介服务机构、高校与科研机构等四类成员。整理现有文献发现，产业集聚主体过窄，大多限定于企业，而忽视政府部门、中介服务机构、高校及科研所等非企业组织的影响和作用。

1. 企业

产业协同集聚是在特定区域若干同类企业，以及为这些企业配套的上下游企业、相关服务机构的高密度集中，本质上就是具有某种关联企业的集聚过程。本书主要研究异质性产业协同集聚的内在机制，就企业而言，包括生产性服务业与制造业。制造业也称为制造工业，是加工和再加工制造资源，提供可供人们使用的产品或服务的行业，涵盖了我国 GB/T-4754—2017《国民经济行业分类》13–43 代码行业。生产性服务业是基于专业化分工从制造业中分离出来，向生产者（包括制造业和服务业）提供产品和服务的行业（Grubel et al., 1989），与制造业强产业关联是生产性服务业的典型特征，也是制造业的重要中间投入要素（江曼琦 等，2014；高传胜 等，2007）。王新新等（2011）总结了生产性服务业的服务知识性、要素密集性、技术创新性、中间投入性、产业关联性等特征。目前，关于生产性服务业的细分行业没有统一的定论，但学界普遍认同的生产性服务业包括"交通运输、仓储和邮政""金融业""租赁和商业服务""信息传输、计算机服务和软件业""科学研究和技术服务业"等五个细分行业（江曼琦 等，2014；韩峰 等，2020）。

企业是产业集聚中最主要的行为主体和实现者，企业经济利益的考量是其经济活动的根本动因，经济学讲的经济利益考量是指"服从特定约束条件下的利益最大化"（王东京，2016），即成本既定，收益最大化，或收益既定，成本越少越有利。Krugman（1991）指出不同产业之间的企业由于投入产业关联而集聚在一起，这种经济联系或因地理邻近有利于中间产品运输成本的节约，也可能企业拥有共同的产品市场或要素市场。生产性服务业为制造业提供服务，两者形成上下游产业垂直关联，并形成空间集聚。异质性产业间的经济活动所获得的经济收益，一般称为范围经济，从这个意义上讲，企业与企业之间做出跨产业空间聚焦的行为选择，产业间必须有范围经济的特征，也就是说，范围经济的存在是企业选择协同集聚的前提条件。

"外引"和"内衍"是企业实现集聚的主要路径。"外引"路径指从集群外部吸引更多的增量企业。产业集聚初期，少数几个企业因"偶然事件"（Krugman，1991）或"政策诱惑"被"外引"到某一特定区域集中，通过地域性合作获得绩效优势，随后本地同类企业及关联企业逐步进入该区域集中，集聚效应逐渐增强。当集聚规模发展到一定程度后，区域边界外的企业也纷纷进入该区域，围绕中心区域相继地理邻近集聚。集群形成以后，企业生产日益专业化，专业化生产又势必导致服务的专业化，于是，集群内陆续"外引"金融服务、运输服务、科研服务及其他商业服务。"外引"式企业协同集聚源于异质产业的关联性。Berliant（2006）从市场角度将异质性关联分为经济关联和技术关联，经济关联是上下游企业之间的有形物质联系，在市场机制下发挥作用，对应于 Marshall 的"金钱外部性"。技术关联基于非市场作用下的关联性，对应于 Marshall 的"技术外部性"。陈建军（2016）将此分为垂直关联和水平关联。跨区域协同集聚模式下，技术关联是"外引"式企业集聚的关键动因。技术关联引发的知识外溢效应产生激励知识创新的动力。企业"内衍"式集聚源自企业自身的成长，是集群内部存量企业的衍生，表现为企业衍生。随着集群专业化分工越来越精细化，生产片段化的生产模式日益凸显，为加强分工协作，集聚区内的母体企业源源不断地衍生一些新的企业，形成紧密联系的企业谱系（马力 等，2012）。在产业集聚发展阶段，"外引"和"内衍"式企业集聚现象往往同时存在。Rogers 和 Larsen 合著的《硅谷热》从技术转移角度认为企业衍生是在母体企业技术发明或某种权利转移的基础上而衍生的新企业现象。吴士健等（2010）从产业集群的产业链视角，将企业衍生分为横向衍生、纵向衍生和混合衍生。横向衍生指母体企业的技术骨干或管理人员因某种原因离职创立新企业，经营范围与母体企业相同，与母体企业处于同一产业链节点。纵向衍生指衍生企业位于母体企业的前向或后向产业链节点。混合衍生情况比较复杂，衍生企业与母体企业的产业链有联系，也可以是完全不相关联的产业链条。随着跨区域产业协同集聚程度的加深，生产性服务业在促进制造业进一步"外包"或分离非核心业务，衍生创立新企业的同时，自身在制造业产业链条不断衍生新的服务功能和企业，两者具有天然的"血缘"关系。

2. 政府

众多产业集聚区案例表明，产业集聚效果无外乎受内部动力和外部动力两个方面的影响。国内外学者对产业集聚形成的内部动力问题做过大量的研究，但外部动力问题缺乏系统研究，其中政府是一项关键因素。尽管斯密、哈耶斯、弗里德曼等自由经济学者对政府干预经济活动持消极态度，但因集群内垄断、负外部性等市场失灵现象的存在，政府的干预活动不可避免，政府对产业集聚整体功能的提升有着不可替代的作用（方伟明 等，2013）。尤其一些发展中国家，由于市场经济发展不充分，单靠市场机制的自动调节很难满足短期内资源的优化配置实现特定产业集聚的目标，这就需要政府的适当介入。政府主要通过公共品供给、制度供给、市场环境维护和经济指导等方式来发挥政府对产业集聚的作用。根据政府在产业集聚发展中作用的侧重点不同，分为政府主导型、政府引导型和政府鼓励型三种模式（韦成 等，2011）。政府主导型指政府承担领导者的责任，发挥主导作用，主要通过公共品的提供，迅速调配和转移资源，形成独特的产业集群。政府引导型指政府以合作者的身份参与到产业的发展中并同时享有投入带来的收益，往往通过制度的供给来共同促进产业集聚的发展。政府鼓励型指企业发展已出现规模经济，政府充当环境维护者的角色，创造良好的外部环境，提升产业集聚的竞争力。

在经济全球化背景下，每个国家政府必然直接或间接参与产业集聚的发展，政府的参与是增强还是削弱产业集聚效应，政府在产业集聚过程中的角色定位，政策制定者和学术界一直存在诸多争议。张益丰等（2009）认为政府积极介入和提升服务外包的规模和质量，形成以生产性服务业为内核的产业集聚，并围绕生产性服务业产业集聚形成制造业集聚，这种共生共存才能驱动中国经济高质量发展。陈倩（2020）基于2012—2019年的省级面板数据，实证检验了跨境电商、产业集聚与政府支持的相关性，结果表明政府跨境电商支持政策与当地工业及数字产业集聚水平产生正向的协同效应。江洪等（2022）研究表明，过低或过高的政府发展性支出都会影响产业集聚的正外部性发挥，进而抑制能源效率的改善。赵静（2021）运用中国2011—2016年制造业省级面板数据探讨市场化进程和政府干预对产业集聚和创新绩效的调节效应，回归分析结果的重要政策启示：产业集聚较低阶段，应充分发挥市场机制的作用，减少政府干预可以推动产业创新，当产业集聚过度而损害产业创新绩效时政府应积极干预。Porter强调政府应认清自己角色的多重性，在产业集聚的发展过程中起强化或协作作用，而不是企图去创造一个全新的产业集群。

综合已有研究的观点，本书认为政府作为关键的外部动力因素，在产业集聚的发展过程中应因地制宜，合理定位于培育产业集聚的内部动力。跨区域产业协同集聚是不同区域若干个企业或企业种群在特定空间区域（包括网络集聚平台）形成的创新族群，创新族群的主要经济活动内容是族群之间克服市场壁垒，相互学习获取新的互补技术，降低交易成本，分散创新风险，并从互补的资产和知识联盟中取得协作经济收益。因此，跨区域产业协同集聚发展面临的核心问题是有效发挥政府的主要职能，充分实现政府与市场的协同作用，为企业技术创新提供条件和创造环境。

3. 中介服务机构

中介服务机构是产业集群的重要组成部分（夏来保 等，2011），为增强产业集聚的竞争力而从事的沟通、协调、公证和咨询等服务活动的专业性机构。西方文献中"中介服务"主要指"专业服务组织"，是企业内部化分工和产业分工细化的产物（任曙明 等，2003），其自身不从事实物性的生产经营活动，具有中间性和非生产性的特征。按照是否盈利，中介服务机构分为盈利性中介服务机构和非盈利性中介服务机构。盈利性中介服务机构是集群内中介服务的主体，向集群内企业或产业提供有偿的、专业化服务，包括科技咨询、人才培训、法律咨询、技术检测、质量认证、知识产权、技术交易与转移等专业类服务。此外，盈利性中介服务机构还包括保证市场公平交易和竞争的机构，如会计事务所、律师事务所、仲裁机构和资产评估事务所等，以及金融服务机构，如风险投资、担保服务和信用服务等机构。

集群所面临的环境千变万化，在产业集聚发展的不同阶段，中介服务机构的服务需求有所不同。Tichy G（1998）从时间维度将产业集群的生命周期分为诞生阶段、成长阶段、成熟阶段和衰退阶段。就产业协同集聚而言，集群诞生阶段，集聚企业以制造业为主，企业的数量、规模和产值等都不占优势，创新能力不强，尽管企业因政策利好等因素而趋向空间集聚，但企业之间关系松散，合作分工的协作关系还没形成，此阶段中介服务机构的服务目的是"聚集创业企业，降低创业成本"，具体表现为宣传与推广，面向企业提供创业孵化服务，帮助创业企业尽快跨越"死亡之谷"。集群的成长阶段是集群生命周期最活跃的阶段，制造业龙头企业已经形成，生产性服务型企业集聚并初具规模，关联企业之间的协作关系逐渐清晰，集群的规模、数量和产值明显改善，企业创新能力也显著增强，此阶段，集聚企业与区域外也存在一定的弱联系，中介服务机构的服务需求转向"优化创新环境，降低创新成本"，为创新服务搭建平台，调动企业自主创新的积极性，同时集群成长阶段企业竞争越来越激烈，为防止企业恶性竞争，行业协会、商会等非官方中介组织需加强行业监管，引导企业差异化竞争和集群的良性发展。集群成熟阶段，集群的规模趋于稳定，企业科技创新能力达到较高的水平，生产性服务业在制造业产业链上的分工日益细化，集聚企业与外界的联系日益频繁，并通过紧密合作的产业链，形成了一个正式或非正式的创新网络联盟。此阶段中介服务机构以"整合资源,提升发展"为服务核心，利用其专业的科技知识和丰富的科技资源，加强企业、科技机构以及市场的联系，积极参与创新主体和需求主体的科研及实施活动，促进科技创新成果的商业化应用，以此强化区域与企业科技创新体系以及集群整体竞争力。如果集群因劳动力资源、市场需求等环境状态恶化出现集群企业大规模外迁，或者集群的发展没有抓住有利时机嵌入全球价值链致使市场开拓受阻，则集群步入衰退阶段，此阶段中介服务机构充分利用信息资源优势，积极开展集群并购重组服务，以"产业集群再造"为需求核心，防止集群过早衰退。此外，中介服务机构以市场为导向，积极开展技术预见服务，适时引导集群企业向产业链高端环节迈进，可能会形成产业集群的二次成长期。

4. 高校与科研机构

Porter 在其《竞争论》一书中强调，产业集群是多方主体共同作用形成的结果，某一主体缺失或作用不明显都会导致产业集群失败。高校与科研机构作为集群的重要主体，主要通过技术和知识的溢出效应在产业集群中发挥自己的作用（王缉慈，2011）。Pisano et al.（1990）应用交易成本经济学思想阐述了集群内企业和科研机构合作类似于企业之间建立的联盟，彼此合作是为了降低市场成本和研发成本。Saito H（2010）收集 3800 家企业问卷调查数据，建立模型研究表明企业与科研机构合作是必须的。

产业协同集聚作为产业集聚的高级阶段，通过各个主体的竞争和协同效应形成一个有序的创新网络结构。竞争为企业的创新提供了动力和压力，协同发展为创新提供了实现形式。随着集群的成长，企业创新能力逐渐成为主要竞争力。企业依靠自身科研环节增强创新与科研能力的同时，与集群内外科研机构和高校合作共同分担风险，使科研成果更顺利地实现。高校与科研机构主要通过以下方式在集群内发挥作用：首先，为企业提供技术成果和专业人才，优化和提升集群整体科研环境，并长期进行专业化人员的培训指导。其次，高校与科研机构作为独立的决策主体，通过与企业"产学研"的互动效应，在集群内部扩散已有的研究成果，促进产业链上下游企业的技术创新，从而加速集群的演化进程。最后，科研机构充当"孵化器"的角色，培育和扶持中小型高新技术企业的发展，壮大产业集群的规模。

4.1.2　集聚网络

20 世纪 80 年代中期，西方产业组织学者在分析信息技术和网络产品的供求特点时提出网络效应这个概念后，网络作为一种研究的视角或方法广泛应用到经济学各领域。在产业协同集聚的演化过程中，人才、资金和知识等资源在行为主体间自由流动和配置，行为主体利用资源强化自身作用和功能，并形成一个内部相互联系的复杂网络。生产性服务业与制造业协同集聚网络化发端于企业所形成的生产网络，由此带动社会网络和知识网络的形成。产业协同集聚构成如图 4.1 所示。

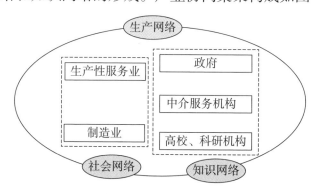

图 4.1　产业协同集聚构成图

1. 生产网络

在产业协同集聚模式下，企业之间都存在形式各异的不同程度生产关系，这些关系相互交错进而演化为复杂的生产网络关系。因此，跨区域产业协同集聚的演化过程本质上是生产网络的渐进过程。生产网络的形成包括垂直联系生成和水平联系生成。就异质性产业协同集聚而言，主要体现为垂直联系生成。分工专业化是产业集聚形成的基础，集聚企业达到一定规模后，由于竞争压力对专业化分工合作提出了要求，基于产业链的垂直联系是产业集聚最原始、最基本的分工合作关系（刘江日，2014）。按照 Porter 的产业价值链理论，每个企业想要赢得和维持竞争优势，不仅要取决于其内部价值链，还要取决于上下游产业链的联接。一般来说，产业链由集聚的核心企业（也称为链主）根据市场的预测首先发起，核心企业主要负责附加值高、技术难度大的关键部件的生产，吸引越来越多的生产性服务型供应商进入集聚区，利用地理邻近性的优势，与核心企业建立长期合作的供需关系，为核心企业提供所需的设计、研发、运输和售后等服务活动，所有这些活动的总和就构成了企业的产业链。Andersson（2006）认为生产性服务业已经渗透到制造企业的所有生产环节中，这些生产性服务企业通常会按照专业化分工的要求再进行一次承包、二次承包，甚至更多次的承包进而形成多层次的垂直联系。同时，随着核心企业规模的扩大，管理效率会逐渐下降，当企业内部管理成本大于市场交易成本时，企业会将一部分业务分离出来，分离出的财务、物流、营销、融资等服务业通过市场机制分工重组到产业链的各个链接上，促使生产网络垂直联系的进一步分化。

生产网络的水平联系是企业基于互补或竞争关系的互动联系。随着产业协同集聚程度的提升，集群内企业数量不断增加，产品的每一道工序、每一个环节在企业间相互竞争，集群的专业化分工进一步精细化，产品的性能逐步升级，品种范围也随之增加。知识经济时代，企业对知识和技术性的生产性服务需求占据主导地位，企业为满足小批量、多品种、精细化生产的需要，对互补性需求尤其是知识互补性生产性服务需求逐渐增强，进而引起以互补产品为纽带的水平合作关系生成。产业协同集聚的水平联系和垂直联系相互交织，相互作用，最终形成一个嵌入产业集群的生产网络。

2. 社会网络

英国人类学家 Brown 在著作《安达马恩岛民》中首次提出社会网络概念后，社会网络分析逐步成为主流经济学和管理学的一种重要分析视角或方法。Porter（1990）将产业集群看作是一个自我增强的系统，这个系统依赖社会网络、面对面交流、社会资本来刺激集群内企业的竞争战略和集群整体竞争优势。由于社会网络的存在，集群企业或个体可以在知识共享、技术创新等方面方便"面对面"交流（Powell，1990）。Vatne et al.（2000）认为产业集群是一个基于专业化分工的经济网络，更是一个根植于当地社会文化、非正式私人关系复杂交错的社会网络。Gomes-Gasseres（2003）认为嵌入社会网络的集群企业利用自身和他人的优势会形成强有力的团体优势和企业独特的竞争优势。

本书认为，产业协同集聚的上下游企业以及竞争对手、中介服务机构、高校与科研机构、客户以及政府所结成的社会关系网络，构成了产业协同集聚的社会资本。社会资本是企业或个体通过社会关系网络获取稀缺资源并获益的能力（蔡华林，2005）。相比非集聚企业或个体间的互动和联系，集聚体内拥有更多的社会资本存量。跨区域产业协同集聚模式下，社会资本网络是个开放、相互信任和平等互惠的平台，在共同的社会准则影响下，此平台向各种信息源开放，营造诚信、信任和共同愿景的创新氛围，促进企业间相互学习和合作，这种交流方式强化了集群企业的知识吸收能力，促进知识外溢效应的发挥。制造业产业链上的节点所形成的制造业与服务业社会网络关系既存在强关系也存在弱关系，强关系可以获得战略价值的资源，弱关系可以摄取异质性的信息与知识，这种强弱关系形成的战略联盟和社会资本网络对产业协同集聚起到了重要的作用。

3. 知识网络

知识经济时代，网络技术与知识资本在企业生产中的作用日益加强，许多学者从知识网络的视角探讨产业集群（集聚）的成因及竞争力优势（李林 等，2020）。产业集群的本质是知识网络利用知识规模报酬原理所形成的有效组织形态（喻登科 等，2015）。自 Marshall（1920）的外部性概念提出以后，三重外部性理论对产业协同集聚都有很强的解释力。陈晓峰（2015）认为产业协同集聚可能源于共享劳动力市场或上下游的投入产出关联或知识溢出等三重外部性中的某一主导因素引起，具体是哪一因素，与行业或地区的差异以及价值链的匹配情况有关。而生产性服务业与制造业协同集聚的原因在于产业间存在的关联效应，关联效应包括投入产出关联与知识外溢，知识溢出可以加速协同定位企业间的信息传递和知识转换，进而促进产业间进一步联动融合。产业协同集聚正是产业融合的现实空间平台（陈建军 等，2016）。知识溢出包括产业内知识溢出（也称为 Marshall 外部性）和产业间知识溢出（也称为 Jacobs 外部性），集聚区内无论是核心企业还是跟随企业，都能从知识扩散、知识转移和知识共享中获益。

知识的交流有别于实物，知识不具独占性，双方可以共享知识。对于一个组织而言，知识共享与交流才能实现知识的创造与增值，知识网络具有最大限度的知识资源共享性（赵蓉英 等，2007）。知识网络包括节点、节点关系和节点活动等三个基本要素。基于 ICT 应用形成的跨区域产业集聚，集聚空间无限扩展，知识溢出效应不再受制于地理邻近，生产性服务业与制造业、中介服务机构、科研机构等机构众多，这些机构构成了产业协同集聚知识网络的节点。梁娟等（2015）认为知识网络中知识越丰富、知识异质性越高的节点企业，对集群企业获取有价值的知识资源越有利。这些机构通过研发设计、市场交易、人才培训等各个节点活动促进区域经济发展的同时，也以知识供应链为主导的共享关系最大程度发挥知识溢出效应，逐步增强网络节点的知识创新能力和价值增值能力。同时，集聚企业可以参与多条知识创新的知识链，不同知识链相互交叉、协同和整合形成复杂的知识协作关系。

知识网络对跨区域产业协同集聚的演化有重要的影响。网络知识的嵌入，使集聚生产性服务业、高校与科研机构等知识性组织在知识合作的基础上衍生出供应关系、交易关系、科技合作关系等产学研联盟，强化集聚区的资源集聚效应和协同程度。此外，知识网络中知识合作关系的演化变迁促进了不同行业产品质量和附加值一轮一轮的攀升，从而带动集聚制造业内部生产服务部门的"外部化"和产业链价值环节的空间重组，推动产业协同集聚程度的提升。

4.2　跨区域产业协同集聚演进——基于生命周期理论

生命周期本义是一个生命科学术语，即生物体会经过出生、成长、成熟、衰退和死亡的全过程，后被广泛应用到经济、环境、技术和政治等方面。20 世纪 60 年代，Vernon（1966）首次提出产品生命周期的概念和理论，用于国际贸易与国际投资等领域的研究，Vernon 认为产品的生产和贸易过程如同人类一样具有生命力，通常情况会表现为形成、成长、成熟和衰退的过程。借鉴产品生命周期理论的演化思路，Tichy G（1998）从时间维度将集群生命周期划分为诞生阶段、成长阶段、成熟阶段和衰退阶段。Porter 在其《集群与新竞争学》一书中，用族群（cluster）一词概括集群现象，将族群的生命周期划分为萌芽、演进和衰退三个阶段。Ahokangas et al.（1999）简单阐述了集群的生成与演化，认为一个典型的产业集群应包括起源和出现、增长和趋同、成熟和调整等三个阶段。学者对产业集群的生命周期探讨较多，但对产业集聚生命周期的研究比较匮乏。吕玉辉（2016）将产业集聚区的演化阶段分为形成期、成长期、成熟期和衰退期。隋广军等（2004）强调产业集聚的生产周期是以产业集聚区的企业数量和质量为标志，会经过产生、发展、成熟和灭亡的过程。然而，上述研究与生命周期的划分较多聚焦于制造业或服务业等单个产业集聚所形成的集群分析，对于较强产业关联的产业协同集聚生命周期演进的研究关注较少。本书借鉴 Ahokangas et al.（1999）的划分标准，将产业协同集聚生命周期划分为起源和萌芽阶段、成长和自增强阶段、趋同和调整阶段、深化和蜕变阶段。

1. 起源和萌芽阶段

一般来说，产业协同集聚源于制造业集聚及集群的形成。制造业集聚效应是生产性服务业发展的基础，部分先进制造业发展到一定阶段，为提升自身核心竞争力，降低市场交易成本，由自身或政府推动建立生产性服务业基地，制造业的繁荣扩大了生产性服务业的投资空间（何俊，2009）。为发挥生产性服务业的规模经济，各地生产性服务业基地均以集聚区的形式存在，相应的生产性服务业集聚园区起源分为自发型集聚和规划型集聚两种形式。在自发型集聚的萌芽阶段，基础设施、信息资源、配套服务机构和优惠政策等方面都比较匮乏，集聚企业比较少，和母体制造业呈现最直接、最简单的分工协作关系。自发型集聚区一旦被地方政府、中介服务机构识别，会积极引入要素，迅速步入成长阶段。规划型集聚区是被地方政府识别后所形成，企业入驻会得到政府优惠政策的保障，以及配套服务机构和优越环境的支撑。目前，我国大部分地区以规划型生产性服务集聚区为主。

产业协同集聚的萌芽阶段，生产性服务业依托与制造业紧密的产业关联，围绕单个核心制造业或多个制造企业形成单核集聚或多核集聚的发散式模式，产业协同定位和集聚的空间特征明显，并各自形成一定规模的集聚区位。产业集聚区的形成有质和量的规定性（隋广军等，2004）。从质上看，生产性服务业多以中小企业为主，围绕与大型制造业的供需关系而进行竞争与合作，在空间协同集聚的范式下，初步构建特定地域内集群式的价值链网络（包括集聚生产网络、社会网络和知识网络）。此阶段，核心制造业的引领作用非常关键，因为随着它的深化分工，显著地增加了价值链各企业间交易的频率，一些具有资金和技术上优势的企业，以及企业家精神的企业陆续进入，生产性服务业与制造业在数量上迅速增加，并逐渐发展成活跃产业，吸引更多的企业投入核心产业的生产经营活动中。萌芽阶段企业之间相互竞争与合作的关系，使核心产业区更多表现为纵向产业链的扩张，产业区某几个企业因解决原材料，或扩大主营业务的市场边界等原因而向上下游延伸。企业运营效率的提升以及客户定制化的需求，迫切需要生产性服务企业提供更精细的服务，生产性服务业较强的产业关联性和融合性，也会吸引不同服务型企业为追求范围经济而形成共生式集聚。然而，此阶段的集聚无论是主导产业，还是辅助和配套的生产性服务业都是靠企业数量增长来实现的，质量上变化不是很明显（金镭，2007）。从集聚网络空间演化来看，企业间的联系也更多局限在同一区域内，尽管与外部区域存在一定的弱联系，但产业协同集聚的跨区域空间拓展与延伸没有形成。

2. 成长和自增强阶段

产业协同集聚的初步形成带来了规模经济和正外部性，各类生产要素、资源迅速在区域内向集聚区转移和集聚。主导制造企业数量达到一定临界规模后，新企业进入集聚区的速度快速增加，企业业务、技术合作的深度和广度进一步加深，研发服务、运输服务、商业服务以及人力资源服务等生产性服务业也迅速加入辅助性或配套性生产行列，并辅以政府、高校与科研机构、咨询服务等中介组织的协同作用，产业间的分工进一步深化，位于区域中心地带的生产服务业集聚区的功能也逐步完善，极化作用进一步增强，并逐步成为区域经济新的增长极，生产性服务业内部开始形成完整的产业链。相比萌芽阶段，产业协同集聚升级为从量变向质变推进，已初步围绕某一行业形成 1 ~ 2 个大型企业、众多中小企业和各种中介组织的区域产业生态系统，集聚网络组织化的程度显著提高，企业间有效的自增强机制初步形成。

W. 布莱恩·阿瑟（W.Brian Arthur）在《收益递增与经济中的路径依赖性》中首次提出自增强机制的思想。梳理相关文献发现，自增强机制分为基于专业化分工的自增强机制和基于空间竞争的自增强机制。李雪（2011）将之归纳为一般自增强机制，并提出高技术性产业集群还存在基于合作、基于知识溢出和基于互动学习的特定自增强机制。产业协同集聚形成后，区域内前后向产业关联的合作日益紧密，交易成本大幅下降，技术和创新不断涌现，Porter（1981）认为高度集中于某一特定区域的大量厂商的竞争表现在创新而非价格上。基于竞争的自增强机制，使集聚区内的生产性服务业与制造业的空间分布因技术关联而存在协同定位效应，在市场机制的作用下，随着资本、高素质人才的大量流动与集聚，制造业企业间的竞争逐步向价值链两端转移，制造业与生产性服务业的互动更加紧密，同时也带动了生产性服务业更多的需求。在集聚效应的"磁场"作用下，基于产业价值链区段节点上的类似或同技术的企业也不断集聚，企业数量持续增加，横向协作链的延展促使了产业链条更加完善，同时也使不同价值链节点进化为"即插即用"的价值模块，并最终使原有价值链连续关联的上下游链节关系演化为模块化的空间网状关系。产业结构模块化嬗变使生产性服务业的专业化和规模化进一步增强，推动着制造业将不擅长的业务剥离或外包，整个分工体系的生产效率逐渐提升，这种基于专业化分工的自增强机制促进互为累积、螺旋式上升的产业联动关系的形成。由此，许多生产性服务业在制造业区段的不同节点迅速成长，由最初的只提供单一性服务或阶段性服务，转换为提供全方位、全过程的综合性服务，产业组织形态上由模块化供应商演化为系统集成商或规则设计商，也就是说，产业集聚的自增强阶段，生产性服务业不再是核心制造业或当地主导产业的从属部门，而是高度集聚升级为产业集聚价值链网络的"供应核"或"智力核"（詹浩勇 等，2017），推动制造业转型升级。而制造业的转型升级对生产性服务业的专业化服务提出了更高要求，促使其内部的分工深化并不断强化集聚的规模经济效应，这种累积循环因果关系也促进了产业协同集聚程度的提升。此外，生产性服务业因无形性、无法存储以及生产与消费的同步性等特征，要求供需双方面对面接触提供辅助服务，面对面接触是解释生产性服务业集聚的最重要因素（张志斌，2015）。由于地理邻近的面对面交流导致知识溢出，降低了知识转移的交易成本，促进参与主体间相互学习、合作创新等内在的经济活动，增强了集聚区内企业吸收和应用创新成果的能力。这种基于互动学习、知识溢出的特定自增强能力是产业协同集聚的有效路径。

从制造业与生产性服务业的关系来看，两类产业各自追求规模报酬递增收益而将非核心业务外包，并引发知识网络的集体学习与产业集聚的结构性演进，此阶段集聚区内会逐步形成功能性的制造业和生产性服务业产业集群，通过"聚核化"方式强化各自的产业功能（王义银 等，2005）。从空间布局来看，大型服务业企业与各类中小型服务业混合集聚，在空间外部性的影响下，基于竞合关系形成在特定区域范围内专业化服务集聚区、多样化服务集聚区、生产性服务业与制造业协同集聚区等各类服务功能综合体或城市综合体（陆立军 等，2011），并不断扩张和发展。与此同时，集聚区知识和生产网络也会借助"外部需求"对外拓展（包丽华 等，2007），跨区域甚至全球的弱联系逐步增加，外部市场很容易觅得区域产品或信息的踪迹，强大的"外部需求"吸引更多生产性服务业、中介组织等主体和资源进驻集聚区，加速了集聚区的持续创新和扩张，使其生产经营活动由一两个企业主导进一步分离成不同工序和区段，实现了产业链的横纵向整合和创新。

3. 趋同和调整阶段

当集聚达到一定规模后，完整的产业链条基本形成，集聚周期进入一个相对成熟的阶段。这一阶段的集聚规模不会再出现高速增长态势，进驻和退出企业也保持一个相对稳定的均衡状态，制造业和生产性服务业的专业协作关系、产学研的协同配套以及本地化的知识溢出等内部组织结构更趋于成熟和完善。然而这种稳定的均衡状态中蕴藏着破坏均衡的巨大力量（凌永辉 等，2022）。集聚区内由于市场需求结构与资源要素禀赋的相似性，以及产业资本的自由进出，集聚规模达到一定稳定区间后，就会表现为产业结构趋同，传统制造业和服务业表现尤为突出。部分学者认为产业同质化是区域间或集聚区正常的客观经济规律（李娜，2010）。陈畴镛等（2010）基于浙江产业集群研究表明，产业趋同虽然有利于技术创新，但由于集群内大部分中小企业以模仿为途径的行业知识扩散来获取技术创新，造成资源的分散和集群内部创新的停滞。丁冉（2018）认为产业结构趋同有合意性和非合意性两个特点，通过构建 DEA-BCC 模型，对山东半岛蓝色经济区的产业结构趋同合意性测定表明：该区域除日照市、威海市和滨州市外 DEA 有效，整体效益良好，呈现规模报酬递增趋势，反映了产业结构趋同和合意性特点。此外，集聚区承载力也是有限的，当区域集聚达到一定规模和强度的临界状态时，资源要素和公共产品的供给出现拥挤现象，企业竞相争夺资源要素和恶性竞争日趋白热化，导致集聚区出现"大企业病"，增加了企业的额外负担，也降低了企业创新的动力。王振（2020）基于长三角世界级产业集群的考察，认为长三角共建世界级产业集群存在产业链比较成本竞争力有所弱化的短板，该区域房地产价格飞涨，员工薪酬上升很快，导致成本敏感的项目向长江中游地区或东南亚地区转移。

此阶段产业协同集聚进入调整期，一旦区域间要素转移的壁垒减少或取消，集聚网络的演化会突破地理或城市边界的束缚，获取更大空间范围的广域集聚经济。就制造业而言，按照 Krugman（1991）"核心－边缘"模型（C–P 模型）的理论逻辑，原来的制造中心会出现衰退，制造业集聚程度减弱，生产活动会向周边地区扩散，在城市化的推动下，土地、劳动力等生产要素成本逐年上升，交通通信等基础设施的改善使城市间的交通运输和通信等成本下降，制造业基于前后向联系和劳动力市场共享，会转移到有更广阔空间的中小城市分布和集聚。对于生产性服务业来说，为满足顾客需求的多样化、个性化和知识化，它必然依托大城市区域的创新环境、人力资本和丰裕的知识密集型劳动力等所产生的外部性（包括资金外部性和技术外部性），以赢得城市经济效益。两类产业因存在相互依托、双向互动和联动集聚的现实，且制造业的创新能动和能级提升需依托服务业寻求突破口，集聚网络以提升要素和资源配置效率为导向，形成了跨区域的产业空间重构，生产性服务业与制造业空间分异的态势日趋明显。在企业跨区域发展的背景下，区域生产网络结构由轮轴式演变为中心－卫星式生产网络结构。

4. 深化和蜕变阶段

当生产性服务业与制造业空间结构重构后，空间职能分工日趋凸显，从纵向的产业链区段来看，总部经济、创意服务、金融服务、综合商贸服务等高级生产性服务业，以及部分先进制造系统集成商倾向于向大型中心城市集聚，电子商务、第三方物流、技术咨询等生产性服务业供应商向中小外围城市进行专业化集聚。而制造业部门倾向于以原材料、零配件、整机组装等价值模块方式，接受大型中心城市高级生产性服务业辐射的同时，和生产性服务业供应商在外围中小城市协同集聚，或邻近的城市专业化集聚。城市间不同功能等级空间结构的协同定位，空间依赖性逐渐增强，呈现出大尺度的集聚经济带（魏旭红 等，2013），推动着产业跨区域协同集聚并进入深化阶段。此阶段集聚规模依然稳定，但产业集聚的自组织运行机制和复杂适应系统一旦成熟会产生更加强化的极化效应（李耀尧 等，2011）。极化效应使产业集聚的各类要素联系更加紧密，产业组织的共生互动机制更加强化，产业链上的横纵向创新"放大"效应推动企业追求范围经济，产品的外观、质量、服务等差异性竞争增强，形成区域差异化竞争优势。差异化竞争使企业间合作创新氛围更加浓厚，制造业与生产性服务业的产业关联更加紧密。新经济地理学的主要贡献之一是用三个典型的垂直关联模型（CPVL/FCVL/FEVL）解释异质性产业在自然地理条件差异较小区域形成协同集聚的问题。上述模型主要考虑异质性产业的经济关联和技术关联等两大关联机制，产业间关联的强化使产业关联机制形成并具有前后向关联的本地市场效应和价格指数效应，加速了劳动力、资本和知识的流动与协同集聚，并不断持续下去和自我强化。这种循环累积因果机制的存在继续扩大了这种集聚力，但也导致了区域"二元结构"的出现（Samuelson，1964）。

历经调整、深化阶段后，跨区域集聚网络为适应区域经济协调发展和国家产业升级的诉求，它必然向全球产业链的更高位势攀升，否则会在更广阔的价值网络竞争中丧失竞争优势而走向衰退。于是，集聚网络进一步突破不同经济圈的地域界限展开裂变重组，并与全球产业链并行竞争，向价值创造功能最具有创造性、最高端环节迈进。Fujita（2012）用"滚雪球效应"来描述要素的集聚与重构，以及对产业集聚的推动作用。从产业组织演进来看，生产性服务业与制造业共同构建以内需为本、知识为主、服务拉动为内核的国家产业链集聚网络，产业分工不再依赖低端劳动力和自然资源，进而转向以知识、信息和技术等高级生产要素为基础，集聚网络的自主掌控、自主发展和全球价值链集成能力增强，并逐渐形成一批类似阿里巴巴、华为等能引领全球分工深化的制造型或服务型系统集成商。从空间功能演化来看，生产性服务业以国家产业链重构为载体，形成一批全国范围甚至全球范围内的现代服务业区域或现代服务性中心城市，并在更大区域范围内分布、错位集聚，促进各地区形成完整的生产性服务业产业链条，引领制造业在不同地理尺度的区域间协同集聚，呈现圈层式产业协同集聚模式。跨区域产业协同集聚生命周期模型如图 4.2 所示。

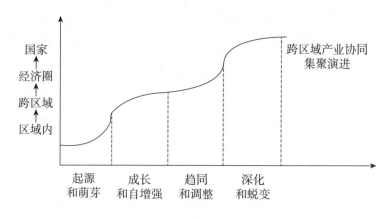

图 4.2　跨区域产业协同集聚生命周期模型

4.3　跨区域产业协同集聚的根植性与开放性

4.3.1　根植性与产业集聚

匈牙利学者卡尔·波兰尼（Karl Polanyi）（1944）在其著作《大转型》中首次将根植性（Embeddedness）概念用于经济理论分析，提出了"人类经济是根植并缠结在一个经济和非经济制度中的过程""市场经济同样根植于社会和文化结构中"等重要观点。Granovetter（1985）重新阐述了 Polanyi 的论述，将根植性研究推向高潮，认为经济行为根植于网络和制度中，这种网络和制度由社会所构筑并具有文化的属性，正是这种有活力的社会文化环境保证了经济活动和科技创新的发展，Granovetter 强调根植于经济活动中的社会关系网络对经济行为的影响作用。随后，相关理论频繁出现在管理学、经济地理和区域经济等研究的文献中，涵盖的范围也逐步拓展。Grabber（1993）认为根植性重构是对经济学、社会学的重大变革。Harrison（1992）研究表明产业根植性的重要因素之一是企业创新网络。Zukin（1990）将根植性分为结构根植性、认知根植性、文化根植性和政治根植性等四种类型，在 Granovetter 研究的基础上进一步扩大了根植性的概念范围。Uzzi（1996，1997）基于美国曼哈顿服装产业的分析，研究发现企业绩效与根植性强度呈倒 U 形，提出了"关系根植性悖论"，在此基础上总结了根植性产生相互信任、信息的准确传递以及问题集体解决等三大作用机制。

产业聚集作为经济活动最突出的地理特征，会经历不同的演化阶段。随着各地产业集聚出现衰退甚至衰亡的现象，部分学者将产业集聚的研究由形成发展层面转向产业集聚的调整及升级层面，根植性是研究产业集聚演化的一个重要视角。企业根植于本地形成空间集聚，并相互影响作用于本地经济是产业集群产生的首要条件（朱华友 等，2018），根植性对集群社会网络的形成及发展起到了关键性的作用（霍苗 等，2011）。邱海雄等（2007）认为根植性的概念主要用于我国外源性产业集群的研究，强调外来企业根植于本地企业价值链的关联程度或本地化程度。李景海等（2011）总结的产业集聚根植性三重维度为本地初始条件、历史因素和社会资本，为产业集聚根植性机理研究构建了一个理论分析框架。盖骁敏等（2011）从 FDI（Foreign Direct Investment，对外直接投资）产业集聚的演化角度出发，分析认为在 FDI 产业集聚的形成阶段，外资企业的根植主要是经济根植和制度根植，随着 FDI 产业集聚的成长和成熟，社会根植性和文化根植性的强度越来越突出。

4.3.2 跨区域产业协同集聚的根植性分析

新经济地理学开创者 Krugman（1991）的"核心－边缘"模型在解释空间经济活动的规律时，认为集聚主体在交易成本和规模报酬递增相互作用的不断强化下，两个区域即使没有任何差异也会形成"核心－边缘"的空间分布格局。这种分离式集聚格局是产业发展的结果，然而产业分离集聚的过程研究一直是区域经济发展和产业发展的"未解之谜"（李景海 等，2011）。主流经济学家关注产业空间集聚更多的是初始条件和历史因素两个维度，然而产业集聚是经济社会现象，且需扎根于区域历史文化背景，其生成与区域禀赋的区域文化、社会网络资源以及由此产生的社会信任氛围等密切相关，Arrow（1962）强调用相互信任的缺乏来解释世界上很多经济衰退似乎是合理的。社会网络结构中的信任能避免或降低经济交易中的机会成本和欺骗（Granovetter，1985）。

从微观层面看，跨区域产业协同集聚是产业链上不同区域企业相互合作所形成的集聚体，企业合作对象的选择、合作的长期性及深度与所处的社会环境密不可分。产业协同集聚指数提出者 Ellison 利用美国的数据，提出了影响产业协同集聚程度的四个重要因素为共享劳动力市场、上下游产业关联、创新机会以及信息交换频率。制造企业为发挥专长和提升效率，跨区域寻求"服务外包"，本质上是企业间产品或服务的交换，而一定程度的相互信任是交换活动实现的基础。李胜兰（2008）认为社会关系的嵌入及由此形成的面对面交流、信任和协调等是产业集群交易行为的基础规范与制约。知识经济时代，知识分享的特征是生产性服务业与制造业倾向于协同集聚的主要原因（Gabe et al.，2016）。根据前文所述，跨区域产业协同集聚的深化阶段，生产性服务业与制造业基于国家产业升级和区域协调发展的诉求，突破区域甚至经济圈边界，在更广阔的空间寻求竞争优势，其所处的集聚网络也随之扩展，网络的组织结构也从原有以生产网络为主逐渐向创新网络和社会关系网络深化，并根植于特定的创新网络环境中。以知识共享和各类高素质人才集聚为基础的社会网络是跨区域集聚社会资本的重要构成部分，其密切程度直接决定跨区域产业协同集聚的演进和发展。朱允卫等（2007）认为社会资本的凝结功能所产生的社会信任关系促进了产业集聚的形成，增强了集群的稳定性。社会信任作为一种非正式制度安排，是"关系型"社会运行的基石，基于信任所连接的社会关系会演变成复杂而有效的社会关系网络，实现各种市场有效信息的传递，以及内外部资源的交换和更新，促进制造业和服务业跨区域分工协作与协同集聚。周明生（2020）利用自由资本垂直关联的协同集聚模型，并选取我国 30 个省份投入产出表中的 19 个制造业数据检验分析表明，社会信任水平越高的区域，协同集聚程度越高，对经济贡献也越大，基于区域异质性分析，研究发现东部地区和高市场化程度地区，社会信任程度对产业协同集聚的边际效应明显高于中西部地区和市场化程度比较低的地区。

当然，跨区域产业协同集聚的不同生命周期阶段，经济活动的根植性对集聚影响力会不同，学术界在此方面的研究比较少见，也没有达成共识。跨区域产业协同集聚的萌芽和形成阶段，产业链条相对较短，内在技术含量存在差异，上下游企业直接的供给关系更多体现为少数"核心企业"与其他企业的联系，此阶段企业对本地社会关系网络的依赖性越强，上下游企业的分工协作关系会越好，集群扎根本地的性质会越明显。这种"地理亲近性"（Marshall，1920）驱动着新企业的进入，加速区域内分工细化，更进一步带动了企业区位的选择及协同集聚的形成，此阶段企业的生存与发展根植于本地历史文化和社会关系，企业间的信任更多以地缘关系、亲缘关系和血缘关系为基础，市场竞争的重点以本地集聚规模经济的价格竞争为主。自增强至调整阶段，过强的根植社会性会使制造业和服务业之间的合作效率减弱，区域创新退化，协同集聚发展陷入锁定状态。王辑慈（2003）认为社会资本对集聚的制度组织有锁定效应。此阶段集群与外界的弱联系逐步转换为强联系，通过构建相辅相成、相互补充的跨区域甚至全球化的开放网络系统，来保持集群的持续竞争优势。这就客观上需要集聚主体构建新的社会关系网络，从更大的地理空间获取关键资源，谋求更优配置。当企业根植于新的社会关系网络后，产业价值链环节也会配置到具有优势的地区，并形成跨区域的生产网络。为谋求产业链的制高点，协同定位的跨区域集聚主体从生产网络不断向创新网络拓展，在跨区域产业集聚的深化和蜕变阶段，企业以跨区域生产网络为基础，积极探索创新机会和提升创新能力，市场竞争的重点也转向以创新能力为重点的差异化竞争。此阶段，网络成员的文化背景、共同的社会准则、心理习惯以及正式的制度安排更有利于建立信任关系和构建创新网络。

4.3.3 开放性视角下跨区域产业协同集聚

4.3.3.1 产业协同集聚的锁定效应

根植的社会性是一把双刃剑，过度的社会根植性会使集聚效应递减甚至为负，产生锁定效应。Uzzi（1997）用"嵌入悖论"阐述了服务企业为方便给集群其他企业提供更精细的服务而必须嵌入社会资本的网络，最终因为过度嵌入而影响集聚效应陷入锁定状态。Gabber（1993）基于德国 Ruhr 地区钢铁产业集群研究，提出了功能性锁定、认知性锁定和政治锁定等三种锁定类型。陈智国（2016）将产业集聚创新的锁定归纳为结构性锁定、技术锁定、社会资本锁定和认知锁定。本书借鉴各方的观点，认为区域产业协同集聚锁定包括以下几个方面。

1. 认知性锁定

认知性锁定是特定区域的企业和个人受历史文化传统、价值观及信仰等一些非正式制度结构的长期影响所形成的共同交易惯例、价值判断等"群体性思维"模式，对集群外部信息和知识传播的壁垒，以及高效率生产技术、产品组合策略以及产业政策等方面的排斥，企业受制于已有的认知模式使集群发展锁定在低层次、低效率的产业结构和技术发展水平状态。区域"群体性思维"认知模式需要一个漫长的萌芽、形成等发展过程，一旦形成则根深蒂固地在新成员间循环性复制，深深嵌入本地的社会网络，使本地的技术、经济和生产活动等高度的一致和同质化。

产业协同集聚的自增强阶段，完整的价值链一旦形成，就需要新资源的开发、新信息的获取、信誉的创造以及创新的扩散等方面来增加集群的社会资本存量，并经过市场的选择推动产业集聚要素、资本和规模的扩大和增强，生产性服务业规模的扩大和集聚也会进一步优化社会资本。然而，社会资本扩张除了促进产业协同集聚以及集聚区经济发展，也可能使集聚区陷入"群体性思维"认知模式，最终导致集聚效率下降，企业尤其是服务业分散，产业协同集聚进入调整阶段。Molina-Morales F et al.（2009）研究表明，大量服务业聚集的集群中社会资本的扩张超过一定边界会固化企业的灵活性，降低企业对市场的反应程度。Triglia（2001）认为服务集群网络为集聚区提供的社会资本反而限制了集群内企业发展，正集聚效应下降。庞之栋（2007）认为集群发展的路径依赖性一方面可以维持集群的竞争优势，但另一方面会阻碍集群的技术和制度创新进程，降低企业对环境变化的反应能力，可能导致企业技术发展陷入技术锁定状态，从而拒绝创新。

2. 功能性锁定

功能性锁定指集群中的嵌入性社会关系嵌入当地企业后，企业信息获取、企业决策行为以及生产经营活动越来越依赖于由此形成的社会关系网络，集群的发展被锁定在地方化的社会关系纽带联接的利益集团，使新产品升级、技术创新和集群组织更新停滞不前。社会关系网络在集群发展过程中，以半封闭关系网络结构中声誉机制与集体惩罚机制的自我实施作用力来弱化、控制着机会主义的产生，有效降低企业间的交易成本，尤其以血缘、亲缘和地缘为关系的社会网络机制所形成的"家系型信任"锁定能力最强（李胜兰，2007），Granovetter（1985）称为强关系网络，具有天然的排他性和封闭性。家系型信任关系也有"生命周期"，初期有利于集群发展的"社会嵌入"可能会演变为阻碍组织发展的"过度嵌入"，限制了外部信息和技术资源的进入，"学习效应"局限于集群内企业之间的低层次简单模仿，产业集群因缺乏外部社会资本的嵌入而逐渐丧失技术创新能力，使集群锁定在低级化的产业结构和低端化的产业链上。

Venable 在 1996 年首次构建具有投入产出关系的产业协同集聚模型，提出不同行业之间的关联程度、市场邻近程度以及交易成本是产业协同集聚的决定因素。集群主体联接的社会关系网络所形成的合作关系和协调机制在产业协同集聚的萌芽与成长阶段，构成的每个企业成长发展栖息环境（康胜，2008）有利于产业协同集聚的形成。比如，基于共同的"产业氛围"实现产业间的资源共享与互补，深化制造业与服务业的分工协作，增强了上下游企业的关联程度；行动者之间的强信任建立起相对固定的经济关系，减少企业间的交易成本等。随着集群的进一步发展，社会关系网络的自强化和排他性导致区域内信息滞后，协调效应无法发挥有效作用，社会关系网络陷入"信任危机"，集群分工效率下降，当边际分工收益等于边际分工费用时，产业之间的分工不再演进，生产性服务业与制造业之间的分工协同与集聚进入调整阶段。

3. 制度性锁定

制度性锁定的概念发轫于道格拉斯·诺斯（Douglass C.North）的制度变迁理论。诺斯认为，制度变迁是由路径依赖的，行为人受习惯思维的影响，制度路径依赖有两种极端的形式：诺斯路径依赖 I 和诺斯路径依赖 II。前者指报酬递增会使制度变迁自我强化和良性循环的路径依赖，后者指当报酬递增不能普遍发生时，制度变迁会朝着无效率的方向发展，陷入"锁定"状态。制度分为正式制度和非正式制度，本部分主要侧重政府的一系列政治制度、经济制度以及由此形成的等级结构等正式制度。国内外的理论和经验表明，政府的政策制度对产业集聚区的形成与发展尤其重要，优惠的扶持政策、高标准的产业发展规划、良好的基础设施建设以及宽松的营商环境，有利于吸引更多外部私人投资，提高产业集聚水平。生产性服务业因其特殊属性使其对高科技人才、创新环境以及要素成本等非常敏感，政府的支持更容易改变这类企业的区位选择。然而，地方政府在培育和扶持产业集群与产业集聚区的发展中，可能因行动和认知上的误区造成政策锁定（郑耀群，2012）。

产业协同集聚是产业组织的一种高级形态，地方政府在招商引资和产业集聚区建设时，如不重视企业间技术和产业关联性，不加强产业链的建设和配套水平的提升，盲目靠优惠政策扩大引资规模，低水平的重复建设和产业雷同，协同集聚正效应难以释放，集聚区势必陷入诺斯路径依赖Ⅱ的锁定状况。

4.3.3.2　基于开放性视角的跨区域产业协同集聚

产业集群的理论研究起源于发达国家的产业实践，从 Marshall 开始的理论研究者就将研究视野锁定于相对封闭的经济系统，来探寻集群内部运行的经济规律，即被视为"黑箱"的地理邻近性，始终是传统空间经济学关注的核心。然而，从产业集聚的演化而言，集群内产业协同集聚的发展过程天然具有"封闭性"和"开放性"的属性。产业协同集聚形成初期，产业间因地理邻近、专业化分工、劳动力市场共享以及知识溢出效应，提高了区域产业协同集聚程度。一旦产业集聚进入自增强阶段，集聚经济体的社会关系和创新网络在推动产业协同集聚不断演化时，会形成路径依赖，这种路径在带动产业协同集聚程度提高的同时，也会成为集群集聚的发展障碍而诱发"锁定效应"，并导致集群衰退甚至灭亡。然而，产业集群为突破"锁定"谋求更大的发展，必然将网络往外延伸，加强与区域外物质、信息与资金的交换。基于上下游产业链的产业协同集聚具有辐射带动力强、柔性集聚等特征，在经济全球化和信息技术日新月异的今天，随着产品内分工向纵深发展，多个跨区域企业为创造共同价值而形成全球价值链或全球价值体系，这些企业相互构成上下游关系，在空间上离散性分布在不同的生产片段和不同区域，形成"大区域离散小区域聚集"的跨区域协同集聚格局，促进产业集群升级。

在产业集群升级的文献中，Porter（1985）价值链概念被许多学者从单个企业研究沿用到集群领域，成为主要的研究方法和工具，其中，Gereffi et al.（2001）的全球价值链理论为全球范围内产业联系和国际分工的动态特征，以及为跨区域产业协同集聚的"开放性"属性研究奠定了理论基础。在经济全球化背景下，产业集群作为各地区域经济发展的重要载体，积极回应全球产业的变化，快速以服务外包、合同制造等方式嵌入全球产业价值链的某个或某几个"战略性环节"（Porter，1985），实现其最大化的收益。该价值链涵盖商品设计、生产、组装、营销以及售后服务等各环节，Arndt.s et al.（2001）用"片段化"来描述各个价值环节生产过程的分割现象，以及跨界生产网络的组织形式。对于制造业而言，全球价值链的存在增加了集群内企业与外界交流、延伸分工的机会，通过与区域外更具竞争优势的生产性服务业建立合作关系，企业生产效率和抗风险能力明显提升。生产性服务业作为产业链的较高端部分，在全球分工深化的背景下，较强的集聚程度不仅可以服务于本地制造业，也有利于周边地区制造业全球价值链的升级。陈旭（2020）研究表明，多样化和专业化生产性服务业集聚均能显著提升中国制造业的全球化价值链地位。

4.4　本章小结

本章首先从集聚主体、集聚网络两个方面分析产业协同集聚的构成，集聚主体包括企业（主要是生产性服务业与制造业）、政府、中介服务机构、高校与科研机构等四类成员，生产性服务业与制造业协同集聚网络化发端于企业所形成的生产网络，由此带动社会网络和知识网络的形成。在此基础上，借鉴产业集群（集聚）生命周期理论的研究成果，将产业协同集聚生命周期划分为起源和萌芽、成长和自增强、趋同和调整、深化和蜕变等四个阶段。在起源和萌芽阶段，企业间的联系更多局限在同一区域内，尽管与外部区域存在一定的弱联系，但产业协同集聚的跨区域空间拓展与延伸没有形成；成长和自增强阶段，集聚区知识和生产网络会借助"外部需求"对外拓展，跨区域甚至全球的弱联系逐步增加；趋同和调整阶段，集聚网络的演化会突破地理或城市边界的束缚，获取更大空间范围的广域集聚经济，生产性服务业与制造业空间分异的态势日趋明朗，形成跨区域产业协同集聚的空间分布格局；深化和蜕变阶段，跨区域集聚网络为回应区域经济协调发展和国家产业升级的诉求，集聚网络进一步突破不同经济圈的地域界限展开裂变重组，呈现圈层式产业协同集聚模式。

最后，文献回顾了产业集聚根植性，认为跨区域产业协同集聚根植于特定的创新网络环境，然而根植的社会性是一把双刃剑，过度的社会根植性会使跨区域产业协同集聚产生认知性锁定、功能性锁定和制度性锁定。为突破"锁定"谋求更大的发展，跨区域协同集聚主体必然将网络往外延伸，加强与区域外物质、信息与资金的交换。在空间上集聚主体离散性分布在不同的生产片段和不同区域，形成"大区域离散小区域聚集"的跨区域协同集聚格局，以此促进产业集群升级，也就是产业协同集聚的发展天然具有"封闭性"和"开放性"的属性。

第 5 章 ICT 背景下跨区域产业协同集聚：理论发展脉络与反思

作为现实经济活动中重要的空间组织现象，产业协同集聚近年来引起学术界的高度关注。自 Ellison & Glawser 于 1997 年提出产业协同集聚（Industrial Co-agglomeration）概念以来，相关学者以 Marshall（1920）的外部性理论为研究起点，研究的焦点落在产业协同集聚的成因及空间效应的分析上。Kolko（2007）和 Billings et al.（2016）通过探讨生产性服务业与制造业的空间区位选择模式，揭示了产业协同集聚的原动力是知识溢出、学习效应和直接贸易关系。王燕等（2019）考察了产业协同集聚与产业结构升级、区域经济增长的关系。值得注意的是，上述研究将相关产业在空间上的联动与协同集聚研究限定在特定的区域范围内，并假定适宜的空间距离是产业协同集聚的必要条件，即地理邻近对产业协同集聚的作用始终是学者关注的核心。事实上，在 ICT 背景下，绝大多数城市都在一定程度相互联系与作用，集聚主体所产生的集聚外部性已不局限于空间地理上的邻近。本部分内容首先对产业集聚与知识溢出的逻辑关系与文献脉络进行了梳理，总结了地理邻近对产业集聚形成的重要作用的基础上，提出全球化和信息化背景下临时性地理邻近这个概念，基于产业层面和空间层面的产业协同集聚理论演进的综述，审视了国内外文献地理邻近对跨区域产业协同集聚研究的局限性。

5.1 知识溢出、产业集聚与临时地理邻近

5.1.1 知识溢出与产业集聚

知识溢出是决定集聚形成和产业地理分布的重要因素之一。从经

济学角度看，Marshall（1890）最早提出溢出的概念，他把溢出概念等同于外部性，并认为低效率经济源于"外部不经济"。20 世纪 60 年代，Mac dougall（1960）在研究对外直接投资对东道国的社会效益问题时，首次提出"知识溢出"这个概念。空间经济学与经济增长理论均认为知识溢出是产业集聚和创新的重要起源之一，知识溢出具体指集聚主体的经济交往、经济活动过程中，其知识与技术的扩散和输出，但知识接受者不给创造者以补偿，或给予的补偿少于智力成果价值（崔海潮，2013）。Kaz et al.（2002）强调知识溢出的现象起源于知识的流动性和扩散性本质。集聚经济的形成与演化都与知识溢出息息相关。Jun.K（2005）研究了知识溢出与集聚的内生决定关系，认为特定空间范围知识溢出的存在吸引企业进驻，进而带动企业空间集聚，而空间高度集聚又通过创新网络促进地方化知识溢出。Berliant（2006）运用搜索理论模型分析了集聚与知识交换之间的交互关系，模型研究表明差异化的知识经济主体为提高生产效率，会搜寻"档案"来进行交换思想、创造新知识，并导致人口集聚，城市人口规律的集聚程度会影响知识交换的模式，人口规模越大，知识交换的模式就更专业化、更有效率，并进一步促进集聚。Audresch et al.（1996）指出空间集聚降低了科学发现和科学商业化的成本，进而促进了创新产出的增加和集群的成长。夏阳等（2012）总结产业集聚与知识溢出的相互关系为：知识溢出促进了技术创新集聚，技术创新集聚反过来进一步推进知识溢出，两者存在因果循环累积关系。

空间经济学者针对产业集聚的类型，将知识溢出分为 MAR 溢出和 Jacobs 溢出，认为知识不仅在同一产业集群内部溢出（MAR 溢出），不同产业集群之间也会产生溢出效应（Jacobs 溢出）。Jacobs（1969）从城市规模增长的角度提出城市的发展依托多样化产业结构所产生的技术外溢，而技术外溢孕育和催生着新一轮城市规模的增长。Hoover（1975）认为集聚经济包括单一产业集聚和城市化集聚两种类型，随着企业家才能、技术和人口流动性增加使产业专业化发展逐渐减少，而城市规模和多样化是城市集聚的重要因素。大量实证研究表明，MAR

溢出和 Jacobs 溢出对产业空间布局、创新和区域经济增长的影响机制有很大的差异。Feldman et al.（1999）认为单一产业的专业化对创新产业的影响为负，而具有共同科学基础的产业间多样化对创新的影响为正。Kolko.J（2007）试图探究服务业与制造业不同的区位（编码区、郡县和州）选择模式，基于服务业共同集聚测度得出：知识溢出和区级层次以上的直接贸易关系促进了服务产业的共同集聚，而信息技术弱化了州级层次的服务业集聚。Ellison et al.（2010）进一步验证了制造业共同集聚，知识溢出对制造业共同集聚的作用不是很显著，但创新部门的知识溢出作用明显。Glaeser et al.（1992）研究了专业化、多样化对城市就业增长的影响，发现专业化会减少城市就业的增长，而多样化和竞争会促进城市就业与人口集聚。我国学者基于中国城市产业发展实践，得出了类似的结论。彭向等（2011）研究发现 Jacobs 外部性中的产业互补对创新的推动作用最大，大约为 MAR 外部性的两倍。

5.1.2　地理邻近与产业集聚

在经济学的发展史上，学界一直没有忽视空间问题的探讨。自古典区位论于 19 世纪初兴起于德国起，对产业集聚的观察和研究至今将近有 200 年的历史，都没忽视地理区位因素对产业集聚形成的重要作用。德国经济学家 Thunnen 在《孤立国同农业和国民经济的关系》一书里系统论述了运输成本是考察农业空间区位的唯一因素，奠定了古典区位论研究范式的基础。Weber 的工业区位论被称为"工业集聚'纯'理论"，因该理论不关注其他指向因素对经济集聚的影响，而只关注"技术"或其他"纯"集聚因素（付红，2010）。具体来讲，工业区位论认为区位选址受成本的支配，最佳区位因子由单一的运输成本扩展到运输成本、劳动力成本、集聚效益三者的比较成本最低点来决定。Hoover 在其《区域经济学》一书中拓展了工业区位论，进一步强调产业集聚的本质是企业高度集中所形成的一个区位结构，企业的区位决策需客观认识不同区位单位之间的时空关联。Marshall（1890）将相关部门的企业在特定地区形成的集群称为"产业区"，认为产业集聚是外部性导致的，其形成与特定区域的地理、文化、政治等特征密切相关。在其《产业与贸易》（Marshall，1919）一书中指出"一种工业选择了自己的地方，它就会永久设在那里，从事此产业相同技能行业的人，互相从邻近的地方所得到的收益也是最大的"。

总体来看，以区位选择研究为主的传统区位论，分析企业区位选择的原材料分布、市场分布和运输成本等影响因素，但更多解释的是单一企业、单一行业或部门的集聚现象，对多行业集中产生的城市化经济现象无法回答。此外，传统区位论建立在均质空间的假说下，即假设经济空间的要素禀赋是平均分布，仅仅通过运输成本的线性变化分析集聚的成因和城镇分布，与现实世界的块状经济有很大的差异。值得注意的是，传统区位论事实上隐含了地理邻近对产业集聚形成的重要作用，而对区域内外企业迁出、迁入的动态变化，以及政府干预（制度）、社会、历史和文化等因素对产业集聚的内在机制缺乏探讨。

1977 年，意大利社会学家 Bagnasca 对意大利东北部地区的中小企业集聚区进行细致研究后，发现意大利西北部传统工业区日渐衰退，东北部区域的发展却欣欣向荣，并首次提出了新产业区的概念。新产业区是"具有共同社会背景的人和企业在一定自然地域上形成的社会生产综合体"。新产业区的经济特点表现为：以中小企业为主，劳动分工中的外部性、社会文化是区内企业间互动的重要支撑，企业间基于相互信任，有稳定的网络联系。挪威学者 Garafuli（1991）提出新产业区本质上是一个集群组成的地域生产系统，具有以下三个典型特征：高密度的面对面交流、劳动力的高社会流动性和劳动力极易获得性。1984 年，Piore 等出版的《第二次分工》进一步深化了新产业区的内涵，认为新产业区是"高度柔性专业化的区域"，并提出了"弹性专精"的概念。20 世纪 90 年代，新产业区的研究由欧洲推广到亚洲后，该理论得到了进一步的拓展。韩国学者朴杉沃（1995）将发展良好的工业区统称为新产业区，包括传统的高新技术产业区，中小企业为主导或大型企业为主导的产业区，发达国家产业园区，发展中国家产业园区。

北京大学王缉慈教授等（2009）在《经济危机背景下对我国专业化产业区的反思——重温意大利式产业区的价值》一文中，提出新产业区有两个判断标准——柔性生产化和网络根植性，强调产业区的文化根基和持续创新的工业设计是其发展的动力源泉，在探究"产业区"生产组织模式的深意时，必须将其置于产业区发生与发展的特定的技术背景下。

Krugman 等学者以收益递增为理论基础，通过建立一系列经典模型探讨了集聚经济的观点。Krugman（1991，1995）在其著作中详细阐明了收益递增的思想，他认为收益递增指经济活动中相关联产业由于地理的邻近性而形成的成本节约，或是产业规模扩大所形成的规模经济。收益递增在他看来本质上就是一个区域或空间现象。在收益递增规模和"核心－边缘"模型的影响下，新经济地理学将区域和城市的发展定性为"路径依赖"和"历史事件"。Porter（1990）将产业集聚的理论研究推向新的高潮，他通过对 10 个工业化国家进行考察，用"产业集群"这个词来概括发达经济体工业化过程中所存在的普遍经济现象，并从经济竞争力角度阐述了产业集群成长的六个因素：相关和支持产业、需求条件、要素条件、企业竞争与战略、机会和政府。Porter 产业集聚理论的核心内容是竞争力的形成和竞争优势的发挥，同时强调政府和非政府力量对产业集聚形成的重要作用。

总体来看，新产业区理论尽管强调柔性化生产的中小企业集聚，重视区域创新系统、政府作用、相关产业以及文化根植性等方面对产业集聚的重要影响，但依然强调本地溢出效应的作用，也就是地理位置的重要性并没有削弱。

5.1.3　ICT 背景下临时性地理邻近的提出

传统经济地理学和空间经济学在关注产业集聚现象时，一直聚焦于相对封闭的地理边界研究知识溢出、外部性等对空间集聚的影响作用，认为经济主体在追求经济利润时，会从地理邻近所产生的正外部性中受益，这些正外部性包括运输成本的节约、基础设施和共享劳动力市场（Krugman，1991），基于此，Porter 明确提出"永久性产业集群"的概念。永久性产业集群主要强调上下游关联产业以及包括知识性服务机构等服务支撑体系的重要性，学术界也一直认可"永久性产业集群"的表述及空间集聚现象（朱海燕，2010）。永久性产业集群普遍关注地理邻近性，然而由于集群"拥挤效应"的存在，过度强调本地化知识溢出易产生技术锁定的风险，越来越多的研究表明集聚区仅关注内部联系可能会使集群缺乏灵活性、排他性以及创新能力的丧失。Uzzi（1997）的"关系根植性悖论"认为集群过强的本地根植性会忽视集群外的技术发展动向，导致本地集群与全球价值链脱节，降低集群内的持续创新能力。Maskell（1999）认为地理邻近过高会引起集群内技术和产品的高度相似，进而出现内部企业恶性竞争和知识产权保护等问题，必然会抑制集群的创新活动。Boschman（2005）强调区域过度的邻近性和集群内向化，会使区域内主体的学习能力减弱而对外部的变化不能迅速做出反应。Carrincazeaux（2001）提出地理邻近过度会导致区域内劳动力、资本和土地等资源要素的价格上升，环境污染越来越严重，同时本地竞争加强所形成的不信任感造成非自愿知识外溢，导致产业集群的不稳定性和脆弱。

自 20 世纪 80 年代以来，随着 ICT、现代交通工具以及网络经济的兴起，知识、客户和网络等新生产要素已取代传统生产要素的地位，成为经济活动中最重要的资源（盛晓白，2001），生产要素跨区域甚至跨国界流动也变得更为容易，学者们关注的如运输费用节约等主要空间问题正在被 ICT 以及现代交通工具消除，永久性地理邻近的局限不断凸显，于是学者们也提出了"地理已死""地理空间已不再重要"等观点（Ohmae.K，1995；Gray.J，1998）。基于此，法国邻近动力学派提出了一个基于 ICT 迅速发展背景下的"临时性地理邻近"概念。临时性地理邻近并不需要企业选址上的区域聚拢，ICT 的应用与发展使以前基于地理空间距离的"面对面"交流与合作逐渐破解，虚拟世界的邻近在一定程度上替代了物理空间中的邻近，知识的远程交流性将距离遥远（跨区域）的企业紧密联系起来。从作用机理来看，ICT 的广泛应用、高速铁路的快速发展形成了"同城化效应"和"时空压缩"，区域可达性大幅提升，有效扩大研发人员"隐性知识"传播的地理边界（李建成 等，2021；董艳梅 等，2016）。

信息化时代，工业生产方式由福特时代向后福特时代转变，传统区位选择的"软化"和弹性化的趋势日益明朗，运费、原材料价格、市场需求等传统区位因子地位下降，信息、社会和文化因子的重要性增强（张林 等，2006）。此外，以信息技术和信息服务产业为核心的生产性服务业及空间集聚逐渐成为经济发展的中坚力量，城市作为信息生产、传递和消费的重要场所，为区域提供信息服务，尤其高等级生产性服务的功能逐步强化，各城市都加大了通过虚拟空间提供信息的力度。Peter et al.（2001）认为信息化和全球化背景下，全球服务中心的世界城市不断涌现，并正在创造城市的"全球服务空间"。

在临时性地理邻近的背景下，部分学者对产业区位形成因素的考察转向社会因素、制度创新、企业家决策等"非经济因素"。美国区位论行为学派学者 Krumme（1970）在其《区位论》著作中论述了知觉、行为科学与区位论的关系，认为传统区位论只重视外部因素，现代区位论需综合考虑外部因素和内部因素，需研究决策者的性格、家庭、职业，以及社会环境和政府决策，因此企业的区位决策往往偏离最佳区位点。美国学者 Bale(1981)强调现实的工业区位只能选择次佳区位。20 世纪 80 年代蓬勃发展的新增长理论将知识、人力资本等内生技术变化因素内生化引入经济增长模型中，提出区域经济发展中，正是一些非资源性因素（如技术、制度）导致企业集聚，并且形成地方独特的竞争优势。熊彼特创新产业集聚论从创新角度解释了产业集聚的现象，认为产业创新不是企业孤立行为，需要企业间合作与竞争，企业集聚才能创新，创新依赖于企业集聚，集聚有助于创新。在全球化和信息化下，企业为寻求更深入层面的合作，其经济行为在地理空间上的范围扩展得更广，无论是企业内部还是外部的联系网络，都已经扩展到全球层面，部分学者开始关注本地根植性与外部联系的关系。2004 年，加拿大多伦多大学著名经济地理学家哈罗德·巴泽儿（Harald Bathelt）

建立了著名的"全球蜂鸣 – 全球通道"模型，尝试协调本地互动与全球联系的关系，并提出不管是隐性知识还是可编码化的知识，都不会受到本地和全球的限制，因此知识的创造需要建立跨区域的全球通道。李珊珊等（2020）认为城市生产性服务业集聚不仅能显著提高本地生产效率，而且对邻近城市有正向的溢出效应。李华友（2004）认为全球化背景下，人才、技术知识和资本在全球范围频繁流动的同时，更倾向于从一个区域转向另一个区域的集聚与重组。

5.2　产业协同集聚机制的文献回顾

产业集聚理论研究的核心问题是回答产业在哪里集聚，集聚的成因是什么，系统的理论研究以 Marshall（1920）的空间外部性理论为逻辑起点，大致经历了从 Weber（1909）、Marshall 为代表的新古典经济学到 Krugman（1991）为代表的新经济地理学的嬗变，主要包括产业区位理论、外部经济理论、交易费用理论、新竞争优势理论以及"核心 – 边缘"理论等。但是这些理论的研究更多集中于制造业集聚，对于具有上下游产业关联度的生产性服务业，以及与制造业协同集聚的研究关注较少。20 世纪 90 年代，随着生产性服务业发展规模不断扩大，与制造业生产关系日益紧密，两大产业协同集聚已成为全球普遍的经济现象，这一论题的研究逐步引起学术界的关注，相关学者也认可研究关联产业间的协同集聚更具有实际意义。从理论研究脉络来看，现有文献基本从产业和空间层面对此论题展开研究。

5.2.1　产业层面的产业协同集聚机制理论演进

制造业与生产性服务业的关系研究最早可追溯到古典经济学的分工理论，该理论认为，劳动分工的逐渐细化使生产性服务业从制造业中分离出来，构成了生产性服务活动的外部化。新制度经济学围绕交易成本这个核心概念，解释了生产性服务业对制造业的派生性与衍生性，认为生产性服务业有利于降低制造业交易成本，为制造业提供急需的智力服务和劳动力（杜秀红，2010）。Connell J 和 Gabe T M 等学者基于分工理论和交易成本理论的研究成果，从产业集群的视角对两者的关系进行了论证，认为产业集群中包含了制造业与生产性服务业，是合理劳动分工的生产商在地域上结成的网络，网络中包括上下游产业的公司，互补产品的生产商、专业化基础结构的供应商和提供培训、教育、信息、研究和技术支持的其他机构等。20 世纪 70 年代，随着信息技术的快速发展与扩散，制造业与生产性服务业的边界逐渐模糊，产业融合发展成为新的产业业态，作为"革命性"的产业创新形式，产业融合已引起学术界和政界的高度关注。Stieglitz et al.（2002）提出了技术替代性、技术互补性、产品替代性和产品互补性四种类型的产业融合，并以掌上电脑为实例，总结了四种类型的产业融合在产业演进过程中的各自作用。

基于此，顾乃华等（2006）从产业层面总结了生产性服务业与制造业互动和协同发展的四种关系，即"需求遵从论""供给主导论""产业互动论"和"产业融合论"。"需求遵从论"认为生产性服务业是经济增长尤其是制造业的扩张而派生的服务需求，因而，两业关系中生产性服务业附属于制造业，处于需求遵从的地位（Klodt，2000；Guerrieri et al.，2003）。"供给主导论"提出了与"需求遵从论"不同的观点，认为生产性服务业通过深化产业分工，扩展产业链条，降低经济运行的交易成本，提高了制造业的生产效率，制造业部门竞争力的提升需以发达的生产性服务业为前提和基础，持有此观点的国内外学者有江小涓等（2004）、Carlsson（1997）、Eswaran et al.（2002）。"产业互动论"认为制造业部门的发展会加大对生产性服务业的需求；反之，生产性服务业的扩大依赖于制造业中间投入的增加，两者相互依赖、相互促进，随着经济的增长，相互依赖程度会进一步加深。我国学者通过计量回归模型，论证了两者之间存在相互促进的产业关联（陈建军 等，2011；陈晓峰 等，2014）。在 ICT 广泛应用背景下，产业融合已成为未来产业发展的趋势，"产业融合论"也被越来越多的学者认同

（陈柳钦，2007；吴福象 等，2009），赵玉林等（2016）认为产业融合与产业集聚有其内在联系，产业融合使不同产业间形成新型的竞争协同关系，产生更大的复合经济效果，并形成集聚规模经济，进一步加速了企业集聚。产业既集聚又融合无疑会更有效。

综上，从产业层面探讨制造业与生产性服务业互动关系，以及协同集聚得到了较多理论的支撑，分析框架相对比较成熟。然而，由于忽视了空间这一关键维度，仅以产业关联这一条主线很难考察产业协同集聚效应的来源及演进规律。众所周知，集聚效应是产业集聚的主要原因，从"产业"到"产业"的逻辑范式分析使协同集聚内在形成机制的研究略显空泛。

5.2.2　空间层面的产业协同集聚机制理论演进

产业在空间的集聚与区位选择研究最早可追溯到传统区位理论，德国经济学家 Weber 创建了工业区位论，美国区域经济学家 Hoover 论证不同产业的区位结构后，构建了产业集聚最佳规模论，认为产业集聚存在一个最佳规模，并于 1971 年提出自然资源优势、运输成本和集聚经济是空间与区域经济发展的三大基石，进一步深化与发展了区位理论。传统区位论尽管说明了企业集聚的区位选择和集聚的最根本动因，因缺乏将空间维度真正纳入一般性分析框架中，对集聚经济活动的两个核心命题——形成机制以及空间效应无法进行系统的阐述。

20 世纪 90 年代，Krugman、Fujita 和 Venables 等创立的新经济地理学（NEG）开创了产业集聚研究的新时代。新经济地理学借鉴 Dixit&Stiglitz 的垄断竞争模型（D-S 模型）构建了核心 - 边缘模型（C-P 模型），C-P 模型假定两地区经济体初始禀赋相同，两部门经济即完全竞争的农业部门和垄断竞争的制造业部门，两种生产要素即可以流动的工业劳动力和流动受限的农业劳动力。C-P 模型认为产业集聚形成的关键因素是运输成本，当运输成本低于某一临界值时，产业集聚便开始形成，且凝聚力和向心力的相互作用决定了产业空间分布的"核心－边缘"模式，并在路径依赖和收益递增作用的累积效应下，很快形成稳定的工业核心区和农业边缘区这种空间分布模式。传统的 C-P 模型假设劳动力可跨区域自由流动，然而现实世界的跨区域劳动力流动会受各种因素的限制，在 C-P 模型基础上，Venables（1995）以投入－产出关联代替劳动力跨区域流动解释产业集聚的原因，认为上下游投入产业关联也能促进产业集聚，Fujita（2007）特别强调关联的作用，认为正是因为这种关联的存在，上下游企业能在空间上容易集聚并延续下去。随后，Krugman、Venables 和 Fujita 构建了垂直关联模型（Core-Periphery Vertical-Linkage Model，CPVL 模型）。该模型实质就是从产业纵向关联的角度解释两大产业间的协同集聚，为产业协同集聚的研究奠定了理论基石，被后期学者不断引用并进一步拓展。

纵观已有文献，生产性服务业与制造业协同集聚在空间上的研究仍然处于起步阶段，空间经济学对集聚经济的贡献有目共睹，但是因其假设条件与现实情况存在一定的差距，缺乏对现实现象的解释。后期学者围绕这些问题进行了一些积极的探索，主要体现在两个方面，一是对空间同质性的修正。Fujita et al.（2005）探讨了空间"经济距离"（如关税、运输成本）对集聚经济的作用机制，认为不同类别产品在运输成本逐渐下降情况下所导致的经济集聚与分散模式的转变。二是考察知识联系效应对集聚力的作用。空间经济学的多数模型主要考察经济前后向联系所导致的集聚力，忽视了知识前后向联系的效应。后期的 GS 模型、LS 模型等空间理论模型逐步意识到知识溢出导致资本创造成本降低效应。然而，后期研究依然围绕制造业集聚展开，异质性产业协同集聚研究较少，同时，空间集聚演化以及知识联系效应本质上是动态的，学界总体上缺乏一个全面处理这个问题的动态理论框架。

5.3　ICT 背景下跨区域产业协同集聚的理论反思

事实上，随着 ICT 及交通便利性的快速发展，基于全球资源优化配置的产品内分工，使企业的组织结构与生产趋于更加柔性化与专业化，资源跨区域的流动性与配置空前加大。由于区域产业的专业化分工，联动产业各个环节基于不同区域的比较优势，生产性服务业与制造业可能在空间上集聚于不同的城市区域，国际制造业投入服务化日益凸显的背景下，产业协同集聚已不可能局限于孤岛之中。这意味着，随着"互联网+"、ICT 的开发与应用的快速推进，绝大部分城市不会陷入"城市孤岛现象"，随地理距离衰减的城市间溢出效应已在实践层面得到高度重视（顾乃华，2011），集聚主体已不再局限于地理邻近的空间外部性。要打开地理邻近的"黑箱"，需重视集聚行为主体的制度、社会和技术等维度的影响及相互作用。

5.3.1　ICT 背景下地理邻近的分析对产业协同集聚机制已缺乏解释力

不同于传统的产业集聚研究，产业协同集聚把研究的视角拓展到不同行业的企业间，因协同集聚本身兼具产业关联和空间两个维度，现有的研究沿袭集聚外部性的思想，从产业互动和空间互动两个层面展开研究，Venables 开创的垂直关联模型为产业协同集聚的分析框架提供了有益的借鉴。Krugman 认为异质性产业在地理上接近可能因为某些关联关系，现实经济活动中产业关联现象是普遍存在的，有投入产出关联（垂直关联）和技术关联（水平关联）两个基本类型，通过集聚产生金钱外部性和技术外部性等集聚效应，新经济地理学更多从金钱外部性解释了产业协同集聚形成的内在机制，即上下游相互关联产业为节约运输成本和规模外部经济而在空间上接近。Ellison（1997）提出的协同集聚指数（E–G 指数）为这一问题的研究提供了有力的工具，许多学者基于中国实证研究表明，生产性服务业与制造业会协同定位于同一或邻近城市，且具有双重集聚效应。学者们强调两个行业因市场行为导致的金钱外部性而在空间上协同定位，但是对于非市场行为的关联效应（知识溢出等）所产生的技术外部性在集聚机制研究中缺乏关注。

不难发现，受制于研究的局限性，学者们在产业协同集聚研究中依然将地理距离处理为一个"黑箱"，忽视了制度、文化、社会、技术等因素对集聚主体的影响。在 ICT 迅猛发展背景下，许多生产性服务业与制造业向数字化、网络化和融合化转型，两业协同发展与集聚并非简单的资本和劳动力等要素的推动过程，而是一个复杂的制度—社会—技术过程，传统经济学者们关注的空间因素（如运输费用）正在被 ICT 逐步消除，基于地理邻近的分析对产业协同集聚，尤其虚拟集聚背景下跨区域产业协同集聚越来越缺乏解释力。随着土地等要素资源瓶颈日益突出，企业逐步通过技术创新来降低成本，提升产品竞争力，因技术外部性与企业创新存在密切关系，产业集聚的研究也逐步转向创新的内在机制探讨，重视制度邻近、组织邻近等其他因素对创新主体的影响，也就是说地理邻近本身并非知识溢出的充分条件也非必要条件。要打开地理邻近的"黑箱"去探究产业协同集聚的微观机制，需重视生产性服务业与制造业协同集聚发展过程中制度、社会、文化、技术等各类因素以及这些因素的相互作用。

5.3.2　ICT 背景下跨区域产业协同集聚的空间范围效应扩大

集聚的地理距离一直是学界争论的焦点，尚无统一的定论。生产性服务业与制造业在空间上协同集聚的关系，大致形成了两种观点：一种观点认为两者因高度的投入产出关联，空间距离不能太远而形成的"近距离"的协同集聚关系（Richard，2002；黄德春 等，2006）；另一种观点认为两者在一定条件下可以形成远距离的"分离式集聚"（Storper，1995；Markusen，2005）。De.Vaal（1999）等学者认为两者是否集聚取决于生产性服务业的贸易成本，生产性服务业相比制造业，贸易成本更加敏感，当贸易成本较低时，两种产业趋向于"分离式集聚"，值得关注的是，贸易成本是影响两者协同集聚关系的主要因素之一，当生产性服务业贸易成本比较高时，两者集聚处于比较稳定的状态，但生产性服务业贸易成本比较低时，其他因素（如制度因素、生产成本、企业数量等）发挥一定作用，都是使两种产业的集聚处于不稳定状态，并趋向于"分离式集聚"。

事实上，许多生产性服务业在 ICT 的推动下可贸易性程度不断提高，贸易成本大幅度下降，贸易成本的下降促进了生产性服务业与制造业各自关注自身生产成本和交易成本等方面的诉求。生产性服务业的无形性、知识密集性等特征使它对以制度为基础的交易成本比较敏感，为规避信息不对称，更倾向于在制度环境较为稳定、高素质人才较为集中的大型城市集聚。制造业因对土地成本比较敏感，所以转移到土地成本较低的中小型城市集聚。ICT 的应用为生产性服务业与制造业的"分离式集聚"铺平了道路，可在更大的地理空间范围产生集聚外部性。少数学者已关注到两业在很多区域实现了远距离的协同集聚，呈现"分离式集聚"的特征，祝佳（2015）对我国 285 个城市的不同产业空间分布关系研究发现，生产性服务业与制造业协同集聚主要发生在珠三角、长三角和京津冀等地区。陈建军（2011）对浙江省 69 个城市和地区产业定位研究发现，产业协同集聚在城市尺度，以及城市群尺度均有发生，国内部分学者也证实了长三角等城市群存在产业协同集聚现象（高峰 等，2008）。

对于生产性服务业与制造业"分离式集聚"现象的原因，部分学者展开了讨论，焦点集中在两个方面。一方面，从产业分工与联动层面来看，两大产业对成本的敏感程度有差异，即使共同集聚是最优的，两类产业仍会保持一定距离的分离（谭洪波，2015），ICT 的应用为两大产业远距离协同集聚提供了现实基础和空间平台，随着 ICT 的进一步发展，集聚的空间范围效应可以无限放大；另一方面，地理集聚过度有负面效应，即拥挤效应，区域范围内的地理空间总是有限的，当人口、资源等要素聚集密度达到一定的阈值，拥挤成本大于集聚所带来的收益时，协同集聚会产生分离，在 ICT 的作用下，许多企业线上集聚使生产要素不依赖地理空间集聚也能产生集聚效应。

5.4　本章小结

在 ICT 背景下，集聚外部性已不局限于地理空间上的邻近，ICT 的迅猛发展促成了"临时性地理邻近"概念的提出。在阐述知识溢出的两种类型，即 MAR 溢出和 Jacobs 溢出的基础上，分析了传统经济理论自古典区位论到新区位理论，都没有忽视地理区位因素对产业集聚形成的重要性，也就是强调本地溢出效应的作用。20 世纪 80 年代兴起的 ICT、现代交通工具和网络经济，使生产要素跨区域甚至跨国界流动变得更为容易，学者们关注的如运输费用节约等主要空间问题正在被 ICT 逐步消除，永久性地理邻近的局限不断凸显。基于此，简析了临时性地理邻近提出的背景，在文献回顾产业协同集聚机制的基础上，提出了 ICT 背景下跨区域产业协同集聚理论反思：ICT 背景下地理邻近的分析对产业协同集聚机制已缺乏解释力，ICT 背景下跨区域产业协同集聚的空间范围效应扩大。

第6章 虚拟集聚与跨区域产业协同集聚：模式与现实考察

6.1 虚拟集聚的特征和外部性

6.1.1 虚拟集聚的提出

虚拟集聚的理论源于 1997 年欧盟 UE-SACFA 计划所支持的由英国纽卡斯尔大学等七所大学联合组成"中小企业协作系统"开发项目的研究成果。项目组旨在构建全球化虚拟商务运作框架，并把产业在虚拟空间集聚的现象称为"虚拟产业集群"，虚拟产业集群是由一群有专长的企业组成的集合体，这些企业成员通过发挥自己的核心能力来参与虚拟企业的运作过程，从而分享市场机遇。1999 年，瑞士电信股份有限公司、洛桑大学、伯尔尼大学和瑞士联邦委员会等机构合作开发了被视为虚拟集聚的合作项目"虚拟企业的普遍应用"（virtual enterprise generic applications，VEGA），有互相依存关系的特定企业在 VEGA 合作平台上集聚在一起，在商业网络支持下快速灵活地形成虚拟企业的潜在客户库。如今基于虚拟空间的产业集聚已经普遍存在，如天猫、Amazon、Google 公司的 Play Store 等和 APP 网络平台集聚了大量生产性、咨询性及其他各类服务性企业。相比传统基于地理邻近的产业集群，虚拟集聚以信息网络和快速运输系统为依托，基于"共创市场、共享利益"等战略目标而联合起来形成虚拟联盟组织形态，以此促进合作创新，加速资源跨地区、跨行业高效率整合（宋华 等，

2017；吴文华 等，2006）。

由于研究的视角和侧重点不同，学者们对虚拟集聚内涵的阐述也有所不同。张华胜等（2002）从网络化技术和空间集聚的角度认为创新网络技术的广泛应用导致组织形式上可能形成虚拟化的产业集群。Passiante et al.（2002）认为虚拟集聚的本质是由供应商、服务供给者、经销商和客户基于商业网络寻求技术合作和竞争而组成的集合体。Mason et al.（2004）也有相同的认识：ICT 连接了原先分散在世界各地的组织，这些组织尽管地理空间上是分散的，但在信息空间是集聚的。王如玉等（2022）从要素配置角度认为虚拟集聚是生产要素在虚拟空间的集聚，在制造业方面，物联网技术将物与物之间网络有效连接，从而使人、机、物在虚拟空间融合，云计算的发展为海量信息资源的储存、业务处理和整合管理提供了技术支持。庄宝丁等（2009）从传统集聚与虚拟相结合的视角认为虚拟集聚是将合作网络的所有企业，包括特定的地理区域视为极具核心的竞争优势，基于现代 ICT 技术，通过显性或隐性的合约方式将许多企业组织起来形成一个群体。虚拟产业园在我国蓬勃发展，成为壮大实体经济的新动能，国内学者从虚拟商圈的发展或虚拟产业园的角度解析虚拟集聚。虚拟产业集群是一个网络共同体，共同体以核心企业为轴心，以相互关联的专业化企业或组织为节点，以地理集中为载体，基于 ICT 实现资源的跨区域集聚和充分利用（庞俊亭 等，2011）。

自虚拟集聚（产业集群）的概念提出以来，随着 ICT 的迅速发展，虚拟集聚的组织结构、模式和内涵也在不断演化，学界尚未达成共识。在 ICT 环境下，制造业与生产性服务业跨区域协同集聚，组织形态上体现一定虚拟集聚的特征。本书将虚拟集聚定义为：基于 ICT 应用将上中下游有特定专长的企业或相关组织聚集在一起，在网络空间中形成更为紧密的关系，实现线上＋线下相互联动的产业集聚新形态，以期达到共同学习、竞合和共生的战略目标。

6.1.2　虚拟集聚的特征

集聚是空间经济学的主线，虚拟集聚与地理集聚都强调集聚，不同之处在于虚拟集聚的空间维度更加多元化。虚拟集聚非地方化，它是一个基于互联网的虚拟空间，可以突破地理空间的束缚。虚拟集聚的空间随着 ICT 的发展可以充分扩展，产品终端将会容纳更多的消费者参与（王如玉 等，2018）。宋昱雯等（2008）认为虚拟集聚的成员是传统地理集聚的实体企业和相关机构，是一个学习型的网络组织，具有复杂自适应系统的特征。田霖等（2021）总结虚拟集聚具有跨区域性、动态性、创新性、协同性和企业的产权独立性等特征。庞俊亭（2013）强调了虚拟集聚创新网络的知识属性。本书结合已有文献的观点，总结出了以下特征。

1. 生产柔性化

美国国家标准和技术研究所（NIST）提出：面对制造系统的复杂性和不确定性，制造智能解决了小批量生产、差异化较大的定制化生产以及不可预知的供应链变更等现实问题。互联网时代，消费者群体的消费转向个性化、定制化和多样化，企业生产面临多品种、小批量的转变，虚拟集聚作为 ICT 和实体经济深度融合的空间组织新形态（王如玉 等，2022），实现了智能驱动从规模化生产到定制化生产的转变。Hansen（2004）强调虚拟产业集群的竞争优势依赖于数字化程度。在虚拟集聚网络中，不仅汇集了上下游企业和相关组织，也聚集着生产者和消费者，依托互联网技术，承载信息和知识数据在研发设计、生产计划、执行生产、产品销售和售后服务等环节快速、有序、及时地传递和沟通，各价值链环节根据市场需求的动态变化，以柔性化的供应链体系满足消费者定制化或个性化的生产。

2. 跨区域性

互联网时代，分散在不同地理范围的企业，基于信息技术的优势和自身的核心竞争力，直接突破地理空间的边界束缚，通过某种契约关系在虚拟空间集聚。王如玉等（2018）认为虚拟集聚具有交易泛在化的特征，互联网提供了一个不受交易时间和地理空间限制的交易空间，广泛分布在全球各地的企业通过分析这种海量泛在化的交易数据，能够准确地把握消费者偏好规律，使快速响应、按需定制成为可能。按照企业网络理论的观点，当企业自身能力约束无法通过市场和内部资源优化配置实现时，企业会跨越自身边界在更大空间范围整合各类资源，实现资源共享和优势互补。数量众多的专业化企业聚集在虚拟网络空间，各企业充分利用分散资源和知识的灵活性和多样性，有效降低了企业的交易和生产成本，分享专业化分工的好处，也能提升协作效率。

3. 信息、资本等要素的数据化

按照竞争优势理论，一个开放经济体的国际竞争力取决于竞争优势，而竞争优势的动力源泉取决于该区域的要素结构质量升级，以及要素的优化配置和有效整合（刘志彪，2018）。朱春燕等（2022）总结了要素整合的三条路径，即资本深化要素的投入结构优化、技术偏向要素的投入结构优化和人力资本结构优化。有别于传统产业集聚的要素配置，虚拟集聚最重要的资源之一是隐藏在研发、生产、物流、消费和售后等整个环节中资本、物质资源和劳动的数据信息。网络空间中的企业都是以先进的网络技术和信息技术为基础，依托互联网技术、云计算和大数据分析等对数据信息进行收集、整理、数据挖掘和交换，从而实现企业间的沟通与合作。正是这些海量的数据信息资源，实现了生产要素在生产和消费等环节的快速优化配置，进而营造了虚拟产业集群的竞争优势。

4. 全链一体化

虚拟集聚的载体是网络平台，这些平台除涵盖传统产业集群的上下游企业，还向下延伸到消费者和消费渠道，并从侧面扩展到辅助产品的供应商，以及为生产消费环节提供技术技能、咨询等服务的产业公司、中介服务机构、科研机构和政府等机构。类似于传统产业集群的形成，虚拟产业集群也有"龙头"组织（李运强 等，2006），王如玉等（2018）认为，虚拟集聚一定存在大企业的主导，是互联网企业和行业寡头的联袂主导。在平台上聚集的大型"龙头"企业一般是大型的高新技术制造业企业，如"海纳云"的青岛海尔，"华为云"的华为科技等，这类企业的核心要素为高技术。高技术的可编码化和可累积性程度较高，创新的系统性强，需要企业更广泛、更开放地参与合作与交流，不易受地理范围的局限性，即企业的活动相当程度上需依赖网络，包括对战略伙伴的网络关系和创新网络的依赖。虚拟聚集平台以"网"为基础，基于合作创新和共同发展为目标将相互关联企业与组织、消费者聚集，实现全产业链覆盖，从而形成低成本、高效率的点对点联接，提升虚拟产业集群的整体价值增值能力。

5. 共生创新性

产业集群有利于技术创新已成为普遍的理论共识。经济学家 Barton 认为产业地理上集聚必然带来竞争，而竞争会为创新提供动力。Porter 在《企业群落和新竞争经济学》中创立了产业集群的新竞争经济理论，认为产业集群能促进集群内企业持续创新，并逐步成为创新中心，企业因地理上的集中而持续联系有助于相互学习，来改进技术、机器和零件的适用性以及服务与市场。随着创新浪潮席卷全球，有关创新系统的研究日益成为创新研究者重点关注的研究对象。创新系统有国家、区域和行业等不同的层面，产业集聚（集群）创新系统多与区域创新系统的研究联系在一起（Asheim，2002）。所谓产业集聚创新系统，是指在有限的地理范围内，创新行为主体以产业集群为基础在交互过程中所形成的创新网络与机构通过正式和非正式的方式促进知识在集群内部创造、储存、转移和应用的交互性学习平台系统。

就区域创新而言，虚拟集聚已经成为一个跨区域创新系统，而且是一个多元主体通过互补性协作所形成的共生创新系统。该系统中，"龙头"企业与各中小企业、中介服务机构、顾客以及政府相关部门共生，"龙头"企业引领科技创新，通过产品或服务传递到网络空间的上下游企业、高校和科研机构等，并通过互利和契约的关系把合作关系整合成为特定目标的价值增值体系。针对顾客的个性化定制需求，柔性生产体系和智能生产单位联接组成创新共同体，实现高效、高质和低成本的智能化生产。不同于传统产业集群创新系统，虚拟集聚共生创新速度更快，效率和收益更高，强调共创、共享、价值最大化的新价值创造规则。

6.1.3 虚拟集聚的外部性

产业集聚包括专业化集聚和多样化集聚，梁琳等（2015）把集聚的外部性来源划分为劳动力市场外部性、货币外部性、资源外部性、公共品外部性、交流外部性和技术外部性。在外部性、区域经济增长、集聚与技术进步的关系研究中，技术外部性和金钱外部性（即货币外部性）是学者们考察最多的两个外部性类别，但关注的重点有所不同。Marshall（1890）对外部性理论的贡献之一在于提出外部经济的概念，并指出企业基于外部性而在同一地区集中，这一现象的主要来源包括劳动力市场共享、投入产出关联和知识外溢，这三个来源称为 MAR（专业化）外部性。Marshall 的外部性理论尽管是不完全的，但对产业集群的研究具有开创性。Krugman（1991）在分析外部性作用于产业空间集聚时，认为在不完全竞争和规模报酬递增的条件下，市场规模越大，企业在不降价的情况下就可以增加产出，进一步增加市场规模就能提高企业收益，市场规模效应或价格指向效应是产业集聚外部性的重要形式。在 Krugman 开创的新经济地理学研究框架下，强调金钱外部性所产生的集聚力量对经济增长的推动力，但基本忽视了技术溢出和知识溢出对产业集聚的影响，认为技术外部性是"难以捉摸的"。Jacobs（1969）在其发表的论文中对集聚的外部性提出了不同的见解，认为特定地区的经济组织数目越多，产业的多样化程度越高，就越有利于创新主体的交往和知识的传播，进而可以产生"相互孕育"的效果。这种因不同产业间的多样性有利于外部性产生的观点被称为 Jacobs（多样化）外部性。比较而言，Krugman 的外部性比较重视专业化分工、市场价格机制的影响，Jacobs 外部性阐明了多样化和差异化对创新发明的作用，并强调竞争比垄断更有利于知识的溢出和创新。根据竞争程度看法的不同，Porter（1991）提出了另一种形式的外部性，即

Porter 外部性。该理论指出：市场竞争程度决定企业研发投入的强烈程度，在越激烈的市场竞争中，越能激发企业重视研发投入，改进生产技术，创新能为企业带来更多的市场机遇和更大的市场利润。MAR 外部性、Jacobs 外部性和 Porter 外部性均属于技术外部性的范畴，都肯定了技术扩散和知识溢出是产业集聚的根本动力，也是外部性的核心。

按照分工和交易成本理论，虚拟集聚除 MAR 外部性等总结的外部性优势，还能通过集体行动和进入壁垒的降低，缩短分工之间的"距离"，以此降低分工协作的成本（阮建青 等，2007；陈小勇，2017），此处的距离包括"地理空间距离"和"心理距离"两层涵义。虚拟集聚作为一种介于"市场"和"计划"的中间组织模式，成员因享有共同的战略目标、价值观和信息等资源，可以有效弥补投机主义、信息不对称等市场缺陷，非常有利于"集聚网络社区"的集体行动。虚拟集聚以"组织接近"替代"地理接近"，企业不再局限于本地化，可以在全球范围寻求资金、技术和资源，因而可以更大范围整合各种资源，通过精细化的分工协作，降低企业资金和技术进入门槛，促进企业快速加入，集聚力量，分享市场机遇，也为潜在企业家提供了成长的通道（阮建青 等，2008）。随着虚拟聚集空间和规模的延伸，分工的深化必然带来研发、生产、营销和管理的迂回生产链不断延长，分工之间的协作过程也会更复杂。要使专业化分工进一步发展并确保生产效率的提升，就需降低分工之间的协作成本。陈小勇（2017）认为分工之间的协作成本受集群企业间的地理空间距离和心理距离的影响，地理空间距离可以降低生产对象在空间上移动的运输成本和专业化生产者之间的信息互动成本，心理距离是一种协作的"信任"成本。协作成本降低的关键是缩短分工之间的距离。

基于现代 ICT 构筑的虚拟集聚很大程度上削弱了地理空间对企业的束缚，直接将行为主体之间的信息互动距离缩短为零。吕坚等（2003）认为虚拟集群利用网络技术的优势，通过虚拟场景提供虚拟化的产品和服务，产、供、销等业务的虚拟化使企业间的交流更加便捷和迅速。虚拟集聚尽管不能完全减少生产对象移动的运输成本，但可以减少一些不必要的交通运输，来间接减少运输成本。如新冠肺炎疫情期间，远程视频会议的大量使用，在快速建立和维护人际关系的同时，也大幅度降低了企业的人工成本和差旅费。此外，虚拟集聚在降低人的机会主义行为，发挥其缩短心理距离的功能上，有其特有的信息优势。吴坡认为虚拟集群的运行机制就是信任和承诺。虚拟集聚通过社区化开放性的运行机制，使不道德、不正当的行为受到正式或非正式制度的共同惩罚。

需进一步明确的是，虚拟集聚脱离了特定地理空间基础，那么外部规模经济是否会出现？Porter（1998）认为一个集群的能力边界是由最重要的竞争关系的产业和组织之间的联系和互补性所决定的，也就是说，尽管集群往往是地理空间集聚，但集聚形式是可以跨区域甚至跨国的，地理邻近并不总是企业加入集群成员的决定因素。1990 年，国际经济合作与发展组织认为产业集群是相互依赖的企业、知识生产机构和中介组织彼此相连，以增加产业链价值的生产网络。此定义突出了纵向的知识产业链对集群形成的重要作用，也为产业集聚理论的新突破奠定了理论基础。国内部分学者用组织形态接近替代传统的地理邻近，认为组织形态接近是虚拟产业集群动力的新源泉，通过供应链和客户关系的管理可以实现组织毗邻（周丽豪 等，2006）。孙耀吾等（2007）从创新系统的角度认为：差异性或异质性是组织学习或创新的前提条件，虚拟集群先天性的全球化属性以及扩大化、国际化的创新网络，有助于获得异质性的思想和观点，这正是虚拟集聚创新网络竞争优势的新来源。陈小勇（2017）强调专业化分工是外部规模经济产生的源泉，虚拟集聚的本质功能在于能为行为主体增强外部规模经济创造有利的条件。总体来看，组织形体、创新系统、知识链等视角是基于传统自然地域集聚视角的创新，为虚拟聚集形成机制的探讨提供了理论支撑。

6.2　跨区域产业协同集聚的模式分析

6.2.1　跨区域产业协同集聚的内涵

跨区域产业协同集聚从概念上可以从参与主体、空间尺度视角和系统开放性视角三个维度来加以梳理。

1. 参与主体

就参与主体而言，跨区域产业协同集聚的研究对象涉及两个以上区域的"分离式集聚"，核心是研究不同区域的生产性服务业与制造业协同集聚的微观机制以及对区域经济增长的影响。在 ICT 和网络技术的广泛应用下，生产性服务业与制造业之间的集聚关系越来越虚拟化，这种分离集聚的"虚拟"特征以组织接近代替传统地理接近，将分散在不同区域的企业或组织按照全产业链的形式整合成虚拟集群，使集聚主体之间的合作生产关系越来越复杂。产业跨区域协同集聚过程一般涉及生产性服务型企业、制造业企业、政府、中介服务机构、高校和科研机构等集聚主体。这些集聚主体充分利用现代网络技术,围绕大型制造"龙头"企业，基于上中下游产业链开展生产合作活动，以实现价值增值。为了进一步明确这种虚拟集聚成员的角色，不同学者对集聚主体的相互关系进行了细分。高长元等（2010）通过建立高技术虚拟产业集群（High-tech Virtual Industrial Cluster，HTVIC）成员企业合作竞争价值网模型，解释了 HTVIC 成员所面临的基本关系，模型成员包括高技术企业、技术互补者、竞争者、供应方、顾客和潜在竞争者，同时也包括既不合作也不竞争，提供公共服务与政策的政府部门。Gemden et al.（1996）从技术创新角度构筑了集群行为主体网络图，核心企业居于集群技术创新的中心，为了获取外部资源，基于正式或非正式的合约与制度与竞合企业、高校和科研等机构构成技术创新的主体，专业服务机构、政府为辅，"一主两翼"的协同创新体系。

跨区域的生产性服务企业、制造业、中介服务等机构隶属于不同的区域、不同的利益主体，这些集聚主体有着各自的文化背景、价值观、制度和组织结构等，不同区域的企业与机构之间也存在着协同互动的问题。因而，跨区域协同集聚从参与主体维度的角度，体现了由微观的生产性服务型企业与制造企业、生产性企业与中介服务等机构之间的协同集聚上升到中观层面的不同区域、不同文化背景的集聚主体以及协同定位。

2. 空间尺度视角

区域产业集聚是一定地域空间内同一类型或不同类型企业的高度集中，具有空间和产业的双重属性。跨区域产业协同集聚的空间尺度大致可以分为两类，一类是微观层面的协同集聚，主要涉及制造业集聚、生产性服务业集聚和产业协同集聚的空间尺度。服务业的递送方式很多囿于面对面交流，空间集聚模式与制造业有很大不同（Donoghue G et al.，2004），由于生产性服务业集聚的产业联系依赖程度高于制造业，相比其他行业更具有产业共聚的特征（刘奕 等，2013）；另一类是中观层面的协同集聚，是指一个国家各行政区域之间、区域内部的协同集聚，涉及空间相邻区域之间（如长三角区域、珠三角区域等），以及不相邻区域之间的协同集聚，也包括以一个或几个经济较发达城市组成的中心城市为核心，形成的外围不同圈层区域，按照新经济地理学的"核心 - 边缘"模式所开展的协同集聚活动。就空间尺度而言，跨区域产业协同集聚属于中观层面的协同集聚研究范畴，涉及不同区域之间要素资源的优化配置，以实现跨区域产业协同集聚的过程。

3. 系统开放性视角

从系统开放性视角来看，跨区域产业协同集聚以组织接近替代传统的地理接近，同业竞争者、生产或技术互补者以及其他相关联的服务机构不再局限于特定区域空间集中，ICT 的广泛应用使集聚主体不断衍生的速度更快，新老企业的更迭与融合更频繁，即存在多种"涨落"。同时，知识和技术属性更加显著，创新模式越来越依赖于协同创新和外源创新，高校、公共科研机构甚至风险投资机构与产业的组织间关系紧密。就系统科学的角度而言，跨区域协同集聚是一个复杂的系统，系统内各个子系统之间以及各系统都存在复杂而又重要的生存互动关系，同时各系统与外界存在普遍的联系，开放性的系统为区域之间的人才流、资金流、信息流和技术流更加频繁地流动营造了有利的条件。

在全球化的背景下，产业集群的一个重要理论解释就是竞合关系，只有竞争才能推动产业创新的活力（Porter，2003），基于上下游产业联系的生产性服务业与制造业协同集聚才能发挥巨大的集聚效应（李耀尧 等，2011）。全球化的产业协同集聚过程中，企业围绕设计、生产、销售和服务等价值链环节进行各种活动的集合体，正是这种价值链环节的地理集聚使许多区域的产业集群成为全球价值链条中的从属部分，服务功能在生产活动中的地位不断攀升，价值链片段化的现象显著，而以国际贸易为纽带的竞争紧密联系着分散在全球的各个专业化集聚区，并形成一个更加广泛的国际市场。一个高度的开放经济系统对于地方产业集群的发展以及全球价值链地位攀升十分关键。

从跨区域产业协同集聚的演进路径来看，生产性服务业和制造业以及相关机构基于横纵向的竞合关系衔接在一起，并常常以一个主导产业为核心，辐射和带动辅助性和互补性产业以及支持性机构沿着价值链延伸，并以集合体的地理集聚特征形成跨区域的圈层网络结构。随着经济全球化和信息技术的快速发展，产业集聚的知识属性和虚拟特征日益显著，集聚企业开始重视与外界的物质流、信息流和技术流等资源的输入输出和快速转换，以提高每个价值链环节的收益或成本最小化，并通过国际贸易这一桥梁来联接全球各地的各个专业化集聚区。

综上所述，本书认为，跨区域产业协同集聚指在不同地理区域内，具有竞合关系的不同产业的企业、中介服务机构、互补性供应商等关联机构通过现代 ICT 的应用而形成的跨区域产业集聚，并通过上下游价值链的延伸、贸易投资等方式，以整合不同区域的产业集聚所形成的圈层网络集聚，以最终实现区域产业集聚协同发展和全球价值链地位攀升的演化过程。

6.2.2 跨区域产业协同集聚的模式

我国产业集聚的经验表明，各种形式和大小的产业集群遍布各地，几乎涵盖国民经济行业分类的大部分行业，门类齐全、分布广泛。然而，我国大部分产业集群依然存在上下游产业链条较短、较窄，科技创新平台缺乏，自主创新能力明显不足，低水平重复建设和无序竞争导致锁定在低端等问题。在我国经济高质量发展的引领作用下，区域根据自身的资源优势，通过建立协同发展机制，构建新型跨区域产业协同集聚发展模式，是破解全球价值链低端锁定、规避资源空间错配与效率损失的有效途径和发展趋势。依据国内外跨区域产业协同集聚的经验，总结出以下几种集聚模式。

1.链群式协同集聚模式（图6.1）

按照产业链集聚理论，要保证完整产业链的人才流、资金流、信息流和物流的畅通，实现产业价值链上企业的互动、互补和双赢，不仅取决于每个企业的内部价值链竞争优势，更关注全产业价值链的整合程度以及上下游链环产业的共同空间集聚。具体到跨区域产业协同集聚的链群式发展模式，在以某一主导产业（一般是制造业）为核心的领域中，企业的有效分工会逐步带动上下游生产性服务业、辅助性制造业等关联产业地理集中，产业链也会随着专业化分工的深化不断横向扩张而集聚成群。同时，随着区域集聚能力的不断提升，企业为追求外部规模经济和范围经济，通过与区域外价值链内外互动不断延长和拉伸产业链，增强上下游产业链环产业的协同集聚程度，以产业链的跨区域整合再造做大做强主导产业，同时进一步强化各区域的产业集聚功能。深港生产性服务业与制造业协同集聚就属于此类型集聚模式。刘胜等（2019）认为，深圳制造业正从"生产型制造"向"服务型制造"转型，而香港科技创新因科研投入不足、科技成果转化缺乏完整工业体系等短板，应通过两地产业协同集聚来深化深港科技协同创新，携手打造国际科技创新中心。

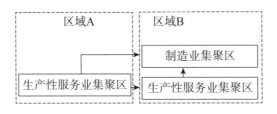

图 6.1　链群式协同集聚模式

跨区域产业协同集聚的链群式发展模式有以下鲜明的特点，一是主导产业辐射面广带动能力强，每一个价值链环节附加值相对较高，产业链集聚效应明显，品牌知名度较高。二是产业价值链将不同区域的企业相互联接，又通过前后向关联形成供需链，最终通过集聚的外部性促进了区域间经济活动的联动。三是从演化路径来看，本地内生型集群式产业链的部分环节通过与区域外价值链内外互动，获取知识、技术源，以强化产业链的横纵向集聚，并形成产业链各链环产业的片段化集聚。四是产业链中各链环产业的联系主要取决于产业的技术关联和经济关联，由于各地资源禀赋、经济发展水平等各异，一个区域可能无法在所有链环产业上具有竞争优势，有竞争力的可能只是整个产业链环中的某些片段，因而不同区域基于自身的竞争优势而形成某些上下游链环产业的片段化集聚，并围绕区域主导产业而促成生产性服务业与制造业跨区域协同集聚。

2. 圈层式跨区域产业协同集聚模式（图 6.2）

产业在特定区域集聚与离散是有规律可循的。Krugman（1991）基于规模收益递增和不完全竞争市场结构的假设前提，在 Dixit-Stiglitz 垄断竞争一般分析框架的基础上，提出了"核心 – 边缘"集聚模式。该模型主张有向心力和离心力两种对立力量驱动着经济要素和经济活动在地理空间上是扩散还是收敛。向心力源于"市场接近效应"和"价格指数效应"的合力。离心力源于"市场拥挤效应"，即土地租金和生活成本上升和其他外部不经济等。该模型考察制造业和农业两部门经济，其中制造业部门是垄断竞争的，以规模报酬递增的生产方式提供许多差异化的产品，完全竞争的农业部门以规模收益不变的方式生产单一的同质产品，假定只考虑劳动力这一个生产要素，劳动部门的劳动力不可流动，而制造业的劳动力可以自由流动。该模型论证了初始两个对称的地区随着贸易成本的不断下降，当向心力大于离心力时，劳动力的流动会最终形成制造业"核心"-农业"边缘"的不对称地理分布。

生产性服务业与制造业间存在着一种相互依赖的协同动态关系（Keller，2012），由于其内在的关联性在经济发展中存在协同作用和共同集聚现象。生产性服务业因知识密集性、空间可分性等特征常常集聚在市场规模大、基础设施良好的大城市。O'Connor et al.（1998）研究发现亚太地区的生产性服务业主要集中在大都市区或门户城市。制造业趋向于向外围城市转移并集中于特定地理空间（王硕 等，2012）。制造业集聚与服务业集聚存在很强的协同关系，可以共同存在，共同促进（李惠娟，2013）。随着 ICT 的广泛应用，生产性服务业的贸易成本逐步下降，可贸易程度和交易规模大幅度提升，即使远距离甚至跨国的制造业也能提供服务，随着经济全球化和信息化浪潮的影响不断深入，生产性服务业与制造业有可能演化为"分离式协同集聚"。

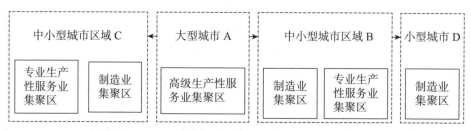

图 6.2　圈层式跨区域产业协同集聚模式

在我国区域经济协调发展的战略背景下，各地区推进结构调整，实施高端制造业和生产性服务业的双轮驱动，生产性服务业"中心"与制造业"外围"的跨区域集聚模式日益普遍。当生产性服务业与制造业空间结构重构后，各区域功能定位日趋凸显，大型中心城市聚焦总部经济，金融服务、综合商贸服务等高级生产性服务业，以及部分先进制造系统集成商，电子商务、第三方物流、技术咨询等生产性服务业供应商向中小型外围城市进行专业化集中，并和制造业部门协同集聚，对土地成本较为敏感的制造业甚至逐步向更外围的三线城市集聚，并最终形成圈层式跨区域产业协同集聚模式。

3. 虚拟产业协同集聚模式（图 6.3）

近年来，随着传统集聚区受土地供应紧缺、经营成本高、资源环境约束加剧等方面的影响，企业和机构在同一地理空间上集聚的程度和动力正不断下降。在大数据、云计算、物联网等新一代信息技术的推动下，一个企业想获得产品设计、研发服务、软件服务、商业咨询管理、物流服务、专用或通用机械设备和有形产品，可以直接突破地理空间的边界束缚，进入虚拟集聚平台进行直接谈判和交易。关于虚拟集聚的内涵和特征已在前文阐明，此部分不再赘述。

虚拟集聚平台上的上下游企业合作关系和同业竞争者分布于全国各地乃至全世界，借助 ICT 在互联网平台大规模零距离集聚。与传统线下地理聚集不同，虚拟聚集线上特征明显，随着数字技术对传统生产性服务业的改造，众多中小微型生产型服务企业以自我雇佣、灵活就业等方式借助互联网平台打开广阔的线上市场，如猪八戒网、美团网、58 同城网等集聚了国内不同行业的众多生产性服务业公司。由于数字化对制造业的改造落后于服务业，且制造业的生产设备和原料等投入均以有形产品为主，制造业线上集聚的发展明显滞后于生产性服务业（谭洪波 等，2022）。虚拟集聚平台往往是制造业行业领头企业与互联网巨头合作共建（王如玉 等，2018），借助工业互联网、5G、协同制造等技术，领头企业对制造业的各个生产环节进行线上匹配和对接，逐步也能实现制造业线上集聚。生产性服务业与制造业都实现了线上集聚，两者线上零距离毗邻，基于共享、互利和双赢而实现线上协同集聚。

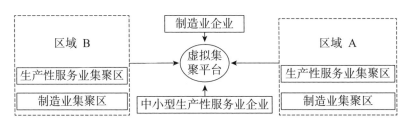

图 6.3 虚拟产业协同集聚模式

在虚拟集聚模式下，生产性服务业与制造业集聚主体的线上线下集聚方式有一定的差异。制造业因生产环节需在工厂车间完成，往往以实体形式分布在不同地区，且每一家制造企业因长期集聚发展带来的知识溢出、规模经济效应等优势，线下依然表现出明显的地理集聚特征。服务业的无形性、生产与消费的同步性等特征使许多生产性服务业可以通过数字贸易的改造而实现线上交易，受制于大城市通勤、办公成本的不断上升，越来越多的生产性服务业选择线上集聚而线下分散。综上所述，制造业和生产性服务业通过新一代 ICT 的改造，通过虚拟集聚平台实现线上协同集聚、线下分离的新型集聚模式。

跨区域产业协同集聚是后工业化时代国家和区域经济发展的一般规律，也是优化创新资源跨界配置、提升产业能级和协同创新能力的必然选择。相比传统的地理集聚，跨区域产业协同集聚从链群式发展到虚拟集聚，对产业深度融合、创新要素的优化配置、灵活就业以及市场结构的重塑等方面的优势更突出。2020 年，突如其来的新冠肺炎疫情给各行各业产业链、供应链的稳定性和安全性带来了极大的冲击，为支持包括虚拟产业园等新业态、新模式的发展，2021 年 12 月国务院印发《"十四五"数字经济发展规划》，旨在探索发展跨越物理边界的虚拟产业园区和产业集群数字化转型，赋能实体园区的发展。虚拟产业园在浙江、江苏和福建等数字经济比较发达的省份已经落地，并广泛应用于医疗和健康等产业领域。从集聚模式与运行机制来看，虚拟产业园区是虚拟产业协同集聚模式在实践中的一种创新应用。

6.3 跨区域产业协同集聚的现实考察——以长江经济带为例

6.3.1 长江经济带概述

长江经济带涵盖我国东、中、西三大区域，地理面积大，约占到全国的 21%，包括上海、江苏、浙江、安徽、江西、湖北、湖南、重庆、四川、云南、贵州等 11 个省份，东起上海，西至云南，区位优势良好。

依据空间邻近和经济发展水平接近程度，长江经济带分为长江上游、长江中游和长江下游等三个流域，上游覆盖了云南、贵州、四川和重庆，中游包括湖北、湖南和江西，上海、江苏、浙江和安徽属于下游地区。2016 年 9 月《长江经济带发展规划纲要》正式发布后，长江经济带发展的宏伟蓝图和战略地位凸显。

为推动长江经济带高质量发展，2016 年 9 月国家发展和改革委员会、科学技术部、工业和信息化部联合印发《长江经济带创新驱动产业转型升级方案》，提出推动长江经济带发展是党中央、国务院作出的重大战略部署，以创新驱动促进产业转型升级是长江经济带实现经济提质增效和绿色发展的重要任务。2020 年 11 月，习近平总书记在江苏省南京市主持召开全面推动长江经济带发展座谈会上强调：坚定不移贯彻新发展理念，推动长江经济带高质量发展，谱写生态优先绿色发展新篇章，打造区域协调发展新样板，构筑高水平对外开放新高地，塑造创新驱动发展新优势，绘就山水人城和谐相融新画卷，使长江经济带成为我国生态优先绿色发展主战场、畅通国内国际双循环主动脉、引领经济高质量发展主力军。长江经济带工业基础雄厚，天然资源丰富，是世界上最大的综合运输通道，电子信息、汽车、高端装备、纺织服装、家电等产业集群有一定的全球影响力和竞争力，各类国家级和省级园区 500 余个，产业集聚度较高，创新资源丰裕（表 6.1）。近年来长江经济带 GDP 总量占全国比重长期保持在 40% 以上，从 2015 年的42.3% 提升到 2021 年的 46.7%，2021 年 GDP 全国城市排名前十位中，其中七个城市来自于长江经济带，分别为上海、重庆、苏州、成都、杭州、武汉和南京。如何引导创新要素在区域内优化集聚，促进创新绩效的扩散和外溢，是新时期推动长江经济带战略发展的深层次命题。

表 6.1　长江经济带国家级和省级园区数量一览表

省份及区域	国家级高新区	国家级工业园区	省级特色工业园
上海	2	12	53
江苏	18	23	18
浙江	8	12	58

省份及区域	国家级高新区	国家级工业园区	省级特色工业园
安徽	8	4	7
江西	9	3	14
湖北	12	4	20
湖南	9	4	22
重庆	4	3	43
四川	8	5	33
云南	3	6	40
贵州	3	2	29
合计	84	78	337
上游地区	18	16	145
中游地区	30	11	56
下游地区	36	51	136

6.3.2　长江经济带跨区域产业协同集聚考察

产业集聚分为专业化集聚和多样化集聚，关于专业化集聚与创新效率的关系探讨，学术界的研究结论颇多且存在一定的争议，而多样化集聚的研究结论相对一致。孙超等（2020）建立省级面板数据，应用面板 Tobit 模型实证结果显示：长三角高技术产业与生产性服务业协同集聚能显著促进效率提升。纪祥裕等（2020）使用我国 277 个地级以上城市 2003—2017 年面板数据，研究表明产业协同集聚能促进城市创新水平的提升。李武艳等（2022）以长江经济带为研究对象，研究表明专业化集聚和多样化集聚均能显著正向影响区域创新效率，其中多样化集聚对经济发展水平相近区域的创新效率更显著。因此，在知识经济和经济全球化的背景下，推动长江经济带生产性服务业与制造业协同发展及集聚，能有效提升区域创新能力，促进高质量发展。此外，本书目的在于研究多维邻近性对跨区域产业协同集聚的微观机制和溢出效应，选取的研究区域需具备良好的技术创新环境，区域间存在有效的利益协调机制，制度邻近性较其他区域更显著，选取长江经济带产业协同集聚有利于本书结论的科学性。

6.3.2.1　长江经济带制造业和生产性服务业集聚测度与评价

为了全面考察长江经济带跨区域产业协同集聚情况，本书应用区位熵指数衡量各地区制造业和生产性服务业的产业集聚水平，接着选取产业协同集聚指数，对长江经济带 2003—2018 年 11 个省份的产业协同集聚进行测度，在此基础上，对长江经济带上游、中游、下游以及经济带整体的产业协同集聚进行衡量和动态分析，以便准确评价该区域跨区域产业协同集聚的情况。

1. 长江经济带制造业集聚情况分析

本书选取区位熵指数（也称为 LQ 指数）来衡量长江经济带制造业和生产性服务业集聚程度（表 6.2），LQ 指数法被众多学者选取用于测度某一产业部门专业化集聚程度，计算公式为：

$$LQM = \left(\frac{E_{jm}}{E_j} \right) \Big/ \left(\frac{E_{cm}}{E_c} \right) \tag{6.1}$$

$$LQP = \left(\frac{E_{jp}}{E_j} \right) \Big/ \left(\frac{E_{cp}}{E_c} \right) \tag{6.2}$$

式中：E_{jm} 和 E_{jp} 表示地区 j 的制造业 m、生产性服务业 p 的总就业人数，E_{cm} 和 E_{cp} 表示全国制造业、生产性服务业总就业人数，E_c 指全国总就业人数。

式（6.1）和式（6.2）分别表示制造业与生产性服务业 LQ 指数，现有文献用行业产值、就业人数和销售收入等指标来计算 LQ 指数，考虑到数据的可得性和全面性，本书选取就业总人数作为 LQ 指数的计算指标。如计算出的 LQ 的值越大说明该地区产业集聚程度越高，LQ 指数等于 1，表明该区域该产业部门集聚程度达到全国平均水平。

表 6.2　长江经济带制造业 LQ 指数（2003—2018 年）

区域	2003	2004	2005	2006	2007	2008	2009	2010	2011	2012	2013	2014	2015	2016	2017	2018
上海	4.1319	3.7744	3.9366	2.6867	3.5586	3.5239	3.3087	3.2057	3.1878	3.4783	2.6696	2.2817	2.2177	2.0730	2.3371	2.1534
江苏	1.2539	1.3014	1.2876	1.3571	1.4008	1.4194	1.4251	1.4894	1.4056	1.3372	1.7254	1.8393	1.8114	1.8288	2.0372	1.8651
浙江	3.6265	1.7034	5.5702	5.6023	7.1309	7.8570	7.8250	7.9708	6.4240	5.9176	4.5002	3.7693	3.6371	3.6890	1.7790	3.8548
安徽	0.5910	0.5233	0.4595	0.4232	0.4291	0.4133	0.4183	0.3937	0.4652	0.4579	0.4570	0.4114	0.4766	0.5096	0.6310	0.6441
江西	0.7930	0.8162	0.7570	0.7704	0.7391	0.6852	0.6095	0.6288	0.6951	0.7561	0.7916	0.8544	0.8724	0.9500	0.7681	0.3928
湖北	1.0213	1.0346	0.9156	0.9135	0.9184	0.9858	1.0095	1.1976	1.0835	1.0562	0.9772	1.0727	1.0812	1.1587	1.3194	1.2335
湖南	0.5335	0.5248	0.4969	0.4829	0.4954	0.5149	0.5528	0.5934	0.6035	0.5540	0.4564	0.4579	0.4461	0.4347	0.4951	0.4592
重庆	0.9191	0.9198	0.8705	0.8370	0.8283	0.8278	0.8293	0.7765	0.8512	1.9646	1.6792	1.7788	1.8846	0.8417	0.9412	0.8795
四川	0.6238	0.6168	0.5717	0.5621	0.5429	0.5664	0.5527	0.5452	0.5656	0.5366	0.6700	0.5309	0.6732	0.6812	0.7926	0.7574
云南	0.3664	0.3519	0.3068	0.3075	0.3472	0.3376	0.3288	0.3230	0.2938	0.3048	0.2604	0.2347	0.2475	0.2478	0.2930	0.2839
贵州	0.3151	0.3105	0.2777	0.2707	0.2683	0.2443	0.2336	0.2228	0.3453	0.3532	0.2831	0.2721	0.2646	0.2816	0.2641	0.1923
上游地区	0.5472	0.5372	0.4915	0.4804	0.4786	0.4811	0.4708	0.5259	0.5853	0.7693	0.7595	0.6970	0.7908	0.6188	0.7023	0.6575
中游地区	0.7753	0.7817	0.7125	0.7093	0.7082	0.7274	0.7320	0.8113	0.7922	0.7773	0.7180	0.7667	0.7708	0.8137	0.8543	0.7209
下游地区	1.1759	1.0311	1.3006	1.2909	1.4118	1.4751	1.4742	1.4532	1.4377	1.3916	1.3471	1.3542	1.3385	1.3419	1.5681	1.4090
整体	0.8455	0.7916	0.8564	0.8538	0.8936	0.9229	0.9216	0.9815	0.9990	1.0296	0.9917	0.9941	1.0167	0.9838	1.1180	1.0006

数据来源：2003—2018 年各省份统计年鉴。

根据表6.2中计算出的长江经济带各省市、各区域和整体制造业LQM指数，可以得出以下结论：

（1）长江经济带整体制造业LQM指数在0.7916～1.1180范围内波动，研究期间呈先上升后下降再上升的发展趋势，LQ指数在2014—2018年围绕1上下波动，表明长江经济带制造业集聚处于全国平均水平。

（2）长江经济带上游、中游、下游等三个区域的制造业LQM指数差异比较大。其中，下游地区（包括上海、江苏、浙江和安徽）的制造业集聚水平为1.0311～1.5681，高于全国平均水平，中游地区（包括湖北、湖南、江西）次之，LQM指数平均值为0.761，上游地区的制造业集聚水平最低，LQM指数在0.4708～0.7908范围内，但自2012年起，上游地区四省份的制造业集聚程度显著提升，逐步缩小与中游地区差距。

（3）从长江经济带11个省份的LQ指数来看，上海市和浙江省的制造业集聚水平最高，远高于全国平均水平，上海市自2012年后LQM指数整体呈下降趋势，上海市随着国际经济、金融、物流和贸易"四个中心"建设的不断深入，迫切需要通过产业转移来腾出更多空间和资源发展高技术密集型、高附加值的生产性服务业和高端制造业，LQ指数下降说明制造业转移初见端倪。浙江省制造业集聚程度呈现先上升后下降的趋势，主要基于两方面的原因：一方面，作为传统制造业大省，浙江省承接上海、境外转移的制造业较多，制造业向内集聚的速度比其他省份更快，2010年LQ指数高达7.9708，近年来，在数字化转型的浪潮下，浙江省将传统制造业和数字技术融合赋能产业升级，许多制造业从业人员向服务业转移，导致计算出的LQ指数从2010年起大幅下降；另一方面，为解决多方面的瓶颈制约，浙江省产业转移的内在动力已具备，基于资源的优势互补，浙江省制造业向江西、安徽和河南等邻近省区转移发展，尤其传统制造业呈扩散的趋势。

2. 长江经济带生产性服务业集聚情况分析

长江经济带各地区生产性服务业LQ指数（2003—2018年）如表6.3所示。

表 6.3 长江经济带各地区生产性服务业 LQ 指数（2003—2018 年）

区域	2003	2004	2005	2006	2007	2008	2009	2010	2011	2012	2013	2014	2015	2016	2017	2018
上海	4.1777	4.4229	5.8470	4.2237	4.6039	4.6077	4.5766	4.6316	4.0992	2.7365	3.8497	4.3190	4.3283	3.9949	2.7596	2.6809
江苏	0.8881	0.8791	0.8361	0.8832	0.8565	0.8405	0.8332	0.8434	0.8206	0.5211	0.9107	0.9968	0.9311	0.9394	1.1165	0.8131
浙江	0.8698	0.9214	0.8818	1.0185	1.0774	1.1277	1.2061	1.2928	1.3162	0.8975	1.0635	1.1230	1.0597	1.0778	1.1509	0.8335
安徽	0.6329	0.6369	0.5840	0.5653	0.5829	0.5682	0.5489	0.4903	0.7123	0.4708	0.5998	0.4575	0.6689	0.7083	0.6422	0.6848
江西	0.8374	0.8482	0.8316	0.9209	0.8675	0.7492	0.6362	0.6346	0.6146	0.4213	0.5874	0.5922	0.5658	0.5568	0.4456	0.4377
湖北	0.7949	0.8125	0.8414	0.8662	0.8310	0.8422	0.8851	0.9619	0.9343	7.5239	0.8254	0.8773	0.8794	0.9395	1.1935	1.2435
湖南	0.6030	0.6208	0.5308	0.5451	0.5642	0.5781	0.5813	0.5893	0.5825	0.3847	0.4914	0.5428	0.5024	0.5197	0.5075	0.6169
重庆	0.9291	0.9711	0.9331	0.9997	1.0070	1.0695	1.0399	0.9847	0.9227	2.0121	2.6899	2.7255	2.6629	1.1956	1.3835	1.4621
四川	0.5274	0.5418	0.5365	0.5687	0.5624	0.5586	0.5644	0.5416	0.5084	0.3391	0.9444	0.7275	0.9374	1.0915	0.9533	0.9920
云南	0.5052	0.4705	0.4276	0.4665	0.4882	0.4872	0.4869	0.4674	0.4483	0.3215	0.4270	0.4245	0.3964	0.4056	0.5221	0.5650
贵州	0.2708	0.3279	0.2938	0.3085	0.3199	0.3176	0.3136	0.3121	0.4624	0.3066	0.4008	0.4427	0.3709	0.4384	0.5982	0.6211
上游地区	0.5280	0.5415	0.5153	0.5493	0.5542	0.5605	0.5581	0.6194	0.6388	0.6749	1.1452	1.0505	1.1239	0.9646	0.9967	1.0481
中游地区	0.7288	0.7450	0.7163	0.7524	0.7345	0.7156	0.7047	0.7295	0.7123	2.8737	0.6305	0.6710	0.6495	0.6761	0.7361	0.7981
下游地区	1.0271	1.0630	1.1316	1.0903	1.1000	1.1081	1.1226	1.1176	1.1838	0.7835	1.0968	1.1867	1.2115	1.1981	0.5417	0.9583
整体	0.7707	0.7939	0.8029	0.8133	0.8105	0.8097	0.8116	0.8513	0.8855	1.3801	0.9711	0.9956	1.0220	0.9803	0.7264	0.9383

数据来源：2003—2018 年各省份统计年鉴。

长江经济带各省份、各区域和整体生产性服务业 LQP 指数测度结果表明：

（1）长江经济带整体生产性服务业 LQP 指数在 0.7264 ～ 1.3801 范围内波动，研究期间呈现先上升后平稳发展的趋势，2012—2018 年长江经济带 LQP 指数平均值为 0.9325，表明长江经济带生产性服务业专业化优势不明显，集聚程度低于全国平均水平。

（2）从 11 个省份的 LQP 指数来看，上海市的 LQP 指数始终处于较高水平，依托"五型经济"和大都市经济的显著优势，上海市强化服务模式创新，聚焦产业链对接和价值链延伸，大力推动生产性服务业专业化水平的提升，以及服务型制造创新发展。浙江省和重庆市 LQP 指数平均值也大于 1，高于全国平均水平。在数字经济的推动下，近年来浙江省信息软件产业快速发展，从生产性服务业细分行业来看，信息传输、软件和信息技术服务业优势明显，高于全国平均水平，重庆市生产性服务业的优势主要在金融业、交通运输、仓储和邮政业。

（3）比较长江经济带上游、中游、下游等三个区域的 LQP 指数，发现下游地区的生产性服务业 LQP 指数平均值为 1.0575，略高于全国平均水平，中游地区次之，LQP 指数平均值为 0.848，上游地区的 LQP 指数平均值为 0.754，近年来上游地区的生产性服务业集聚态势良好，呈现稳步上升趋势。

6.3.2.2 长江经济带跨区域产业协同集聚测度与评价

1. 产业协同集聚指标的选取

随着产业协同集聚研究的深入，国内外学者根据具体研究对象提出和发展了几种产业协同集聚测量方法，分别为 E–G 指数、D–O 指数、Wasserstein 指数、γ 指数和 Θ 指数等。综合考虑数据的可得性和研究目的，国内在实证研究上选取 E–G 指数居多。Ellison et al（1997）率先提出 E–G 指数测度方法，也是现有文献使用频率最高的方法之一，其计算方法为

$$r_{E-G} = \frac{G_i - \left(1 - \sum_r X_r^2\right) HHI_i}{\left(1 - \sum_r X_r^2\right)(1 - HHI_i)} \quad (6.3)$$

式中：G_i 为产业 i 的空间基尼系数；X_r 为地区 r 的就业人口占全国就业人口的比重；HHI_i 为赫芬达尔指数。

E-G 指数包含了产业和企业两个维度，但此指数需要获取微观企业的数据，操作上比较复杂，该指数实际应用有一定的困难。后来，Ellison 和 Glaeser（1997）在此基础上构建了产业层面的 E-G 指数，用来测度产业协同集聚水平。根据该 E-G 指数，衡量产业 i 和 j 协同集聚度的计算公式为

$$EG_{ij} = \frac{\sum_{m=1}^{M}(S_{mi} - X_m)(S_{mj} - X_m)}{1 - \sum_{m=1}^{M} X_m^2} \quad (6.4)$$

式中：m 代表城市；S_{mi}、S_{mj} 分别表征 i 产业和 j 产业在 m 城市的就业比重；X_m 表示城市加总产业的平均就业比重。

国内学者结合中国产业的实际，引进 E-G 指数后对该指数进行了修正或简化，构建了几个具备可操作性的产业协同集聚指数水平测度指标（刘叶 等，2016；陈国亮 等，2012；豆建民 等，2016）。本书借鉴上述学者的研究成果，构建产业协同集聚指数 RI，在计算 11 个省份的 RI 指数基础上，进一步考察上游地区、中游地区、下游地区以及整体的产业协同集聚程度，衡量长江经济带跨区域产业协同集聚水平。RI 指数越大，表明生产性服务业集聚程度和制造业集聚程度越接近，产业协同集聚程度越高。需要说明的是，产业协同集聚程度高是否有利于制造业转型升级和现代产业体系构建，需考察生产性服务业集聚程度，若生产性服务业集聚程度不高，所测度的 RI 指数偏高，说明两

大产业集聚程度接近，生产性服务业集聚所引发的溢出效应对制造业转型升级作用有限。RI 指数计算公式为

$$RI = 1 - \frac{|LQP - LQM|}{|LQP + LQM|} \tag{6.5}$$

2. 长江经济带跨区域产业协同集聚水平评价

根据式（6.1）、式（6.2）和式（6.5）所测算的 RI 指数数据得出表 6.4。表 6.4 反映了长江经济带 11 个省份的产业协同集聚程度以及长江经济带上游地区、中游地区、下游地区和长江经济带整体跨区域产业协同集聚程度。从 11 个省份的 RI 指数来看，2003—2018 年 RI 平均值排在前三名的分别为湖南、安徽和湖北，对应的平均值分别为 0.9302、0.8910 和 0.8880。就各省份的变化趋势而言，除云南省、贵州省，RI 指数呈明显的下降趋势，其他省份产业协同集聚发展呈 U 形特征，反映出各省份在创新驱动发展战略的推动下，越来越注重生产性服务业与制造业协同"双轮驱动"的产业布局，近年来产业协同集聚程度有所提升。

就跨区域产业协同集聚而言，表 6.4 的 RI 指数可以得出以下结论。

（1）上游地区、中游地区和下游地区的 RI 指数平均值分别为 0.8915、0.9220、0.8690，各区域集聚程度均较高，反映出各区域注重生产性服务业与制造业之间均衡发展，邻近省份之间存在经济联系，产业关联度较高，跨区域知识溢出阻力较小，各区域呈现产业协同集聚的态势。研究期间中游地区（湖南、湖北、江西）的协同集聚程度强于其他两个区域，说明中游地区三省在产业、交通和市场等一体化扎实推动的作用下，制造业与生产性服务业联动发展格局初步形成，两大产业集聚程度分布相对比较均匀，协同定位程度较高；上游地区因制造业集聚程度偏低，造成产业协同集聚程度弱化；下游地区由于制造业集聚程度偏高，造成整体区域协同集聚程度偏低。

表 6.4　长江经济带各地区 RI 指数（2003—2018 年）

区域	年份															
	2003	2004	2005	2006	2007	2008	2009	2010	2011	2012	2013	2014	2015	2016	2017	2018
上海	0.9945	0.9209	0.8047	0.7776	0.8719	0.8667	0.8392	0.8181	0.8749	0.8806	0.8190	0.6914	0.6776	0.8579	0.9315	0.9289
江苏	0.8292	0.8064	0.7874	0.7885	0.7589	0.7438	0.7379	0.7231	0.7372	0.5608	0.6910	0.7029	0.6790	0.1198	0.5706	0.6071
浙江	0.3869	0.7021	0.2734	0.3077	0.2625	0.2510	0.2671	0.2791	0.3401	0.2634	0.3823	0.4591	0.4513	0.0786	0.3022	0.3556
安徽	0.9658	0.9021	0.8807	0.8562	0.8480	0.8423	0.8649	0.8908	0.7902	0.9861	0.8649	0.9470	0.8321	0.8849	0.9591	0.9418
江西	0.9728	0.9807	0.9530	0.9110	0.9201	0.9554	0.9786	0.9954	0.9385	0.7157	0.8519	0.8188	0.7868	0.6386	0.7260	0.9465
湖北	0.8754	0.8798	0.9578	0.9734	0.9501	0.9214	0.9343	0.8909	0.9260	0.2462	0.9158	0.8998	0.8971	0.9852	0.9704	0.9850
湖南	0.9389	0.9162	0.9670	0.9394	0.9351	0.9422	0.9748	0.9966	0.9823	0.8197	0.9631	0.9151	0.9406	0.9227	0.8904	0.8397
重庆	0.9946	0.9729	0.9653	0.9114	0.9026	0.8726	0.8873	0.8818	0.9597	0.9881	0.7687	0.7898	0.8289	0.7565	0.7833	0.7557
四川	0.9162	0.9352	0.9682	0.9942	0.9823	0.9931	0.9895	0.9967	0.9467	0.7744	0.8300	0.8438	0.8360	0.8335	0.8883	0.8642
云南	0.8407	0.8558	0.8356	0.7946	0.8313	0.8186	0.8062	0.8174	0.7919	0.9734	0.7577	0.7120	0.7687	0.6437	0.6831	0.6302
贵州	0.9245	0.9728	0.9717	0.9348	0.9122	0.8696	0.8539	0.8329	0.8550	0.9294	0.8280	0.7613	0.8328	0.6402	0.5966	0.4603
上游地区	0.9822	0.9960	0.9763	0.9331	0.9268	0.9238	0.9151	0.9183	0.9563	0.9347	0.7975	0.7977	0.8260	0.7817	0.8267	0.7710
中游地区	0.9691	0.9759	0.9974	0.9705	0.9818	0.9918	0.9810	0.9469	0.9468	0.4258	0.9351	0.9334	0.9146	0.9077	0.9257	0.9492
下游地区	0.9325	0.9848	0.9305	0.9157	0.8759	0.8580	0.8646	0.8695	0.9031	0.7204	0.8976	0.9340	0.9502	0.9434	0.5135	0.8096
整体	0.9537	0.9985	0.9678	0.9757	0.9512	0.9346	0.9365	0.9290	0.9398	0.8545	0.9895	0.9992	0.9974	0.9982	0.7876	0.9679

数据来源：2003—2018 年各省份统计年鉴。

（2）从各区域 RI 指数发展趋势来看，上游地区（重庆、四川、云南、贵州）的 RI 指数总体呈波浪式下降趋势，前期表现较高的协同集聚水平，后期集聚程度下降，比较上游地区 LQP 指数和 LQM 指数发现，上游地区生产性服务业与制造业之间的发展水平差距从 2012 年起逐渐拉大，由于生产性服务业的迅速发展使上游地区的产业协同集聚水平降低，上游地区产业分布基本符合"核心－边缘"模式。中游地区 RI 指数先上升，在 2005 年达到最大值 0.9974 后呈波浪式下降趋势，2016 年从相对较低水平又逐渐上升，但总体呈现比较平稳的协同集聚态势，比较 LQP 指数和 LQM 指数发现，中游地区制造业和生产性服务专业化集聚指数均小于 1，两大产业间的集聚差距变动幅度较小，说明中游地区生产性服务业专业化优势不凸显，集聚所产生的溢出效应对制造业转型升级的作用有限。下游地区 RI 指数整体呈 W 形的变化趋势，由 2004 年的最大值 0.9848 下降到 2008 年的 0.8580 后呈波浪式上升趋势，2015 年从相对较高的集聚水平 0.9502 逐渐回落，并从 2017 年呈小幅度上升趋势。作为经济较为发达的下游地区，无论制造业还是生产性服务业已具有相当的集聚水平，劳动力流动、技术扩散和产业转移相比其他区域更为便利和有效，产业的集聚与扩散使该区域逐步形成多心多极化的空间格局，也导致下游地区产业协同集聚在研究期间内呈现先下降后上升、下降后再上升的波浪式发展态势。

（3）长江经济带整体 RI 指数平均值为 0.9538，表明长江经济带生产性服务业与制造业整体协同集聚程度较高。受益于新一轮 ICT 的蓬勃兴起以及区域一体化的深入推进，长江经济带制造业逐步实现产业结构优化升级后，形成了跨区域产业链对接，与生产性服务业的产业关联度逐步增强，且大部分省份经济密度高，已打造出一批各具特色的产业集聚区和世界级产业集群，辐射带动效应较大，产业跨区域集聚与协同发展的态势已形成。从 RI 指数的发展趋势来看，长江经济带产业协同集聚程度呈 W 形变化，总体反映长江经济带在创新驱动发展战略背景下，随着生产性服务业所占的比重逐渐提升，对制造业的支撑作用逐渐增强，集聚经济所引发的知识溢出效应跨越行政区域边界，促进了制造业的创新能力和生产效率的提升。然而，长江经济带整体生产性服务业 LQP 指数平均值小于 1，说明长江经济带 RI 指数尽管很高，但该区域整体创新要素流动不充分，生产性服务业集聚对制造业转型升级的影响并不是很显著。

6.3.3　结论与建议

本书选取长江经济带各省份 2003—2018 年生产性服务业与制造业总就业人数作为区位熵的计算指标，分别测度了长江经济带各省份、各区域以及整体的 LQM 指数和 LQP 指数，研究结果显示：长江经济带整体制造业集聚在 2014—2018 年处于全国平均水平，生产性服务业 LQP 指数平均值小于 1，略低于全国平均水平，反映长江经济带整体生产性服务业专业化优势不突出，但下游地区生产性服务业集聚程度高于全国平均水平，上游地区和中游地区生产性服务业 LQP 呈稳步上升趋势。在此基础上，计算长江经济带各省份、各区域以及整体 RI 指数，结果显示：上游地区、中游地区和下游地区的 RI 指数均较高，反映各区域邻近省份之间存在经济联系，产业关联度较高，跨区域知识溢出阻力较小，各区域呈现产业协同集聚的态势。从各区域 RI 指数发展趋势来看，区域间发展趋势差距较大，上游地区产业分布基本符合核心－边缘模式；中游地区制造业和生产性服务业集聚程度接近，产业协同集聚程度一直处于较高的水平；下游地区 RI 指数整体呈 W 形的变化趋势，产业的集聚与扩散使该区域逐步形成多心多极化的空间格局。长江经济带整体 RI 指数平均值为 0.9538，产业间协同集聚程度较高，长江经济带整体 RI 指数呈 W 形变化，反映两大产业跨区域集聚与协同发展的态势已形成，长江经济带在创新驱动发展战略背景下，集聚经济所引发的知识溢出效应跨越行政区域边界，促进制造业的创新能力和生产效率的提升。然而，因长江经济带整体生产性服务业 LQP 指数平均值小于 1，说明该区域整体创新要素流动不充分，生产性服务业集聚对制造业转型升级的影响并不是很显著。根据以上结论提出以下建议：

（1）长江经济带应强化区域协调发展机制，根据各区域资源禀赋和战略导向，统一规划生产性服务业集聚发展模式。同时，完善科技创新服务体系，大力发展知识溢出最强的信息传输、计算机服务业及软件业等科技服务业，充分发挥生产性服务业集聚对制造业转型升级的支撑性作用。

（2）就长江经济带产业协同发展而言，如何充分发挥下游地区生产性服务业集聚的溢出效应，加强和上游地区、中游地区的制造业跨区域协同集聚与发展，是长江经济带现代产业体系构建的关键所在。为此，下游地区应加大对其他区域的辐射带动作用，中、上游地区需完善创新服务协同平台，提升产业转移的承接能力。同时，省际间应打破要素流动的制度壁垒，围绕战略性新兴产业构建上下游功能齐备、跨区域的产业链条，促进生产性服务业与制造业良性互动、融合发展。

6.4 本章小结

本章首先回顾了虚拟集聚提出的背景和内涵，结合现有文献，总结了虚拟集聚的生产柔性化，跨区域性，信息、资本等要素的数据化，全链一体化，共生创新性等五大特征。基于学界对临时性地理邻近的研究成果，分析了虚拟集聚的外部性。本书认为在 ICT 环境下，制造业与生产性服务业跨区域协同集聚，组织形态上体现一定虚拟集聚的特征。在此基础上，从参与主体、空间尺度视角和系统开放性视角等三个维度界定跨区域产业协同集聚的内涵，总结跨区域产业协同集聚的三种模式，分别为链群式协同集聚模式、圈层式跨区域产业协同集聚模式、虚拟产业协同集聚模式。

因长江经济带具备良好的技术创新环境，区域间存在有效的利益协调机制，制度邻近性较其他区域更显著，选取长江经济带产业协同集聚有利于本书结论的科学性。本部分内容分别测度了长江经济带各省份、各区域以及整体 LQM 指数、LQP 指数和 RI 指数，研究结果显示：长江经济带整体制造业集聚在 2014—2018 年处于全国平均水平，生产性服务业集聚略低于全国平均水平，RI 指数平均值为 0.9538，产业间协同集聚程度较高，反映两大产业跨区域集聚与协同发展的态势已形成。然而，生产性服务业 LQP 指数平均值小于 1，说明该区域整体创新要素流动不充分，生产性服务业集聚对制造业转型升级的影响并不是很显著，在此基础上，提出了相应的建议。

第 7 章　认知邻近、制度邻近对跨区域产业协同集聚的微观机制

　　跨区域产业协同集聚的成因探讨以经典的 Marshall 外部性理论为逻辑起点，该理论强调同一产业的企业高度集中，有利于知识溢出和扩散。Jacobs（1969）基于异质性的假设条件提出自己独特的见解，认为跨产业的大量企业集聚有利于知识互补和创新搜索，强调知识溢出来源于多样化集聚，多样性和差异性促进了企业的创新。Ellison et al.（2010）首次提出产业协同集聚的概念，认为产业协同集聚的微观机制同样源于 Marshall 的三个关键因素，即产业关联、共享劳动力市场和知识溢出，Gabe et al.（2013）侧重考察了第三个因素"知识溢出"对产业协同集聚的关键作用。Arrow（1962）认为知识溢出是创新竞争和经济增长的重要来源。Romer（1986）强调知识外部性，即知识溢出能促进规模收益递增的形成。梳理现有文献，学界普遍认可跨区域产业协同集聚的微观机制中，知识溢出效应远大于自然优势形成的地理"第一性"。在 ICT 广泛应用的背景下，跨区域产业协同集聚研究由传统的"产业－空间"维度扩展到"产业－空间－制度－技术"多维度的分析，本部分探讨认知邻近和制度邻近对跨区域产业协同集聚的微观机制。

7.1　知识流动与跨区域协同创新

7.1.1　关于知识资本的研究

　　21 世纪兴起的知识经济，以计算机技术的突破为起点，以知识作

为最重要的生产要素，使人类文明正经历一场有史以来最广泛、最深刻的变革。早在17世纪，英国唯物主义哲学家、实验科学的创始人培根曾提出了"知识就是力量"的著名论断，鼓励人们以科学的方法认识自然和改造自然。相比200多年前的第一次工业革命，知识经济时代的科学基础更为厚实，显示的威力更强大，使人类社会的生产过程和组织形式发生了革命性的变化。知识经济催生了知识资本，21世纪的企业不再单纯以自然资源或金融资本作为企业竞争优势的来源，知识已经成为现代企业最重要的竞争要素。知识资本是企业技术创新的基础，企业创造超额利润的来源，也是企业可持续发展中起支配作用的力量。就生产性服务业与制造业的互动关系而言，知识资本是一种服务要素的嵌入。

7.1.1.1 知识资本的构成要素

知识资本的概念可以追溯到1836年，知识资本作为人力资本的同义词由Senior（西尼尔）最早提出，他认为人们所拥有的知识和技能就是知识资本。后期学者研究认为人力资本是知识资本的一个部分，不能等同于知识资本。Galbrainth（1969）是正式提出知识资本的第一人，认为知识资本的形式不是固定的，而是一种动态的，是一种知识性的活动，体现为员工的知识和技能、组织的价值文化、顾客的忠诚度、制度和行为中所包含的集体知识等，是企业、组织和国家最有价值的资产。20世纪90年代知识经济初见端倪，知识资本的研究也渐成规模，国内外学者围绕知识资本的构成要素、分类、测量以及实证等方面展开研究，并逐步形成一套较为充实的理论体系。

Edvinsson et al.（1996）提出知识资本是企业的真实价值与账目价值的差额，是人力资源与知识资产的总和，知识资产包括商业化资产、结构资产和顾客资产等。1997年被誉为"知识管理"奠基人的瑞典学者Sveiby在其著作《新的组织财富：管理与测量以知识为基础的资本》中提出知识资本包括员工能力、内部结构与外部结构等三个方面，员工能力的涵盖面比西尼尔的界定更广泛，除事实性知识、技能和经验外，还包括员工的价值判断力和社会关系网，内部结构比如企业的专利和理念，外部结构包括企业的客户关系和公众形象等方面。目前，学界普遍比较认可 Stewart（1994）的 H-S-C 结构模型对知识资本的分类，他将知识资本细分为人力资本、结构资本和顾客（关系）资本。人力资本包括员工受教育的程度、先验经验、知识、创造性和风险承担性等，这部分资本是员工自身的个人特质所拥有的，不属于企业的商业资产；结构资本是指企业文化、组织结构以及制度与规范等；顾客（关系）资本嵌入顾客、供应链和其他相关利益者中，体现企业与外部关系网络中真实的或潜在资源的总和，比如顾客忠诚度、企业信誉和产供销渠道等。

　　国内学者在 20 世纪 90 年代中后期引入知识资本这个概念，并结合我国企业实际开始这一领域的研究。需要说明的是，国内部分学者基于不同的研究视角和内容，用智力资本替代这个概念。张东廷（2015）认为智力资本来自英文 Intellectual Capital 的翻译，还有智慧资本等其他译法。申明（1998）认为知识资本是企业所有无形资产的总和，是维持企业正常运转不可或缺的要素。姚正海（2006）认为智力资本是指能被企业所掌握，通过规范化施以影响产生更高价值的资本，能比物质资本带来更多的未来收益。范黴（2000）认为被企业拥有或控制，能投入企业经营并能带来效益的具有知识属性的所有无形资产及其载体都称为知识资本。张宗勇等（2006）将知识资本定义为企业所拥有的或控制的，并投入企业生产经营过程中具有知识属性的无形资产，可以用超额利润的获取能力来衡量。赵艳玲（2011）认为企业智力资本是员工所掌握的能给企业带来竞争优势的各种技能和知识之和。董茹（2002）认为知识资本是知识在一定条件下转化而成的，包括人力资本、市场资本、知识产权资本和组织管理资本等四个方面。陈则孚（2000）把知识资本分类为人力资本、声誉资本和知识产权资本。吴中伦（2011）结合国内外学者的分类，将知识资本分为六个维度——人力资本、组织资本、文化资本、技术资本、关系资本和市场资本，并认为人力资本是知识资本的核心要素，也是其他五个维度资本的前提和基础。王月欣（2006）认为企业智力资本是一个价值创造的系统，包括人力资本、内部结构资本、外部关系资本、知识产权资本、市场资本、内在动力资本和创新资本几个要素。总体来看，国内学者对知识资本的界定也没有统一定论，存在知识资本和智力资本两个名称共存的现象，知识资本的分类与国外学者的观点比较接近，涵盖的范围分歧也比较大，没有达成共识。

7.1.1.2 知识资本的特征

知识经济时代，知识逐步取代部分稀缺资源，成为经济运行过程中的主导性资源和要素。21世纪ICT的广泛应用以及网络经济的兴起，知识要素的市场资源配置得以强化，也为知识要素的资本化提供了技术保障和市场条件，同时，知识经济的发展也进一步提升了知识资本中的知识含量。知识经济发展时期知识资本表现出以下特征：

1. 边际收益递增

传统生产要素（如金融资本）投入生产过程中，在技术水平保持不变的前提下，一般遵循边际报酬递减的规律。知识经济时代，知识被纳入经济增长生产函数的内生变量后，会保持递增的边际生产力。不同于传统资本要素，一方面，知识资本具有非消耗性和可共享性，投入使用的过程中，不仅不能消耗掉，还会重复地被多次使用，伴随着知识的快速传播和重复多次使用，知识的溢出效应越显著，其价值也越高，尤其在网络技术的环境下，知识可以借助网络成倍的分发和共享而不增加费用；另一方面，知识可以不断开发和创新，是一个特殊的可再生性资源，取之不尽、用之不竭，非物质化形态的知识在财富生产过程中，除开发费用，不涉及转移或分发的成本。同时，知识可以替代或节约短缺的物质资源，知识的替代效应体现在"通过知识的进步来增加资源"（Schultz，1992），企业生产过程中知识的大量运用不仅能替代和节约稀缺的自然资源，而且可以极大地提高各类资源的利用效率，单位产品原料使用量、劳动力用工工时、市场渠道大幅度改善，节约了生产成本。知识经济时代，知识的运用过程也是人们在社会实践中，通过创新性的思维活动，对现有知识组合、发挥和结构优化的过程，并衍生出新的有用知识，即知识的知识，知识作为资本具有无限增值性，知识的不断增加或繁殖都能实现自身的创新增值。知识资本的创造价值功能还体现在能改变生产函数，提高其他要素的生产效率，具体来说，如果技术水平不变，边际报酬规律普遍存在，一种生产要素的投入达到某一限度，总产量会呈现下降的趋势，单位要素的边际贡献率会大大降低，然而知识的投入会改善其他生产要素的使用效率，生产力的提高增加了单位要素的产出量，在一定程度上抵消了边际报酬递减的影响，从而增加企业的总产量和收益。

2. 易流动性

知识不同于实物资本，知识具有共享性，通常知识资本不易受时空条件的禁锢与约束，在企业的生产及价值创造过程中循环流动，知识资本只有在循环流动时才能创新增值，相反，知识如一潭死水一样静止不流动，对个人和企业的发展是毫无益处的。与其他资本不同，知识不具有独占性，你的知识即使传授给他人，你也能同样完整地拥有知识，而且有可能通过互动增加自己的知识。知识经济时代，信息通信技术、数据处理技术的广泛应用为知识资本的跨时空、跨地域甚至跨国界的流动与共享提供了生产技术保障，在互联网时代，大部分的知识技术只需支付一定的交易费用就可以共享，甚至有些知识资本可以同时在不同地方获取并运用。

当然，知识资本的存在形式不同，流动的表现有所差异，也衍生了不同的知识产业。孙金年（2003）认为知识有三种存在形态：物化形式、意识形式和符号形式。当一件新物质产品是依据一定的理论知识、经验知识或新技术生产出来的，该物质产品就是知识的物化形式，知识的物化隐含着新知识的萌芽（张红，2016）。存在人头脑中的知识就是意识形式的知识，其本质特征是创造性，人类的一切新知识，首先是从人的头脑中以意识形式存在的。知识的符号从早期的言语、图画到现代的唱片、光碟、电子资讯等，其形式及载体历经变迁，知识经济时代，知识的符号形式发生了根本性的变化，其传播的范围更广，交互性更强，受众的命中率也更准确。由于知识的存在形式不同，知识资本流动的方式包括教育与培训、研究与开发、专利与软件的交易等，相应也衍生了教育培训、研发、信息服务、传媒等知识产业。

3. 依附性

20 世纪 60 年代兴起的后现代思潮对客观主义知识的观点提出了质疑，强调了知识的文化性、知识的境遇性和价值性，认为知识并非客观普遍存在，而是存在于特定的时空、价值观以及语言符号等影响下，其性质受所在历史阶段或文化传统的制约，知识具有依附的性质。就企业知识资本而言，依附性是指知识资本必须依附于一定的载体，如人脑、组织文化、制度和流程、运营网络等。

首先，知识资本是企业生产经营过程中主体与客体相互作用的结果，在一定程度上依附于人的经验构造。Schultz（1960）认为，人力资本是指可以带来未来收益的体现在人身上的各种知识和能力，范围包括先天具有的能力、后天培养的能力、能继续传授和运用这些知识的技能等。对同一事物的认识，不同经验构造的人会得出符合自身认识条件与能力的不同结论，同时，人的经验构造会随着时空的变化而变化，经验达到某种程度，知识也会达到相应的层面。

其次，知识资本依附于企业的组织文化环境。组织文化是企业生产经营过程形成的指导企业一切行为和活动的特定价值观和基本信念，能影响雇员的行动和心智模式进而促进与知识相关的活动。创新是个高度互动的过程，企业的组织文化应重视情感交流、人性的关怀，与环境共生的价值观等，支持和鼓励知识创新系统部门以及部门之间的连接和互动，以便将个体知识转换为组织知识。

最后，知识资本依附于价值判断。知识就其范围界定包括隐性知识和显性知识。显性知识是客观的、有形的，可以用文字、语言方式传播的知识，如数据库、说明书、公式和计算机程序等。隐性知识是用文字、语言和图像无法表达清楚的主观知识，以人或组织的经验、技术诀窍、印象等形式存在，隐性知识是基于主体经验并涉及很多无形因素，如信念、心智模式和价值判断等，有高度的个性化特征。在企业知识的互动与传播过程中，隐性知识与显性知识的相互转化就显得非常重要，因主体的价值判断蕴藏在知识中，转换的效果必然受主体的价值判断和文化背景的制约。如某一个理论或知识被认可和推崇，形式上就是一种隐含的价值判断。

综上所述，知识经济时代，知识是企业可持续发展的战略资源，知识资本成为企业未来财富创造中起决定性作用的力量，国内外学者越来越重视对知识及知识资本的研究，但大部分研究集中在企业知识资本的管理与应用，从产业集聚的角度讨论知识资本相关规律的文献比较少见。本书利用知识资本的相关理论，探讨知识的类别、知识的异质性特征，知识价值与知识流动的关系，知识流动对跨区域协同创新的作用机制，为认知邻近对跨区域产业协同集聚的微观机制分析奠定研究基础。知识资本有人力资本、关系资本等不同维度，每一种维度都代表不同的研究思路，也为知识资本与企业绩效、知识资本与集群（集聚）创新等方面的关系研究提供了新的视角，国内外学者均认可知识资本对集群创新的重要性，但此方面的研究需进一步加强。

7.1.2 知识流动促进跨区域协同创新的影响机理分析

企业是不同知识、能力和核心专长的集合体，每一家企业的经验、关键技能、组织文化都不一样，按照企业能力理论的观点，合作创新的本质是合作各方相互寻求互补性知识资产，以此提升企业协同创新能力。为此，企业寻求互补性知识资产就需要合作各方知识和技能交流，并持续不断地累积、整合、创新，如此循环往复。显然，这个过程有赖于合作创新行为主体之间的知识流动与转移。

7.1.2.1 异质性知识及区域表现

知识是个体为解决问题所具备的认知与技能的集合（Probst，2005），既有客观性，也存在主观性（刘植惠，2003），知识的异质性是知识的关键特征。Jehn（1999）将知识异质性等同于信息异质性，认为信息异质性指团队成员的知识基础和观点，比如教育、经验和专长等方面的差异性。Tayloy et al.（2006）采用"深层异质性"这一术语，强调知识异质性与个体浅层特征（如性别、年龄和种族）等方面的区别。部分学者用"认知异质性"来替代这个概念（Arazy，2011；Kilduff et al.，2000），认为认知异质性还包括个体难以直接观察的一些属性，如态度、价值观、信念和规范等方面的差异。

从认知结构来看，知识可以分为陈述性知识、程序性知识和策略性知识（Mayer，1989）。陈述性知识是对事实、定义、规则和原理等进行描述的知识，关于"是什么""怎么样""为什么"的知识；程序性知识也称为操作性知识，是"怎么做"的知识；策略性知识是个体运用以上两类知识学习、记忆和解决问题的一般方法和技巧，本质上是一种程序化知识。根据知识的表达特征，知识可以分为显性知识和隐性知识（Polanyi，1958），这两类知识也被学者们称为缄默知识和编码知识（Polanyi，1974）。王旭辉等（2008）将集群企业知识分为要素知识和建构知识，要素知识是通过溢出机制可以被集群成员利用的知识，这类知识有利于合作研发，是技术性知识，建构知识是系统性、整合性的隐性知识，有准私有性的特征，这类知识主要用于增强集群成员要素知识的吸引能力，一般限制在集群内流动。此外，知识的认知主体和知识管理的活动也存在异质性，就时间维度而言，知识缺口也体现了知识的异质性。

知识经济时代，知识是社会资源的重要组成部分，也是经济价值的主要来源。不同区域的知识在质量和价值作用上也有异质性，知识异质性有显著的地方特征，表现为知识及其经济价值的空间非均衡性。各区域都有自身特色的产业体系，因知识水平的地区差异性，不同区域的经济系统运行体现着不同的绩效水平。知识的价值大小取决于区域知识的创新程度、稀缺程度以及知识异质性的高低程度等三个方面，如果知识的供给新颖，有较大的市场需求和潜力，该区域创新的经济动力强，知识对区域的经济价值作用更显著，反之亦然。知识异质性对产业区的创新能力有显著的增强作用，知识异质性程度较高的区域，主要从事研发、设计等高级知识的生产，知识生产能力强，价值更容易实现。如果地方创新人才短缺，知识产权环境差，该区域的知识异质性程度显然比较低，就只能在产业链的低端环节用制造知识生产最终产品，这种不均衡的知识空间也导致了地域分工格局的形成。

7.1.2.2 知识流动与跨区域协同创新

知识是根植于地方的（高安刚 等，2019），地区分割状况下依据产业链生产环节的区位分布使知识限定在特定区域，在知识日新月异的今天，仅依靠地方性的独特知识实现知识内生经济增长已不符合区域参与全球竞争的需要；相反，更深层的跨区域知识互动和联系以实现知识空间关系的优化配置，促进区域间产业协同发展具有更重要的意义。

Teece（1977）在一篇探讨跨国公司技术转移的文章中，首次提出知识流动的概念，随后，知识流动的理论引起了国内外学者的广泛关注。需要说明的是，在现有文献中，与知识流动的相关概念有知识扩散、知识共享、知识溢出和知识转移等概念，它们是知识流动的具体表现形式，知识流动的内涵广义、综合地概括了这些概念。Kalling（2003）认为知识流动不是简单的知识传递，而是根据一定的规范和程序生产、传播和应用的过程。余东华等（2007）强调知识流动是创新主体驱动知识转移、共享、整合和学习的过程。事实上，知识流动不是单纯地完成载体的转换，后续接收方对知识内容的吸收、增值和再创新尤为重要（董坤 等，2020；蔡坚 等，2015）。学者们对知识流动的界定较为具体地诠释了知识流动的过程和功能，也凸显了知识通过流动促进创新的本质。

跨区域产业协同发展涉及区域间关联产业的分工与协作等一系列活动，需要大量的知识、信息、技术和人才等战略资源。就知识本身而言，共同的知识基础是区域间产业互动、协同发展的基础条件。Smith（2000）强调了区域创新体系的构建过程中，知识基础是最关键的因素。现实中，如果不同区域都有生产同类产品的生产设备或技术，尽管信息化水平不同，但区域间具备了产业互动的知识基础。然而，知识结构差异是跨区域产业互动、协同发展的必要条件。研究和实践表明，不同区域知识基础有可能相同，但是基于同一产业体系分工协作的知识结构是有差异的，也就是每个区域都有自己知识结构优势的同时，也存在不同的知识缺口，显然，如果一个区域相比其他区域具有知识的绝对优势，区域间的知识流动和产业互动不能形成。按照比较优势理论的逻辑，区域间各具知识的比较优势，则协同发展的可能性大，也能推动跨区域知识溢出。不同的知识结构促进了不同地域空间互补性知识的形成，也更有利于区域间产业互动。James et al.（2014）认为发挥知识资产的互补性优势能取得更好的协同创新价值。

基于区域间知识结构的价值差异是跨区域知识流动的根本动力。知识的价值差异使知识空间的收益率呈现不均衡的分布，知识经济时代，信息技术创新及其相关知识的收益率空间差异尤其突出，在市场机制的驱动下，知识资本也是逐利的，往往向收益高的区域流动，使知识跨空间流动并促进区域间协同创新成为可能。在经济全球化背景下，面临外部快速变化的市场和技术环境，区域知识创新面临巨大挑战，经常会出现新的知识缺口，受制于知识地方化的制约，企业不仅加大投入研发进行创新，而且跨区域寻求外部知识推进区域合作，发挥协同创新效应。知识转移后通过接受区域的整合和学习，实现了创新知识的本地化根植，在区域应用过程中持续的交流和再创新，进一步提升了本地知识的多样化和异质性知识的存量，多样化的知识结构保证了本地经济运行，丰富了区域产品市场体系，也促进了区域间协同创新能力的提升。

知识流动平台是跨区域协同创新的重要途径。知识流动经组织（包括企业和服务机构等）过渡到区域层面，发挥跨区域协同效应，需依托高效的知识流动平台。知识流动平台的建设以产业发展为切入点，以跨区域协同创新的知识需求为导向，引导知识资本流向有更高附加值的技术密集型产业，促进产学研用体系的构建，支撑知识跨区域溢出和产业技术进步。显性知识因其可编码化，可以通过信息通信技术及相关媒介等编码方式进行传播，因而完善的通信信息技术和相关基础设施是跨区域知识流动的基础条件。隐性知识由于具有默会性，只能通过"面对面"的接触和"干中学"等非正式学习合作方式实现知识的传递，需构建包括骨干企业、高校、科研机构等创新主体的跨区域互动合作机制，通过互动学习、共性技术的合作研发、隐性知识的编码化等方式实现知识的转移和流动。知识流动对跨区域协同创新影响机理模型如图 7.1 所示。

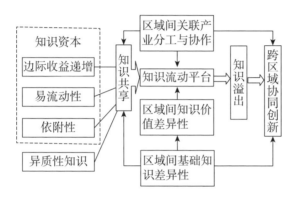

图 7.1　知识流动对跨区域协同创新影响机理模型

　　总之，知识流动是促进知识创新与区域协同发展的关键。纵观国内外知识流动的现有研究，主要集中在知识流动的内涵、知识流动的过程、知识流动的功能、知识流动对创新的作用，以及知识流动的影响因素等方面，且聚焦在企业或某一区域层面研究知识流动对创新的影响，跨区域角度探讨知识流动与协同创新的研究比较缺乏。跨区域协同创新涉及产业协同和知识协同，由于知识的地方根植性，异质性知识与知识价值的差异导致知识跨区域流动，并产生溢出效应，这为研究跨区域产业协同集聚的微观机制提供了研究思路。在经济全球化和信息技术快速发展的背景下，以"认知接近"替代"地理接近"的跨区域产业协同集聚已成为经济发展的普遍现象，基于知识流动的角度需进一步研究跨区域协同集聚的微观机制。

7.2 认知邻近对跨区域产业协同集聚的微观机制

上述文献回顾表明，知识流动可以推动知识跨区域溢出，促进跨区域协同创新。但是知识跨区域溢出能否提升企业的创新能力，增强区域产业集聚的竞争优势，带动产业集聚跨区域协同，与企业对知识的消化、吸收能力息息相关。企业创新活动本质上就是实现知识的传递、转移、吸收、运用和再创造的过程，因此，知识吸收能力在产学研协同与企业创新绩效间将发挥重要的中介作用（叶传盛 等，2022）。基于 ICT 的跨区域产业协同集聚是一种新兴的创新集聚模式，强调生产性服务业与制造业不同主体通过共同合作发挥创新优势，以创造创新协同效应（丁淼 等，2015）。研究认知邻近对跨区域产业协同集聚的微观机制，可以从知识外部性与企业创新的两个重要概念"知识溢出"和"吸收能力"入手，探讨创新协同效应对跨区域产业集聚的影响。根据第 2 章的界定，区域间认知邻近性反映不同区域集聚企业在沟通方式、处事方式等行为方式的相似性，以及区域之间实现有效沟通与交流的程度，包括经验、语言、知识和技术等，涵盖一般意义上的技术邻近相似性，可以从共同语言、共同规则、共同目标以及相似的知识背景与技术水平等四个分维度探讨与知识溢出和知识吸收能力的关系，进而引出对跨区域协同集聚的影响。

1. 共同语言

知识溢出源于知识本身的稀缺性、流动性和扩散性，只有当跨区域集聚主体间有类似的语言，知识才能在生产性服务业与制造业间溢出并有效扩散，两者跨区域协同定位与集聚才有可能。就跨区域产业协同集聚而言，共同的语言主要依赖于生产性服务业与制造业频繁互动所形成的认知背景语境。跨区域的生产性服务业与制造业虽都是独立的行为主体，但企业间存在复杂的关联性，除前后向、水平的产业关联，基于产品链和增值链的物质关联，还有无形的知识和信息上的联系，正是这种行业背景的相似性构成了知识跨区域流动的语言基础。

企业间共同语言的分享是他们之所以能够进行信息交流的主要原因，集聚主体间语言的相似度越高，知识转移就更有效，知识溢出量越高。事实上，随着 ICT 向制造业和生产性服务业的渗透，服务业和制造业的技术专用边界逐渐消除，ICT 的黏合剂作用使两业边界模糊化，也促使了生产性服务业与制造业形成共同的技术基础。本地化集聚主体在相同的文化背景、制度组织背景下，频繁的正式或非正式接触使共同语言更容易形成，知识的转移在地理边界内更为有效，然而分离式集聚因历史文化语境的缺失，共同语言更强调集聚成员所熟悉的行业语言、背景知识和交易规则等，这类语言依赖于平时储存的知识存量、认知水平和心理背景等，即依赖于集聚成员间的认知背景语境（王建军，2002）。从产业关联的角度来看，认知背景语境源于生产性服务业服务于制造业过程中频繁的互动所引起。

ICT 背景下跨区域产业协同集聚是以知识、技术、信息为主要资源的新兴产业组织形态，具有知识化和网络化的典型特征，从知识网络的视角来看，跨区域产业协同集聚模式下，制造业投入的服务业以及制造业的服务业外包更多是知识、技术和信息的融合，且逐步形成比较完整的知识链条。由于隐性知识的不可编码性和高度嵌入性，行为主体需多次交互才能被双方吸收，这也意味着隐性知识的传导需借助强联系，确保知识搜寻者能准确把握并充分利用新获取的知识（Hansen，1999）。跨区域、跨历史文化背景下，强联系的建立无法通过情感、信任和平等等非正式组织网络（王越，2004），需有赖于生产性服务业与制造业所构建的交互式学习平台，以及各类异质性知识集成形成的知识库（陆小成，2009）。交互式学习的过程既是知识在知识网络中传播、扩散、吸收、应用和反馈的无限循环，也是服务业与制造业集聚化、融合化的过程，而特定的认知语境及路径依赖性是集聚主体知识流动形成"黏滞性"的重要原因（李琳，2014）。此外，共同的语言基础可以防止歧义性的认知和知识结构进入具体的语境，减少了知识的误传，也降低了双方的交易成本。所以，在产业跨区域协同集聚中，知识溢出（知识外部性）以及集聚主体对溢出知识的吸收，需依赖于共同的语言基础。

2. 共同规则

聚集主体间顺畅的知识流动需形成知识共享的共同规范与准则，培养组织间合作共赢的互惠性关系。有别于制度邻近中的社会规则，此处的共同规则是指集聚主体间的互惠性关系，也就是行为主体合作的潜规则或相同的"价值观"。王刚等（2018）研究表明：合作创新网络组织强链接更有利于知识共享，强链接则表现为行为主体间高度的情感与互惠关系、较高频率的交互作用（高展军 等，2006）。在知识经济时代下，生产性服务业与制造业之间的互动关系由工业化初期、中期的"需求依附"阶段、"相互支撑"阶段演变为"发展引领"阶段，并呈现双重集聚的空间组织模式（宣烨 等，2018）。在"发展引领"阶段，生产性服务业不再"依附"或"隶属"于制造业，而是作为一个独立的行业或部门，引领制造业集聚和柔性化改造，以应对快速响应的市场需求变化。在价值链分工背景下，价值创造模式也发生根本的变革，体现为制造业与服务业共同创造，转向价值创造主要来源于服务业。因此，跨区域产业协同集聚主体需以服务创新驱动发展为理念，建立互惠性关系实现合作共赢。

Porter（1990）产业集群竞争优势理论认为：产业集群强调每个主体作用的发挥过程，只有每个主体都积极参与并发挥各自的作用，营造企业发展的环境才能促进企业投资和创新。现实中，政产学研各主体都是跨区域的，每个组织为了自身的目的和利益而自发集聚合作，然而各自的作用因环境各异，要保证集聚网络成员知识非正式交换需有共同的行为规范和交易准则，以降低机会主义行为，防止"搭便车"现象（Helmsing，2001）。ICT 应用的环境下，越来越多的天然以数字为服务内容的生产性服务业驱动着企业跨区域集聚，这些数字内容并非虚拟的，而是具体的专业知识、信息组合和创新思想等（谭洪波 等，2022）。知识、信息和数据等高级要素的准公共品属性或权属模糊，使组织间这类要素流动与交换的约束力缺失，势必损害知识网络其他成员的利益，不利于组织合并目标的达成。赵欣等（2020）研究结果表明：

在线知识社区应制定并执行公平的社区规则，倡导用户间互惠的共同规范，必要时设定奖惩制度，以建立社区合作共赢的信任关系。因此，在制造业的服务化或服务外包过程中，要提高知识溢出量，使企业接受溢出的知识更多，需形成共同发展、团结协作、互惠互利的行为规范和准则。

3. 共同目标

随着产业集群在世界各地的快速发展以及对区域经济发展的重要贡献，产业集聚（集群）竞争优势的来源吸引了学界和政府的关注。综合现有文献的观点，本书认为制造业和生产性服务业跨区域协同集聚的竞争力主要体现为协同价值创造的能力，就是依托生产性服务业向制造业嵌入知识、信息等高级生产要素，促进产品的模块化生产、流程优化，以实现协同制造，提升产品制造的柔性，使企业由传统的注重产品制造转向以提供产品为依托的服务，进而向消费者提供集知识、产品和服务的一体化解决方案，为企业创造更多的价值。而传统意义上的制造企业需要对自身产业链和知识链经过革新才能达到这种协同价值创造的要求。为克服技术革新的高复杂性和高风险性，企业间需要有共同的信仰和目标，以增强知识等高级要素集聚的向心力，在循环累积因果链的机制下深化产业协同集聚的广度和深度。

共同目标就是明确"我们要创造什么"。Tsai et al.（1998）用共同愿景来反映网络成员的集体目标与抱负。魏奇锋等（2011）认为产学研知识联盟首要目标是共同学习及知识创造。孙耀吾等（2007）提出相互关联企业在虚拟空间上集聚的目标和内容是合作创新和共同发展，如共同主导和创新技术标准等。集聚主体的认知维度如同样的追求、互惠等是一种心理状态，成员间如果有相同的认知目标，能对信息、知识及时识别并吸收内化，产生知识协同效应，即使知识的势差（Xie et al.，2016）引发了成员间在知识的整合和吸收过程中的问题，也能使成员间通过信息交流达成共识。就知识资源的存在密度而言，ICT条件下跨区域的生产性服务业与制造业因产业关联和知识溢出所形成的集聚体，是一个纵横交错的海量知识网络，这意味着集聚的每个企业具有可供利用的丰富外部知识资源，但是这些知识能否真正被制造业和生产性服务业用于协同价值创造，依赖于知识的易获取性。ICT的技术环境极大改善了知识的可达性，而知识的有效吸收和应用依赖于相互的认同感，协同合作的制造业与生产性服务业有相似的认同感和远景，就能建立一个合作的信任网络，主动知识溢出所产生的创新绩效也会越大。

4. 相似的知识背景与技术水平

一定条件下，企业发展中知识的创新与知识溢出之间没有必然的联系，主导作用在于企业自身的知识吸收能力。知识吸收能力是影响企业持续创新和竞争优势提升的关键因素（崔志 等，2008），企业的知识吸收能力越强，学习、整合外部信息并将之内化为企业知识资本的能力也越强（张韬，2009），而企业创新能力的形成正是源于吸收内化的知识资本的运用。就生产性服务业与制造业协同集聚发展而言，企业知识资本包括人力、技术、经验等都是一种服务要素的嵌入，服务要素嵌入受制造业与服务业间知识背景和技术水平相似程度的影响。相似的知识背景和技术水平（主要是技术邻近）有利于服务要素的嵌入，进而促进集聚主体的深度学习和知识吸收能力提高。隐性知识有较为复杂的内容体系，具有黏性，难以解码和编码（游达明 等，2014），要提升制造业与服务业的协同创新能力，突破关键、核心技术难题，需减少知识的模糊程度和隐形程度，除企业间频繁的互动与学习，知识背景与技术水平的邻近程度非常关键。Jaffe（1986）应用技术相容指数分析技术距离与企业创新的关系发现：相邻技术距离的企业在合作互动中吸收能力对企业创新活动有显著的推动作用。

制造业相比生产性服务业，知识要素含量和附加值偏低，如果仅靠自身的资源和技术水平，很难有效提升创新能力，需依赖于服务要素的嵌入所产生的知识溢出效应。知识溢出效应已在第 5 章阐述，在此不再赘述。制造业的技术吸收能力是关键的调节因素。Zahra et al.（2002）归纳企业吸收能力的四个方面，分别为知识的获取、吸收、转化和利用。Cohen et al.（1990）认为技术吸收能力受先验知识、企业研发投入以及企业所处的创新环境等三个方面的影响，并强调了先验知识的重要作用。独特的先验知识构成了相应的知识走廊（Venkataraman，1997），知识走廊正是企业家识别机会的关键因素。企业层面的先验知识体现为信息的管理意识、对信息的使用能力和对信息技术的使用程度（王克芳，2011），其累积和存量与产业特征息息相关，有赖于企业强大的商业网络和频繁的互动学习所形成的专业技能、知识的多样性、解析和应用能力，也包括与产业相关领域最新科技发展的知识。总体来看，相似的知识背景和技术水平有利于服务要素的嵌入进而促进制造企业的深度学习，深度学习促进了企业先验知识的累积和技术吸收能力的增强，集聚产生的知识溢出效应是深度学习的有效途径。

综上所述，本书分析共同语言、共同规则、共同目标以及相似的知识背景和技术水平等四个认识邻近的维度对知识溢出和吸收能力的影响。认知邻近对跨区域产业协同集聚的微观机制综合概况如下：知识资本是一种服务要素的嵌入，知识的异质性是知识的关键特征，知识的空间不均衡导致了地域分工格局的形成，而区域间知识价值的差异是跨区域知识流动的根本动力，知识流动是促进创新与区域协同发展的关键。跨区域产业协同集聚源于知识溢出产生的外部性，可以用"知识溢出"和"吸收能力"来解析跨区域产业协同集聚形成的微观机制。生产性服务业服务于制造业过程中频繁的互动会产生共同的认知语境，共同的语言及语境是认知一致性的前提和基础条件，集聚主体共同语言相似度越高，知识转移更有效，知识溢出效果越显著。由于知识、信息等资源的准公共品属性或权属模糊，为防止机会主义和搭便车现象，需具备相同的规范和准则，保证合作目标的实现。知识溢出中会出现"供需落差""数据孤岛"等现象，集聚成员间如果有共同的认知目标，可以产生知识协同效应，也可以通过信息互动解决知识整合和吸收中存在的问题。当然，知识溢出不能直接促进跨区域知识创新和产业协同集聚，知识吸收能力是重要的中介调节因素，相似的知识背景和技术水平有利于集聚主体深度学习并促进吸收能力的提高。

吸收能力是促进两业知识创新和跨区域协同集聚的关键。认识邻近对跨区域产业协同集聚微观机制模型如图 7.2 所示。

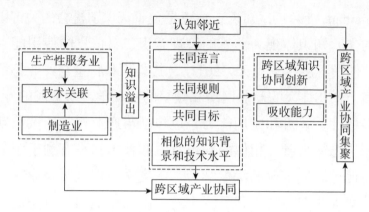

图 7.2　认知邻近对跨区域产业协同集聚微观机制模型

　　然而，现有文献均认可认知邻近过度会对集群的知识学习和创新绩效产生负面效应（李琳 等，2011；黎振强 等，2015）。认知邻近的过度意味着缺失新颖性（Nooteboom，2000），知识的异质性和多样性大大降低，获取外源知识的效率下降甚至无效，企业间新的知识源缺乏会出现技术锁定的状况。按照产品生命周期理论，跨区域协同集聚萌芽和成长阶段，因历史文化语境的缺失，集聚主体间的认知差距较大，如果认知邻近较小，知识共享的意愿会比较浓厚，产业跨区域集聚与协同的程度也会进一步加深，知识溢出对集聚创新绩效的效果比较显著。当然，如果认知邻近较大，可能因理解性和默契性不足而产生交流障碍。在自增强和趋同阶段，集聚主体间的认知差距会逐渐减小，认知邻近也会越小，但此时知识和技术对于集群内部已缺乏新颖性，产学研合作中的知识供需匹配势必错配，不利于集群创新。但是，部分学者认为生产性服务业与制造业虚拟集聚，因可以无限拓展的虚拟空间，平台上集聚了大量的生产者和中介服务机构，企业可以对产品和服务的诉求能更精准地获取，虚拟集聚的高度开放性使合作各方的认知差异和认知邻近长期保持在一个有利于交流和合作的状态（谭洪波 等，2022；王如玉 等，2020）。

7.3 制度邻近对跨区域产业协同集聚的微观机制

7.3.1 相关文献回顾

7.3.1.1 关于社会资本的研究

20 世纪 90 年代，随着社会科学研究领域对社会资本的研究越来越重视，很多学者尝试从社会资本的角度探讨产业集群成因。Pierre（1980）首次提出社会资本的概念，认为社会资本是与相互默认或承认的关系所形成的持久网络有关的实际或潜在资源的集合，且这些关系或多或少是制度化。1985 年，Granovetter 开创性地将社会资本理论引入经济研究，认为主体经济行为是嵌入社会关系中的，社会关系和结构是影响经济行为的重要因素。Coleman（1988）被认为是对社会资本给予全面而具体阐述的第一位社会学家，他认为社会资本是个人拥有的以实现某些既定目标为目的，以社会结构资源为特征的资本财产。Putnam（2001）以意大利南部和北部的制度绩效作为研究对象，通过建立一套制度绩效评价的总指数研究表明：制度绩效存在地区差异，社会资本是制度绩效地区差异的关键因素，并定义社会资本为社会组织的信任、规范和网络等方面特征能够通过促进合作行为提高社会效益。Portes（1995）是社会资本能力说的代表，认为社会资本是处于网络或更广泛关系中个人动员稀有资源的能力。Burt（2001）认为社会资本是个体能通过朋友、同事和更普遍的联系得到使用资本的机会。虽然不同学者对社会资本有不同的界定，但普遍认可社会资本是一种以信赖为纽带的无形资产和稀缺资源，具有公共物品的属性，也为社会资本与产业集群的研究奠定了基础，使产业集群的研究突破长期依赖传统分工、合作角度的局限。Bell（1999）首次将社会资本概念应用到产业集群的研究，认为社会资本是集群内长期存在的并能促进行为主体互动的资源。Porter（2000）认为产业集群是集中于特定地理空间上所有企业和机构的集合，具有关系属性的特征，成员间的社会关系和结构对知识整合与集群创新发挥着重要的作用（Tallman S，2004）。Mc Donald（2002）通过考察不同地区的产业区，发现来自不同文化背景和国家的产业区，无法形成长期往来的社会关系网络而缺乏信任和承诺，产业区集体行动较少，此类产业区也称为社会资本缺乏的产业集群。

在全球化的背景下，为应对复杂的外部竞争环境，越来越多的企业突破集群的组织边界寻求外部资源。部分学者开始关注外部社会资本对集群创新的影响。外部社会资本产生于经济行为主体外在的社会关系（Adler，2002），可以通过体制化关系的网络占用而获取（查成伟 等，2015）。王雷等（2015）从本地企业从外资企业获取社会资本的角度将外部资本定义为：嵌入在内外资企业间的人际关系网络或社会化联系中的实现或潜在的资源。曹翠珍等（2017）表明强势外部社会资本的嵌入，可以使企业集中精力钻研核心业务，将非主营业务外包剥离给其他企业。Lundvall B A（2009）认为外部社会资本基于弱联结、松散的特征通过超本地搜寻使企业克服熟悉、成熟和邻近等陷阱，促进企业加强外部学习和突破性创新。张秀娥等（2021）认为特异性的外部社会资本能解决市场中多数企业出现的资源、模式等同质化现象，是企业构建竞争优势的主要突破点。从本地企业与海外企业的信任程度与联系密度，外部社会资本包括外部结构资本、外部关系资本和外部认知资本等三个维度（Nahapiet J，1998）。王雷（2003）发表在《管理学报》的论文以上海浦东 ICT 集群为研究对象，实证显示三个维度的外部社会资本都能通过知识溢出间接影响产业集群创新绩效。

7.3.1.2　社会资本与知识整合

1.知识整合的内涵

一定的知识整合能提高企业创新绩效（蒋丽芹 等，2022；黄婧涵 等，2019）。20 世纪 90 年代随着知识经济的兴起以及现代知识管理理论的全面发展，知识整合问题引起国内外学者的追踪研究。知识整合的思想可以追溯到 Henderson et al.（1992）有关已有生产技术的重构所伴随的架构性知识产生的论断，Grant（1996）首次明确提出知识整合概念：企业通过正式的、非正式的、显性的以及隐性的知识协调整合组织成员所有专业化知识的过程。Zahra（1999）认为知识整合还包括新知识的识别、知识的共享以及在组织之间的转化过程。Collins et al.（2006）基于科技企业的研究表明知识整合是通过搜索和识别预先无关系的想法和知识或以不同方式整合已有知识的过程。Tzabbar et al.（2013）以技术密集型产业为样本研究表明知识整合是将企业已有知识和获取的外源知识加以整合的过程。随着知识管理研究的逐渐深入，学者们从不同的角度探索知识整合的内涵。能力观代表 De Boer et al.（1999）认为知识整合是企业综合和应用现存知识并挖掘新知识的能力。Farrell（2005）从过程观角度认为新知识的创造过程就是知识整合。Buckley 等人从企业国际化的角度认为知识整合是将空间上分散的知识整合的过程，从而实现价值增值。21 世纪初，国内学者开始关注知识整合的理论，并运用到知识管理的研究。任皓等（2002）是国内最早系统阐述知识整合概念的学者，任皓认为知识整合是利用科学的方法对不同来源、层次、结构和内容的知识进行综合、集成、再建构，从而提升形成新的知识体系。魏江等（2015）从过程观角度界定知识整合为对来自不同网络知识的获取、融合与重构的过程。王娟茹等（2020）基于跨界搜索与知识整合的关系，认为知识整合是对本地及超本地网络中不同形态知识进行甄别、解码、融合与重构的过程。梳理国内外学者对知识整合的界定，均强调企业从外部探寻的新知识和已有知识的重构、转化和利用，其核心要义是实现知识内化和增值。

知识整合是个复杂的协调、沟通和互动的过程，既有组织团队成员之间、个体之间的知识互动与共享，又包括与外部知识的整合。知识经济时代，新产品的开发不再是简单的知识积累，而是应用知识整合机制搜寻、综合、集成、重构和应用知识的过程（Chang et al.，2012）。Kevin（2012）将其归纳为内部知识整合机制和外部知识整合机制。Laursen H（2006）认为企业从知识市场上获取知识有利于企业关键技术的集成，这就是外部知识整合机制。幕继丰（2002）明确界定了企业互补知识包括技术性知识、显性知识和隐性知识、个人知识和团体知识、管理性知识和制度性知识，熊胜绪等（2014）在此基础上，提出了互补知识整合的概念，并强调决定互补知识整合的动力因素是互补知识是否愿意共享的意愿。Boer（1999）认为知识整合机制包括系统化机制、协调机制和社会化机制。Grant（1996）从交流机制的视角将知识整合机制分为以下四种：规则与指示、序列、惯例、集体商议与决策。前三种机制强调知识整合的效率，最后一种机制侧重知识整合的方式。李泊洲等（2007）基于此分类，提出了互动式知识整合机制和系统式知识整合机制两种类型，其中，系统式知识整合机制主要以指令、规则、程序等形式进行整合。吴航（2019）从国际化双元战略角度提出了正式整合机制（包含规则、惯例和指令等）和基于社会化的非正式整合机制。

2. 外部社会资本对知识整合的影响

按照知识基础理论的观点，知识储备的广泛性是企业创新和竞争力提升的基石，从外界获取外部资源是企业创新发展的重要事项（蒋丽芹等，2021）。不同来源、层次和体系的知识整合能促进新的创新模式形成（Dahlin，2005）。跨组织（跨界）的知识整合有利于企业吸收异质性知识、扩展知识库、规避局部搜索不足与能力陷阱，促进创新绩效的提升（王建军等，2020）。当然，组织内部部门之间独立的知识整合可以通过有效协调和互动，也能促进组织学习和企业创新，孙彪等（2012）强调，集群中通过独立知识整合机制和合作知识整合机制，可以实现内外部零散知识的有效利用，提升组织及集群整体创新水平。因而，外部社会资本是企业知识整合有效性的重要因素，也逐步成为企业深度学习的重要途径，对企业突破性创新起重要的推动作用（查成伟等，2015）。本部分内容借鉴Gabby（1997）的研究成果，从外部结构资本和外部关系资本两个维度来探讨外部社会资本对知识整合的影响。

外部结构资本表现为跨组织成员联系的密度和交流的深度，通过内外部组织成员的互动与交流，促进价值链上的知识转移和重构，为本地化企业深度学习和知识吸收创造了机会。不同于内部结构资本，外部结构资本以弱联结、松散为特征，从联结强度来看，弱联结的主体之间知识、信息、技术以及问题解决方案等方面存在很大差异（查成伟 等，2015），正是这种弱联结的差异性提升了组织跨界搜索的广度，驱动组织识别和获取边界外异质或互补知识，增加了知识的多样性，扩展了知识库，为组织合作知识整合机制奠定了知识基础。殷俊杰等（2017）认为技术知识通过外部社会资本获取可以跨越当期技术轨道和范式，解决技术缺口，推动知识库更新，知识整合效率更有效。此外，从结构资本联结的规模来看，组织与外界接触得越广泛，搜索的渠道会更多，丰富了知识库的内容。Katila et al.（2002）强调知识搜索的过程本身就是一种创新，快速从外部社会资本获取新知识、新想法，降低了外部搜索知识的交易成本，提高了知识整合的绩效。朱益霞等（2016）认为外部更多的市场机会促进企业跨界市场知识搜寻，也推动企业探索契合客户需求的新市场，挖掘、吸收市场知识的过程也是知识整合效率提升的有效途径。王雷等（2015）基于长三角企业样本数据，实证研究结果表明，外部结构资本显著提升本地企业知识获取和吸收的能力。

外部关系资本表现为跨组织长期合作所建立的信任关系，以责任和义务为表征。从关系维度来看，跨组织信任关系的建立源于长期的交流和合作，彼此的理解与认同强化了心理安全感，增强了双方知识共享和信息交流的透明度，减少了信息不对称和机会主义等行为，规避了跨组织间知识转移的风险。首先，王雷（2013）认为外部关系资本有利于本地企业吸收跨国企业的先进技术，改善跨国企业知识溢出效应。其次，外部关系资本有利于隐性知识的交流与整合。隐性知识内在地根植于人的经验等，难以通过合同和文件等正式载体方式转移，需要跨组织间深度的互动和合作才能获取和重构。王娟茹等（2020）强调异质性知识的整合实质上是隐性知识显性化的过程，即使有价值的新知识和想法更容易被理解和吸收。外部关系资本增强了彼此的忠诚和信任，促使组织间的交流更加开诚布公和透明化，有利于组织对复杂知识的理解和解码，提高新知识的利用效率。

7.3.2 制度环境与产学研合作创新

7.3.2.1 产学研联盟的内涵

产学研联盟研究源于对创新理论研究的发展。20 世纪 70 年代末，Rothwell（1976）基于创新过程的复杂性提出创新过程动态化、集成化和综合化等特征的论断。这意味着特定的创新活动，创新主体除了需要创新的企业，需将与之相关联的其他机构（如高校、科研机构等）纳入创新的范畴，构成一个具有内在结构的创新复合体。正是这个观点奠定了产学研合作创新实践与研究的理论基础。产学研联盟是企业界、高校与科研机构协同创新的基本组织形式（蒋伏心 等，2014）。Gao et al.（2010）认为产学研联盟是学术研究部门和产业界为实现技术创新，彼此优势互补发挥协同效应并提高自身发展能力的一种合作方式。梳理现有文献，产学研联盟表述上有产学研战略联盟、产学研知识联盟、产学研技术联盟、产学研创新联盟等，其中，产学研知识联盟是产学研战略联盟发展的高级阶段（魏奇锋 等，2011）。本部分内容探讨制度环境对跨区域产业协同集聚知识外部性的影响，主要侧重于产学研知识联盟，也包含了技术联盟的范畴。

李琳等（2005）认为产学研知识联盟实质就是组织间的交互学习，创新主体通过契约方式或股权等结成的，共同创造新知识和进行知识转移的网络组织。作为产学研战略联盟的核心内容，产学研知识联盟以市场为导向，以创新能力提高，学习并创造新知识为中心目的，联盟各方基于彼此的知识资源，建立一种优势互补、风险共担、利益共享、共同发展的"知识共同体"（王玉梅，2009）。产学研知识联盟也是知识在产学研领域优化配置的一种方式，能使企业获取外部公共知识、高标准的研发设备或高端科技人才，有效实现各类创新资源的突破和融合（何郁冰，2012；涂振洲 等，2013）。Estrada（2016）认为跨企业共享知识的过程中，成员间合作或交流能引起知识性资源的互动与配置，进而产生新知识、新技术，促进企业技术绩效的提升。魏奇锋等（2011）认为产学研知识联盟有利于整合联盟成员分散的知识资源，将科研成果嵌入产业链，提升产业竞争力和市场应变能力。薛卫等（2010）认为在研发联盟的背景下联盟成员间紧密的关系对企业创新绩效有明显的正向作用。从交易成本的角度来看，通过建立产学研知识联盟协同创新，消除了知识共享壁垒，可以降低交易成本，此外，知识联盟重视知识产权的创造与保护，加速知识的转移与分享，也降低了彼此的研发成本。

7.3.2.2 制度环境对产学研合作创新的影响

祖廷勋等（2006）认为产学研方和企业方能否结合，需要具备两个关键条件，即学研方的技术成熟度和企业的吸收能力。有时即使这两个条件都具备，但可能存在一些干扰因素而不能促成合作，如信息不对称、各方体制上的差异、产权不明确导致的规模收益索取权难以确定、未来风险的确定和分担不合理性等。知识和信息的公共品属性，产学研联盟成员间"搭便车"、投机主义行为也难以避免。如果缺乏有效的治理机制，这些干扰因素会使产学研知识联盟徒有虚名，影响企业有效学习和创新绩效的提升，透过现象探寻产学研合作的主要问题，都与制度因素有关（贾一伟 等，2013）。制度是人类互相交往的规则（柯武刚 等，2000），North（1990）认为制度的主要功能在于通过内外两种强制力量约束行为主体的行为，减少不正当的交易。制度主要包括非正式制度和正式制度（包括法律法规、政策和契约等），行为主体内在的特质（如禁忌、习惯、传统、行为准则、道德约束、文化、价值观、信仰等层面）属于非正式制度约束（高华云，2012；陈怀超 等，2020）。当合作创新跨组织或跨区域时，由于产学研知识联盟成员间存在不同的制度环境，其合作创新必然受制度距离的影响。因此，产学研联盟要发挥协同效应，需要有制度方面的保障，规避其外溢性特征所引发的创新生产的"市场失灵"（白俊红 等，2015）。本部分内容按照 North 的二分制制度理论探讨制度环境对产学研合作创新的影响。

正式制度支持源于产学研合作中知识溢出存在的"市场失灵"，需要政府及相关部门通过法律法规以及税收减免、补贴或经营许可等优惠政策对产学研合作创新活动予以保证和支持，确保产学研联盟的稳定性。产学研各方参与知识创新都有一定的利益诉求，政府通过制定法律法规来确定知识联盟成员间的权利和义务，用于约束和规制各参与方相应的行为。高山行等（2013）认为正式制度是创新成功的保障。为了支持创新，政府通过法律手段保护创造性智力的成果，将其确认为知识产权，赋予权利人控制权、使用权、收益权和处分权等权益，以确保最佳经济收益。产学研合作创新的每个环节都需要足够的资金投入，具有高风险和高投入的特点，为了降低产学研合作创新的压力，政府通过税收减免等优惠政策激发联盟成员创新的积极性，营造有利于创新创业的氛围，陈怀超等（2020）实证研究显示正式的制度支持对产学研协同创新有显著的促进作用。

非正式制度是历史演进和文化沉淀的结果（王廷惠，2002），往往比正式制度更能决定经济发展和经济增长水平（周业安，2001）。合适的非正式制度能有效提升交易效率，降低交易成本，具有帕累托改进的特点（王廷惠，2002）。产学研知识联盟成员间的知识转移与共享主要受互惠信任关系的影响，信任是产学研合作创新的基础，是社会资本的重要表现形式（李琳 等，2005），Kukugama（1999）认为信任是一种共享规范的期望，是合作方长时间反复相互作用而形成的。这种期望除正式制度的强化，更需要内在化的非正式制度与规则来形成和延续。面对非正式制度的支持，产学研合作方才能主动地、自愿地、创造性地完成合作项目的各项任务，在自愿合作的基础上进行知识的交流与共享。非正式制度本身也是一种共同知识，通过这些非正式制度的沟通与交流，自发形成合作方交易的"内在规则"，以弥补理性思维的不足，提升决策效率。Elias et al.（2000）基于机会主义得以限制的程度将信任分为三种类型，即弱式信任、半强式信任和强式信任。

强式信任指机会主义得以限制，研究表明强式信任是通过合作方被内化的共同规则、标准和价值观得以实现，而并不是正式的治理机制。习俗的常规性一旦经由长期驻存就会变成合作方共同的商业惯例（周业安，2001），产学研合作各方长期的紧密合作，以及"干中学""学中学"等实践方式来促进各主体识别、磨合和认可非正式制度及规则，便会形成交易行为的一种约束力量，进而协调组织间的经济行为和创新行为，提高产学研协同创新效果。

7.3.3 制度邻近对跨区域产业协同集聚的微观机制

上述文献回顾表明，社会资本是知识整合的重要因素，组织要将外部知识内化为自己的知识，促进知识创新与集聚，需依赖广泛的外部社会资本增强自身较强的学习能力，并形成较强的吸收能力和知识整合能力。组织知识要完整地呈现，最根本在于吸收各方异质性或互补性知识并加以整合（Nonama，2000）。社会资本作用于产学研合作创新过程中，知识溢出的"市场失灵"和机会主义行为时有发生，正式制度和非正式制度能创造信任互惠的知识学习环境，保证产学研知识联盟的稳定性，降低合作各方的研发压力和交易成本，营造有利于合作创新的氛围，强化知识溢出效应。按照新制度经济学的观点，交易成本是产业集聚的重要因素，ICT 的应用从制度层面上降低产品和服务的交易成本，使跨区域产业协同集聚成为可能。研究制度邻近对跨区域产业协同集聚的微观机制，可以在"知识溢出"和"吸收能力"的基础上，增加"知识整合"和"交易成本"两个概念，从制度层面探讨跨区域产业集聚的微观机制。根据第 2 章的界定，制度邻近反映地区或国家层面制度环境的相似和共享程度，制度环境也依然是由一系列的正式制度（政策与惯例）和非正式制度（文化、习俗、价值观等）构成，体现地区间或国家层面的制度框架。可以从相近的社会规则、趋同的文化准则等两个分维度探讨与交易成本、知识溢出、知识整合和知识吸收能力的关系，进而引出对跨区域协同集聚的影响。

1. 相近的社会规则

社会规则是以明确的形式被确定下来的，且由行为主体所在组织进行监督和用强制力保证实施的一些行为规范，包括法律法规、政策制度和契约等，是正式制度的范畴。就跨区域产业协同集聚而言，相近的社会规则涵盖跨区域地方政府的政策法规、集聚主体间的一系列成文的制度及契约等，集聚主体间成文的行为规范属于认知邻近范畴，在此不再赘述，本部分侧重跨区域地方政府的政策法规等制度环境对产业协同集聚的影响。由于市场交易普遍存在不确定，需要构建一种稳定行为主体互动的制度环境，来减少这些交易的不确定，以此降低彼此的交易成本。ICT 背景下的生产性服务业与制造业跨区域互动更多是两业在知识链学习交互平台上通过交流、合作来转移知识和技术的过程，不完善的制度环境会形成产业壁垒、信息知识传输不完整、知识难以共享等问题，使知识流动很难在生产性服务业与制造业的互动中发挥应有的创新效应。地方政府有关支持产业发展的政策法规越公平、明确和包容，与其他区域的制度距离就越小，该区域合作发展的可信赖程度越高，也能最大程度加快创新型人才、企业和资源的集聚与协同定位，促进服务要素向制造业渗透，实现制造业优化升级，进而深化了制造业与服务业的融合与跨区域协同集聚。

嵌入性概念的提出者 Polanyi 认为经济活动是一个制度化的过程，地方政府的公共政策及公共信息平台对企业经济活动引导和限制的作用非常明显。从区域层面来看，生产性服务业基于产业关联和知识溢出效应跨区域嵌入制造业业务流程的同时，也嵌入不同区域的政治、法律、经济等方面社会规则与程序中。不完善的制度环境，会使知识、数字资源等高级服务要素得不到充分利用，容易出现很多无效交易，也增加大量的协调成本。因此，跨区域制度环境的相近性和协同能使合作双方彼此了解对方的制度要求与规则，有利于吸引潜在的合作企业，提升合作双方的交易效率。

陈晓峰（2015）借鉴 Venables（1996）垂直关联模型，构建了产业协同集聚空间联动机理模型。该模型假设经济体只有生产性服务业和制造业两个部门，且分布在不同区域，两个产业存在需求与成本关联，即生产性服务业需求源于制造业，制造业成本取决于服务业。研究表明：两个区域如果存在类似的制度安排，成本关联角度表明制造业成本是生产性服务业区位的函数，制造业成本主要取决于生产性服务业价格指数、交易成本和地区间相对工资水平；需求关联角度表明生产性服务业的支出与制造业区位相对应，基于成本关联和需求关联可以实现两业在空间上协同集聚。新经济地理学的核心－边缘分析框架中，也强调了广义的包括运输成本在内的贸易成本下降是产业集聚的重要前提条件。产业跨区域协同发展与集聚，根本任务是实现社会公共和区域资源的优化配置，形成区域间博弈双赢，区域间相近的政策法规，即减少空间层面的行政区划壁垒，区域间政策制度距离越小，集聚主体间合作的风险和交易成本越低，产学研知识联盟知识共享的阻力减小，知识溢出和转移量也会越多。知识溢出是产业集聚的重要力量（柯会娟 等，2009），正是对知识溢出的追求，企业才有动力在空间集聚。

2. 趋同的文化准则

文化是知识经济的先导，是一种知识的催化剂，知识经济时代需要更加关注文化（陈洪金，1999；赵彤，2004）。文化作为非正式制度的重要组成部分，通常内嵌于个体的价值观、社会习俗、行为规范和语言中，是人们长期人际关系作用的结果。当正式制度在某些知识创新领域难以发挥作用时，以价值观为代表的文化因素可以补位约束知识主体的行为（North，1990）。文化氛围对知识整合有显著的正向作用（林向义 等，2012），趋同的文化准则有利于制造企业与生产性服务业企业间建立一种学习型的企业文化，主动共享知识，在创新过程中将外部知识吸收并有效整合，以提升技术创新能力，加快两业协同集聚与融合。文化对知识整合的影响源于社会资本理论，Caragliu et al.（2015）认为社会资本相似的行动者共享类似的价值观与文化语境，有利于信任关系的建立并促进知识流动与合作的深度。Putnam（2011）进一步强调：当相互之间的信任度越高，参与合作的特定群体规模会进一步扩大，从而增强了合作网络的密度和深度。文化有多层次的表现形式，在跨区域产业协同发展和知识整合视角下，主要表现为组织间文化和区域间文化，趋同的文化准则反映不同区域集聚主体共享的价值观和行为模式。

在跨区域产业协同集聚过程中，集聚主体的文化准则趋同，整体上一致性较强，相对于跨区域的本地企业，更能促进产学研知识联盟主体间合作交流，促进组织内外部知识的整合和吸收能力的提升，增强知识溢出效应的发挥。生产性服务业与制造业分离式集聚，从区域层面来看，主要表现为不同区域集群文化的趋同。集群文化根植于区域文化传统，是在区域文化、组织文化和产业文化融合下形成的，不同区域的集群文化体现了不同的产业氛围、企业家个性特质和地域特征。从知识链视角来看，生产性服务业与制造业跨区域协同集聚是知识共享、组织学习、知识整合和技术支持的过程，更强调产业文化和组织文化的构建。知识经济时代，企业只有形成鼓励知识共享、实现共享双赢的价值取向和文化氛围，才能真正实现知识的扩散、整合和创新。跨区域企业间互动，彼此间渴望认同和受尊重使产业文化和个体行动保持一致，在企业合作过程中，与产业文化相悖的行为将会受到约束。不同区域趋同的产业文化，为企业建立紧密的关系网络和信任互惠的关系搭建了良好的合作平台，也为上下游产业链企业间的知识共享与整合积累了社会资本。在 ICT 背景下，技术和知识密集型生产性服务业的数字化程度很高，很多跨区域产业协同集聚以线上线下地理集聚和虚拟集聚融合的形式存在，内在地驱动制造业数字化转型升级。张成刚等（2020）提出数字化转型具有平台化和开放性的特点，付宇涵（2020）认为工业互联网平台符合工业数字化转型的需求，平台企业、平台经济在此背景下兴起。江飞涛（2020）认为在技术革命背景下，平台企业的动态能力尤其重要，动态能力表现为以组织学习能力和惯例为基础的参与创新行为。Richard R（2018）强调了组织惯例是追求利润的平台企业实现技术创新的基本保障。就组织间文化而言，趋同的组织文化是合作各方为完成特定的创新任务，相近的价值观和行为模式，体现着不同组织间惯例的趋同。组织惯例的形成有利于集聚主体对隐性知识、程序化知识的整合和吸收，并促进知识的演化（Cohen et al.，1994）。制度邻近对跨区域产业协同集聚微观机制模型如图 7.3 所示。

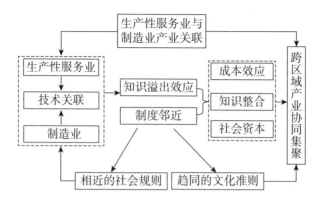

图 7.3　制度邻近对跨区域产业协同集聚微观机制模型

综上所述，本书分析相近的社会规则、趋同的文化准则等两个制度邻近的维度对交易成本、知识整合和吸收能力的影响。制度邻近对跨区域产业协同集聚的微观机制综合概况如下：生产性服务业跨区域嵌入制造业业务流程的同时，也嵌入不同区域的政治、法律等正式制度环境，相近的社会规则能有效降低集聚主体间合作的风险和交易成本，促进服务要素向制造业渗透，实现制造业优化升级，进而深化了制造业与服务业的融合与跨区域协同集聚。趋同的文化准则有利于制造企业与生产性服务业企业间建立一种学习型的企业文化，主动共享知识，在创新过程中将外部知识吸收并有效整合，以提升技术创新能力。

7.4　多维邻近性对跨区域产业协同集聚的交互机制

7.4.1　文献回顾

在 ICT 背景下，认知邻近性和制度邻近性并非独立对跨区域产业协同集聚产生作用，多维邻近性之间的交互作用也不能忽视。国内外学者就多维邻近性在组织合作与创新、产业集聚中的交互作用进行了一些探究，但研究的成果并不多见，也未形成一个统一的分析框架。Boschma et al.（2005）构建多维邻近性概念框架后，提出地理邻近在组织间交互学习与创新中不是必要条件也非充分条件，它通过与其他空间邻近性组合来强化组织创新。在此基础上，Cassi（2015）构建多维邻近性交互作用于合作创新的分析框架，强调多维邻近性的交互作用通过两个机制体现出来，一是协调机制。地理、组织和社会等三维邻近性彼此相互替代，通过此机制发挥作用。二是学习与知识创造机制，专指技术邻近通过此机制作用于合作创新，且与地理邻近、组织邻近和社会邻近等均存在互补关系。Cassi 进一步选取欧洲基因领域 1990—2010 年的专利数据，对上述交叉作用机制分析框架进行了论证。此分析框架的提出为后期学者进行多维邻近性交互作用机制研究奠定了基础。Hansen（2015）探讨合作创新中的多维邻近性关系，认为地理邻近与其他空间邻近存在替代与互补，地理邻近并非组织间合作创新的充分条件也非必要条件，组织邻近和认知邻近对地理邻近存在替代关系，同时，地理邻近能强化其他维度的邻近性。Lalrindiki（2016）构建跨区域合作创新中的制度邻近性分析框架，提出制度邻近与地理邻近存在替代关系。

国内学者以中国的区域或产业集群为样本，对多维邻近性的交互机制进行了尝试性研究。李琳等（2011）以我国六大汽车集团为研究对象，研究表明地理邻近对集群创新绩效的纵向组织邻近呈替代关系，而对横向组织邻近呈互补关系。高攀（2012）选取我国三大软件产业集群为研究对象，重点分析了组织邻近、认知邻近和地理邻近的交互影响机制。研究表明地理邻近能显著促进认知邻近，两者呈互补效应，地理邻近与组织邻近也存在互补关系。夏利娟等（2017）研究表明技术邻近与产学研协同创新绩效呈倒 U 形关系，这种倒 U 形关系受地理邻近的负向调节作用。李琳等（2012）探讨了地理邻近、组织邻近和认知邻近对集群外部知识获取的影响作用，地理邻近非充分条件也非必要条件，组织邻近在集群外部知识获取中承担重要的协调作用，认知邻近是集群获取外部知识源的必要条件，三维邻近的有效组合减少了单一邻近的负面影响，进而促进集群获取外部知识源与创新。吕国庆等（2014）探讨地理邻近、社会邻近对我国装备制造业的创新网络演化的影响，认为地理邻近在创新网络演化的初级阶段呈较强的正向作用，随着创新网络进入后期阶段，地理邻近的影响作用减弱或趋于稳定，而社会邻近的影响作用是随着创新网络的演化而逐渐增强，两者存在替代关系。

综上所述，已有文献对多维邻近性在组织合作与创新、集群创新绩效、创新网络演化中的交互影响机制提出一些有创见性的成果，有以下观点基本得到学术界的认同。一是单一邻近性过多或过少都有负面影响，需要与其他空间邻近组合来强化多维邻近性的影响作用。二是单独的地理邻近不能产生创新网络或创新成果的形成，但可以强化组织邻近、认知邻近、制度邻近等来实现组织合作与创新，也就是部分学者所强调的地理邻近的作用效应不是充分条件也非必要条件。三是多维邻近性交互影响机制通过替代效应或互补效应来强化组织合作与创新、创新网络的形成，因学者们研究的领域和视角各异，邻近性的组合以及替代互补效应的机制没有一致性的结论。

7.4.2　多维邻近性对跨区域产业协同集聚的交互机制

就跨区域产业协同集聚而言，地理邻近、认知邻近和制度邻近对跨区域产业协同集聚的作用机制各不相同。无论是生产性服务业集聚还是制造业集聚，大多数以产业集聚园区的模式存在，地理邻近使集聚主体基于空间集聚优势进行面对面交流，产生正向空间外部性，降低企业之间的交易成本，加强上下游企业的产业关联，并推动集聚区企业获取外部知识源和外部学习的过程。认知邻近是基于吸收能力来保证知识获取的效率和速度，强化生产性服务业与制造业的技术关联和产业融合，进一步促进产业跨区域协同集聚。制度邻近基于共享的制度环境来为产业跨区域协同发展和集聚提供制度保障，也是跨区域企业交互学习和知识转移的"黏合剂"。按照 Cassi（2015）的交互机制分析框架，三维邻近中，只有认知邻近严格意义地通过学习与知识创造机制作用于知识转移和跨区域产业协同集聚，其他两维邻近通过协调机制来作用于跨区域产业协同集聚。

在 ICT 背景下，上下游企业通过互联网技术，由面对面交流变成网络空间"随时随地"交互学习和沟通，地理邻近的空间集聚效应及作用机制减弱。同时，不管是生产性服务业还是制造业，随着 ICT 的应用广泛渗透于企业研发、生产、营销等流程，企业数字化、平台化、智能化趋势凸显，相比传统经济集聚，认知邻近的学习和知识创造机制更加强化。总体来看，Cassi 的分析框架适合本书的研究，一方面通过地理邻近和制度邻近的协调机制促进主体间交互学习，降低交易成本，增强生产性服务业与制造业的产业关联和技术关联，但地理邻近的作用效应在 ICT 背景下逐渐减弱，制度邻近的作用效应随着区域协调战略的实施，作用机制效应逐渐增强。另一方面，地理邻近与制度邻近的协调机制能为企业间的学习和知识创造提供更多学习的机会和条件，促进认知邻近学习与知识创造机制的发挥，为协调机制提供更有保障的集聚效应。可见，这两种机制的作用效果是互补的，共同发挥作用促进生产性服务业与制造业跨区域协同集聚。从作用程度来看，对跨区域产业协同集聚三种模式的效果是一致的，但制度邻近和认知邻近的作用效果更显著。

7.5 认知邻近、制度邻近对跨区域产业协同集聚微观机制的实证检验

7.5.1 理论假设

通过上述理论机制分析可以知道，认知邻近基于共同语言、共同规则、共同目标、相似的知识背景和技术水平促进知识溢出、产生知识协同效应、提高跨区域集聚主体深度学习能力和知识吸收能力，以及防止机会主义和搭便车现象等途径促进跨区域产业协同集聚。基于此，提出以下假设条件：

H1：认知邻近对跨区域产业协同集聚产生显著正向影响。

制度邻近基于相近的社会规则、趋同的文化准则降低集聚主体间

合作的风险和交易成本、促进学习型企业文化的建立、主动共享知识以及在创新过程中将外部知识吸收并有效整合，以提升技术创新能力，进而促进跨区域产业协同集聚。基于此，提出以下假设条件：

H2：制度邻近对跨区域产业协同集聚产生显著正向影响。

7.5.2 指标体系构建

1. 被解释变量：跨区域产业协同集聚生产率（CAIP)

根据王莉（2008）对产业集聚绩效的探究，如果认知邻近和制度邻近能促进跨区域产业协同集聚，则能激发更好的经济价值效应或更多的成果，可以用产业协同集聚创造的直接价值表现，如人均GDP（Gross Domestic Product，国内生产总值）、营业收入、净利润、生产总值、企业专利数等，也可以用其所产生的带动效应、辐射效应和示范效应等综合经济价值来表示，如产业结构、经济贡献、国际化程度、发展潜力等综合评价。综上分析并结合数据的可获取情况，本书最终选取研究区域上市公司人均生产总值与产业协同集聚指数（RI指数）综合评定跨区域产业集聚绩效，通过CAIP指标来观察跨区域产业协同集聚发展模式所产生的经济效应，计算公式为

$$CAIP_{it} = \frac{\sum gdpe_i}{E_i} RI_{it} \tag{7.1}$$

式中：$gdpe_i$代表i地区所有上市企业的生产总值；RI_{it}代表i地区t年跨区域产业协同集聚指数；E_i代表所有上市公司就业人数；it代表t年i地区。

2. 核心解释变量：认知邻近

认知邻近性反映区域间集聚企业在沟通方式和处事方式等行为方式的接近程度，以此实现有效沟通与交流，涵盖了一般意义上的技术邻近，包括共同语言、共同规则、共同目标、相似的知识背景和技术水平等四个维度。具体的指标选择如下：

一是区域知识相似指数（RKDI)。该指标主要用于表征共同语言、相似的知识背景和技术水平两个维度，理论上可以专利为基础来测算，

在实际操作中,有欧式距离法、最小成分距离法和谢菲指数等(Nathalia,2004;Jaffe,1986),这些方法因对数据完整性要求高,处理难度大,本书按照闫菲菲(2020)的研究方法,以各地区申请发明的专利数据数量来测度区域间知识结构相似度,数据来源于中国国家知识产权局专利库,具体公式为

$$RKDI_{mn} = \left. \sum_{j=1}^{j}(S_{mj}S_{nj}) \middle/ \sqrt{\sum_{j=1}^{j} S_{mj}^2 x \sum_{j=1}^{j} S_{nj}^2} \right. \qquad (7.2)$$

式中:j表示申请发明专利的所有类别;S_{mj}、S_{nj}代表m、n地区在j领域所申请的专利数占所有专利总数的比重。

二是区域交流指数(REI)。该指数主要用于表征共同规则、共同目标两个维度。区域间合作交流与人口规模和素质相关,综合素质高、人口规模较大的区域,能形成包容性的创新文化环境,营造良好的合作规范和社会氛围,合作交流相对比较频繁。本书借鉴张烜等(2014)的研究方法,用地区大专人口以上的比重来测量区域交流指数。

3. 核心解释变量:制度邻近

根据上述理论机制分析,制度环境是一系列正式制度和非正式制度的构成,包括相近的社会规则、趋同的文化准则两个维度,通过三个指标来衡量,一是区域政策相近程度(RTPF);二是政府支持指数(ISI);三是区域文化相似指数(RCS)。在我国情境下,正式制度邻近可用区域间市场化水平或地方保护程度等的差距或接近度来表征,基于宋渊洋等(2015)的研究成果,本书用区域政策相近程度和政府支持指数来衡量。其中,区域政策相近程度采用《中国市场化指数》中的专门化指标"市场中介组织发育指标和法律制度环境"的数据来测度。政府支持指数参考白俊红等(2015)的研究思路,采用政府支出 R&D 价格指数来计算。非正式制度邻近是文化、价值观等方面的接近度,用区域文化相似指数来衡量。由于文化因素是抽象的,无法量化,本书

借鉴邱红全（2021）的研究方法，以语言邻近性（lan_prox）、习俗邻近性（cus_prox）和文化融合性（fus_prox）综合衡量区域文化相似指数。

4. 控制变量

区域生产总值增长率、产业投资增长以及区域协同发展相关政策等因素都会对跨区域产业协同集聚绩效产生影响，本书引用以下控制变量：

（1）国内生产总值增速（RGDP）。将国内生产总值增长速度（RGDP）纳入分析模型中作为控制变量，以观察其对跨区域产业协同集聚绩效方面的影响。

（2）区域产业投资增长率（CREIG）。本书在分析的过程中，将符合区域的产业投资增速作为控制变量，以观察区域政府对符合跨区域产业协同集聚发展绩效的影响。

（3）区域基础设施建设增长率（CREICIG）。将区域基础设施建设增长率纳入分析模型中作为控制变量，以观察其对跨区域产业协同集聚绩效方面的影响。

（4）区域产业发展相关政策数量（CRECNPRI）。将研究期间内区域产业发展相关政策数量纳入分析模型中作为控制变量，以观察其对跨区域产业协同集聚绩效方面的影响。

模型变量类型及解释说明见表 7.1。

表 7.1 模型变量类型及解释说明

类型	名称	解释说明
被解释变量	跨区域产业协同集聚生产率	根据所测度的 RI 指数、上市公司人均生产总值计算
核心解释变量（认知邻近）	区域知识相似指数	以区域申请发明的专利数据数量来测度
	区域交流指数	以地区大专人口以上的比重来表征
核心解释变量（制度邻近）	区域政策相近程度	《中国市场化指数》中的专门化指标"市场中介组织发育指标和法律制度环境"的数据来测度
	区域文化相似指数	以语言邻近性、习俗邻近性和文化融合性综合衡量
	政府支持指数	采用政府支出 R&D 价格指数计算

类型	名称	解释说明
控制变量	国内生产总值增速	研究期间国家统计局所公布的数据
	区域产业投资增长率	研究期间区域固定资产投资增长率
	区域基础设施建设增长率	研究期间区域基础设施建设投资增长率
	区域产业发展相关政策数量	研究期间区域政府发布的政策数量

7.5.3 数据说明

本书选取 2005—2020 年国家统计局官网公布的相关数据，同时选择上海证券交易所及深圳证券交易所上市的所在生产地位于长江经济带，注册资本 5000 万元的企业为初始样本（计算分析表明样本企业占长江经济带注册资本 5000 万元以上上市企业的 95%，具有典型的代表性）。因跨区域产业协同集聚是基于 ICT 广泛应用所形成的一种高级组织形态，从企业性质来看，资本密集型或知识、技术密集型的上市企业作为样本所研究的结论更具有说服力。在实证分析的过程中连续选取上海证券交易所和深圳证券交易所这些企业的年报数据，对其跨区域产业协同集聚绩效进行计算，为保证数据的可靠性，本文对原始数据样本进行以下处理：

（1）排除来自金融行业的交易企业，因为金融行业企业的业务特征是资产负债规模，与非金融行业企业不同。

（2）排除资料不全的企业。缺乏相关数据的企业，例如财务数据，投资方向不明确的企业数据。经过上述程序筛选，最终获得 1432 个年度观测数据，对这些数据进行统计分析。

7.5.4 模型设定

本书建立以下实证模型：

$$CAIP_{it} = a_0 + a_1 RKDI_{it} + a_2 REI_{it} + a_3 RTPF_{it} + a_4 RCS_{it} + a_5 ISI_{it} + \\ \beta_1 CRECNPRI_{it} + \beta_2 RGDP_{it} + \beta_3 CREIG_{it} + \beta_4 CREICIG_{it} + \varepsilon_{it} \quad (7.3)$$

式中：it 代表 t 年 i 地区；a_0 为常数项；$a_{1\sim5}$ 为解释变量系数，直观体现了变量之间的影响关系，当 $a_{1\sim5}$ 为二维交叉映射时，为面板模型；当 $a_{1\sim5}$ 为一维映射时，可退化为截面模型。$\beta_{1\sim4}$ 为控制变量系数；ε 为误差扰动项。

7.5.5　结果分析

7.5.5.1　数据统计分析

1. 数据描述性统计分析

首先本书对统计的数据进行描述性统计分析，其结果见表 7.2。在上市企业中，跨区域产业协同集聚绩效的均值为 0.595，标准差为 0.408，表明样本上市企业该数据指标的离散程度不大，相对比较稳定，且收益水平高于均值，则可以说市场上存在少数跨区域经济模式下的协同集聚产业的经济效益效率较差的上市企业，因此，该数据分布对于后续分析具有集中性等优势。

表 7.2　解释变量与被解释变量统计结果

分组	变量	样本数量	均值	标准差	最小值	最大值
被解释变量	*CAIP*	1432	0.595	0.408	0.009	1.580
解释变量（认知邻近）	RKDI	1432	15.06	5.068	1.587	24.49
	REI	1432	5.308	3.199	3.5	14.10
解释变量（制度邻近）	RTPF	1432	5.48	3.11	5.55	13.30
	RCS	1432	4.5	5.77	3.78	13.14
	ISI	1432	1.35	4.52	1.41	3.11
控制变量	RGDP	1432	3.55	3.968	4.494	23.30
	CREIG	1432	3.729	3.785	0.583	23.13
	CREICIG	1432	3.317	0.409	0.755	4.15
	CRECNPRI	1432	14.11	4.795	3.1	28.42

2. 数据信度和效度分析

信度分析可以有效地表达出数据收集过程中样本数据信息的可靠性，能够有效地衡量在采用同样的方法对同一个对象重复测试时所获得的数据的一致性程度，进而可以有效地体现出量表测量过程中的可靠性、稳定性和一致性。本书采用的是 Cronbach a 信度系数方法，其

方法公式为

$$a = \frac{k}{k-1}\left(1 - \frac{\sum S_i^2}{S_i^2}\right) \quad (7.4)$$

式中：k表示数据个数；S_i^2表示采集到的第i数据项所得分的方差；$\sum S_i^2$表示数据总得分方差。

效度分析是对测度所收集数据的精准程度的分析，精准程度越大，其效度就越高，反之效度越低。通常，数据收集分析的效度包括内容效度、准则效度和结构效度三种类型。在量表设计上本书参考了已有研究文献，因此，从量表反映出来的效度是比较高的。在分析的过程中，对样本进行 KMO（Kaiser-Meyer-Olkin）检测和 Bartlett 检验，其中 KMO 为抽样适当性检测，Bartlett 为球形检验，通过这两个检验确保该数据收集符合因子分析的条件。

基于上述理论分析，首先本书在计算的过程中，通过 SPSS 中提供的信度检验模型对指标数据进行信度分析，其结果见表 7.3。通过表 7.3 中结果可以看出，设计的所有变量的 a 值均大于 0.55 属于可信，并且大部分大于 0.5 属于高信度。

表 7.3　数据信度分析结果表

分组	变量	a 值	CITC	删除后的 a 值
被解释变量	CAIP	0.512	0.52	0.589
解释变量 （认知邻近）	RKDI	0.423	0.371	0.501
	REI	0.501	0.334	0.376
解释变量 （制度邻近）	RTPF	0.546	0.411	0.432
	RCS	0.512	0.532	0.567
	ISI	0.472	0.596	0.912
控制变量	RGDP	0.323	0.389	0.331
	CREIG	0.378	0.413	0.478
	CREICIG	0.372	0.531	0.545
	CRECNPRI	0.323	0.389	0.331

其次，本书还对数据进行了效度分析，其结果见表 7.4，本书在做实证分析之前，对各个变量做了 KMO 和 Bartlett 分析，以检验数据是否适合做统计分析，KMO 值越接近 1，表明数据越适合做回归统计分析。从表 7.4 中看出，各变量的 KMO 值均大于 0.5，同时，各变量的 Bartlett 球形检验的统计值的显著性为 0.000。因此，可以看出，本书样本数据适合进一步做回归分析。

表 7.4　效度检测结果表

分组	变量	因子 1	KMO	Bartlett		特征值	解释方程比例 /%
				统计量	Sig		
被解释变量	*CAIP*	0.865	0.862	1432	0	3.45	90.54
解释变量（认知邻近）	RKDI	0.879	0.743	1432	0	3.03	68.12
	REI	0.753	0.852	1432	0	3.432	78.11
解释变量（制度邻近）	RTPF	0.873	0.864	1432	0	3.01	93.11
	RCS	0.862	0.732	1432	0	3.478	58.70
	ISI	0.852	0.712	1432	0	3.13	70.34
控制变量	RGDP	0.902	0.634	1432	0	3.345	63.90
	CREIG	0.874	0.651	1432	0	3.78	73.11
	CREICIG	0.820	0.652	1432	0	3.58	73.11
	CRECNPRI	0.853	0.720	1432	0	3.345	63.90

7.5.5.2　跨区域产业协同集聚绩效影响回归分析

由于上市企业长度大于时间维度，因此，本书选择固定效应对上市企业符合跨区域产业协同集聚生产率指标进行回归分析，同时为了检验其固定效应，在回归分析时以 2005—2020 年，2010 年、2015 年和 2020 年收集到的所有企业的数据做全样本回归分析，以观察模型的拟合度和其反映的各个变量之间的关系的匹配度，表 7.5 为各个全样本数据分析中模型的回归结果，从模型回归结果整体来看，各个模型的 R^2 均高于 0.5，表明模型的拟合程度较好，能够较为客观地反映模型整体的拟合情况。

表7.5 各个全样本数据分析中模型的回归结果

被解释变量: CAIP	全样本（2005—2020年）	全样本（2010年）	全样本（2015年）	全样本（2020年）
解释变量: RKDI	0.145***① (1.197)③	0.0026**② (3.321)	0.0049** (3.321)	0.189*** (3.197)
解释变量: REI	0.570** (0.981)	0.357** (3.99)	0.382** (3.19)	0.519*** (4.15)
解释变量: RPSI	0.0312** (3.12)	0.0262** (1.34)	0.0335** (2.56)	0.0165*** (3.79)
解释变量: RCS	0.0521*** (3.77)	0.0521*** (3.77)	0.0521*** (3.77)	0.151*** (3.14)
解释变量: ISI	0.514** (3.113)	−0.117** (3.311)	0.112** (3.14)	0.013** (3.32)
控制变量: RGDP	0.941*** (3.154)	0.0539** (3.016)	0.0201** (3.04)	0.0254** (3.14)
控制变量: CREIG	3.320** (3.53)	0.436 (15.03)	0.1342*** (5.15)	0.1432*** (3.50)
控制变量: CREICIG	−0.536 (−3.357)	−0.583*** (−3.34)	−0.472*** (−3.13)	−0.045** (−3.92)
控制变量: CRECNPRI	−0.062** (−3.012)	−0.037** (−3.06)	−0.0452*** (−3.16)	−0.023*** (−4.11)
豪斯曼检验	24.35	35.49	48.16	70.15
F统计量	54.457	120.14	85.154	125.15
伪R^2	0.4896	0.4971	0.4901	0.4134
N	1432	1432	1432	1432

① *** 表示结果在1%的水平下显著。

② ** 表示结果在5%的水平下显著。

③括号内为t值。

根据回归分析结果，可以观察到以下现象：

（1）认知邻近的回归结果见表7.5。由全样本回归结果显示，区域知识相似指数在1%的显著水平下对长江经济带跨区域产业协同集聚生产率有正向影响，反映知识经济时代，研究期间内长江经济带上市企业普遍重视知识和专利技术的传播应用，有效促进跨区域产业协同集聚模式生产率的提升，其中，2010 年和 2015 年的全样本回归结果在 5% 的显著水平下对长江经济带跨区域产业协同集聚绩效有正向影响；区域交流指数通过了 5% 的显著水平，根据该指标的内涵，说明该区域高素质人才比重越高，区域间的认知背景越接近，在 ICT 背景下，生产性服务业与制造业企业频繁互动促进了跨区域产业协同集聚的发展与生产效率的提升。从整体的认知邻近指数来看，认知邻近对长江经济带跨区域产业协同集聚发展及生产效率提升呈现正向影响趋势。

（2）制度邻近的回归结果见表 7.5。由全样本回归结果显示，区域文化相似指数在 1% 的显著水平下对长江经济带跨区域产业协同集聚生产率有正向影响。表明长江经济带趋同的长江文化及交流互通，为长江经济带一体化和产业的发展提供了人才和资源动力，趋同的文化准则有利于制造业与生产性服务业构建学习型企业文化，促进产业跨区域协同集聚与生产效率的提升。区域政策相似指数（RPSI）和政府支持指数通过了 5% 的显著水平，反映正式制度对跨区域产业协同集聚程度及生产率提升有促进作用，然而，区域政策相似系数为 0.0312，表明区域间针对企业政策的协调政策没有得到完善和实施，对跨区域产业协同集聚主体绩效的作用并不明显。整体的制度邻近对跨区域经济模式下的产业协同集聚绩效存在正向促进作用，验证了理论假设 H2。

7.5.6　结论与政策建议

经过上述的实证分析，可以得出跨区域产业协同集聚生产率与制度邻近和认知邻近相关性密切。在认知邻近上，通过本书的实证分析可以发现，区域知识相似指数主要表征了认知邻近的共同语言、相似的知识背景和技术水平两个维度，区域知识相似指数越高，越能促进长江经济带跨区域产业协同集聚生产率的提升，区域交流指数主要表征了认知邻近的共同规则、共同目标两个维度，区域交流指数与跨区域产业协同集聚呈正向影响。在制度邻近上，区域政策相近程度和政府支持指数表征了正式制度邻近中相近的社会规则，区域文化相似指数表征了非正式制度邻近中趋同的文化准则，实证分析表明，区域文化相似指数对跨区域产业协同集聚呈显著的正向效应，正式制度邻近对跨区域产业协同集聚程度及绩效提升有促进作用，然而区域政策相似指数正向效应不是很明显。根据以上结论，本书针对长江经济带跨区域产业协同集聚发展提出以下建议：

（1）建立跨区域产业协同创新共享平台。跨区域产业协同创新共享平台是实现跨区域产业协同集聚的原动力。长江经济带需以跨区域官产学研创新平台为依托，促进知识、科技信息交流和产业成果转化，同时，吸引有实力的创新型企业、科研机构和高校等主体在共享平台上实现创新要素的集聚与交互，克服技术障碍，加速产业化进程，进而促进生产性服务业与制造业跨区域协同集聚与融合。

（2）目前，长江经济带区域协调政策的实施对跨区域产业协同集聚发展的促进作用不明显，有必要制定和实施一系列产业与科技创新协同联动的政策，降低区域分割对跨区域产业协同集聚的影响。一方面，长江经济带各省份之间应建立定期产业协调会或对接会机制，以便协调区域间产业规划；另一方面，制定和实施长江经济带产业一体化空间优化政策，根据上述理论分析，区域间各具知识的比较优势，则协同发展的可能性越大。除鼓励各省份强化自身优势外，还应制定各区域错位发展性区域政策，促进创新要素资源的自由流动与集聚，避免产业集聚引发的"拥挤效应"。

7.6　本章小结

本章首先对知识资本和知识流动两方面的文献进行了回顾，可以看出知识流动对跨区域协同创新具有不可替代的重要性。跨区域协同创新涉及产业协同和知识协同，由于知识的地方根植性，异质性知识与知识价值的差异导致知识跨区域流动，并产生溢出效应，这为研究跨区域产业协同集聚的微观机制提供了研究思路。在此基础上，从认知邻近的四个分维度，即共同语言、共同规则、共同目标、相似的知识背景与技术水平，阐述了认知邻近对跨区域产业协同集聚的微观机制：共同语言强调集聚成员所熟悉的行业语言、背景知识和交易规则等，集聚主体间语言的相似度越高，知识转移就更有效，知识溢出效果越显著；共同规则是指集聚主体间的互惠性关系，也就是行为主体合作的潜规则或相同的"价值观"，要保证跨区域产业协同集聚网络成员知识非正式交换需有共同的行为规范和交易准则，以降低机会主义行为，防止搭便车现象；共同目标反映集聚成员的集体目标与抱负，协同合作的制造业与生产性服务业有相似的认同感和远景，就能建立一个合作的信任网络，主动知识溢出所产生的创新绩效也会越大；相似的知识背景与技术水平（主要是技术邻近）有利于服务要素的嵌入，进而促进集聚主体的深度学习和知识吸收能力提高，吸收能力是促进两业知识创新和跨区域协同集聚的关键。

接下来，本章对社会资本与知识整合方面的文献进行了回顾，可以看出外部社会资本是企业知识整合有效性的重要因素。在文献回顾产学研联盟的基础上，本章探讨了制度环境对产学研合作创新的影响，研究结论表明产学研联盟要发挥协同效应，需要有制度方面的保障，规避其外溢性特征所引发的创新生产的"市场失灵"。在此基础上，从制度邻近两个维度，即相近的社会规则、趋同的文化准则等两个分维度探讨制度邻近对跨区域产业协同集聚的影响。相近的社会规则涵盖跨区域地方政府的政策法规、集聚主体间的一系列成文的制度及契约等，区域间政策制度距离越小，集聚主体间合作的风险和交易成本越低，产学研知识联盟知识共享的阻力减小，知识溢出和转移量也会越多；趋同的文化准则反映不同区域集聚主体共享的价值观和行为模式。文化准则的趋同有利于制造企业与生产性服务业企业间建立一种学习型的企业文化，主动共享知识，在创新过程中将外部知识吸收并有效整合，以提升技术创新能力，进而促进跨区域产业协同集聚与融合发展。本章从理论上阐述了多维邻近性对跨区域产业协同集聚的交互机制。地理邻近、认知邻近和制度邻近对跨区域产业协同集聚的作用机制各不相同。研究结论表明：Cassi 的分析框架适合本书的研究，地理邻近和制度邻近的协调机制增强生产性服务业与制造业的产业关联和技术关联，但地理邻近的作用效应在 ICT 背景下逐渐减弱，制度邻近的作用效应随着区域协调战略的实施，作用机制效应逐渐增强。同时，地理邻近与制度邻近的协调机制促进认知邻近学习与知识创造机制的发挥，为协调机制提供了更有保障的集聚效应。这两种机制的作用效果是互补的，共同发挥作用促进生产性服务业与制造业跨区域协同集聚。

最后本书对认知邻近、制度邻近对跨区域产业协同集聚的微观机制的理论观点进行了实证检验，实证分析的结果支撑了理论观点：（1）认知邻近对跨区域产业协同集聚产生显著正向影响；（2）制度邻近对跨区域产业协同集聚产生显著正向影响。根据实证研究结果得出了政策建议。

第 8 章　多维邻近性与跨区域产业协同集聚溢出效应

8.1　集聚效应的文献回顾

8.1.1　集聚效应的提出

集聚效应的研究由来已久，Weber（1909）在《工业区位论》指出产业集聚促进企业分工协作提高技术水平，通过专业化生产降低生产成本并最终提升生产效率。Marshall（1920）基于规模经济的视角提出了产业集群的三个基本来源，也称为"Marshall 外部性"，后期一些研究表明"Marshall 外部性"不仅是经济活动空间集聚的基本原因，也是产业集聚的重要后果（Hoover，1936；Krugman，1991），即企业地理空间上的高度集中能促进中间投入品的专业化生产实现规模优势。区域经济学家巴顿（1976）认为产业地理上的集中会带来竞争，而竞争有利于熟练工人、经理、企业家的发展，并促进创新，然而巴顿的理论并没有深入探讨产业集聚的创新促进机制。Ellison et al.（1999）建立知识外溢模型，表明技术和知识密集型企业为获取技术外溢、提高生产效率而倾向于地理上集中。20 世纪 90 年代，Porter 将产业集聚的理论研究扩展到国家层面，创建的"钻石"模型是最有影响力的集聚理论之一，认为一个国家的成功来自纵横交错的产业集群，而并非某一项产业的成功，产业集群内部完善的学习性和互动性使钻石体系各要素的功能充分发挥，使之成为一个有机系统，促进优势产业的形成和区域竞争力，企业也可以从集群中获取专业化信息、供应商、有专业化技能和工作经验的员工以及公共服务，从而获得竞争优势。国内学者赵玉林等（2017）对中国航空航天设备制造业集聚度的实证分析表明：该制造业集聚对产业产出和全产业生产率有显著的正向作用。当然，空间活动的过度集聚会产生拥挤效应，Rizov（2012）选取荷兰1997—2006年的企业数据论证了 TFP（Total Factor Productivity，全要素生产率）增长率与集聚程度负相关，证实了集聚拥挤效应的存在。

8.1.2 生产性服务业集聚效应

随着世界经济的重心转向服务业，生产性服务业的集聚效应日益凸显，学界围绕生产性服务业与生产效率、技术创新以及产业结构升级的研究取得了长足的进步。Bayson（1997）认为生产性服务业逐步取代制造业，成为经济增长新的创新源泉和主要动力。Eswaran et al.（2002）认为生产性服务业集聚改善地区投资经营环境，进而吸纳高素质人才集聚促进当地生产率的提升。Wood（2006）研究表明生产性服务业集聚规模的扩大促进了技术扩散效率，提升了区域经济适应外部环境的竞争能力。国内学者惠炜等（2016）基于我国2003—2013年30个省份的面板数据，研究表明生产性服务业能显著提升劳动生产率，但聚集效应有明显的空间上差异。在经济结构调整中，生产性服务业空间集聚可以引领产业链向高端提升，通过 MAR 外部性和 Porter 外部性提升制造业创新效率，并能提升企业绿色创新水平等（陈晓华等，2022；于斌斌 等，2021；张志斌，2019）。

8.1.3 产业协同集聚效应

尽管产业协同集聚理论的研究起步较晚，始于20世纪90年代，但已经引起学界广泛的关注，尤其在我国产业发展双轮驱动的战略背景下，有关我国产业协同集聚的理论与经验探讨日益丰富。陈建军等

（2016）认为产业协同集聚通过技术外部性和分工促进创新进而提高城市效率。纪祥裕等（2021）研究表明产业协同集聚优化创新资源配置，通过扩大市场规模来促进城市创新。罗良文等（2021）基于中国 31 个省份微观企业数据，实证考察产业协同集聚对制造业 TFP 的影响发现：产业协同集聚对技术密集型制造企业的 TFP 呈正向线性影响，劳动密集型出现了倒 U 形的影响。苗建军等（2020）基于长三角的面板数据，考察制造业集聚、生产性服务业集聚以及产业协同集聚对环境污染的差异化影响，结果表明制造业集聚和生产性服务业集聚水平的提高会加重环境污染程度，而产业协同集聚会减轻污染程度。金飞等（2021）以长三角城市群 2008—2019 年的 28 个城市为样本，研究表明产业协同集聚能促进规模 / 效率提升，并具有一定的时滞效应和非线性动态演进特征。陈子真等（2018）研究表明产业协同集聚对区域经济的影响受城市规模的影响，大规模城市的支持性生产性服务业与制造业协同集聚对区域经济影响程度大于中小规模城市。

随着信息科技的发展，"互联网 +"催生了新的集聚业态，学界也开始关注虚拟集聚的研究。学界普遍强调虚拟集聚的竞争优势强于传统集聚（Hanson，2004；Davidovic，2013）。Romano（1999）认为虚拟集聚突破了地理空间的束缚，扩大了经济活动空间。王如玉等（2018）认为虚拟集聚降低了交易成本、信息匹配与选择成本，规避了集聚的拥挤效应，也影响了物流和运输成本。与"地理集中"的传统集聚相比，虚拟产业集群除具有外部规模经济、范围经济、速度经济和知识经济等效应，还能短时间内以最低成本形成整合优势。吴文华等（2006）强调虚拟集聚缓解了地理集群的压力，形成了更大的创新网络。然而，虚拟集聚作为一个颇为前沿的新生学科，其内涵与模式在不断演化，很多研究领域学界尚未达成共识。

产业集聚与区域经济增长的关系探讨一直是经济地理学者们关注的课题。Friedman et al.（1994）研究表明，20 世纪晚期的各种技术革新都出现在基于科研和开发的大学、科研院所聚集的地方。Philippe et al（2001）通过建立经济增长与产业集聚间自我增强模型，论证了经济活动的空间集聚通过降低创新的成本来促进经济增长。Fan 和 Scott（2003）通过对东亚和日本的产业集群进行研究，论证了产业集群与经济增长有很强的双向促进作用。Crozet et al.（2005）基于欧盟 1980—2000 年的地区数据，实证结果表明空间集聚对经济增长有显著的促进作用，且经济活动的内部空间越不均匀的地区增长越快。王晶晶等（2022）基于我国城市的面板数据，利用空间计量模型研究表明产业协同集聚对城市经济高质量发展表现出较强的直接效应和空间溢出效应，直接效应体现为通过提高技术效率和发挥产业结构优化的本地效应促进城市经济高质量发展，而且对邻近地区的经济高质量发展空间溢出效应显著。苏华等（2019）针对西北城市群的产业协同集聚指数进行了测度，发现小城市群的协同集聚程度较低，而较大的或由省会城市带动的城市群协同集聚程度较高，城市群的经济需要生产性服务业与制造业协同带动发展。

8.2 多维邻近性视角下跨区域产业协同集聚与区域创新能力

8.2.1 区域创新能力的影响因素分析

8.2.1.1 关于区域创新能力的内涵

英国学者 Cooke（1992）在论文《区域创新体系：新欧洲的竞争规则》中首次提出区域创新系统的概念后，国内外学者围绕区域创新能力及影响因素展开了系列研究。Cooke 认为基于分工和关联的企业、科研机构、高等教育机构及其他中介服务机构在地理上集中，通过互动不断学习和改革，逐步构成了区域创新系统，而区域创新能力就是源于区域创新网络主体之间的互动。Teece et al.（1998）认为创新能力是经济主体应对外部环境变化，通过发掘和整合现有资源开展创新活动，以塑造组织竞争力的能力，体现主体学习和掌握新的知识和技能改进现有技术并创造新技术的能力（Lall，1992）。Foss（1996）首次将创新能力应用到区域层面，认为创新能力根植于企业内部网络、个人间的联系中，这种能力不能转移和购买，也不能复制，是区域竞争优势的源泉。Riddel et al.（2003）从商业化的角度认为区域创新能力是特定区域所拥有的与商业关联相适应的创新的潜力。甄峰等（2000）提出企业能利用现代通信、信息技术将技术、信息和知识等生产要素纳入生产过程的能力就是区域创新能力。朱建峰等（2020）认为区域创新能力是创新主体依托区域内资源环境与要素，通过创新活动推动区域经济发展的能力。吴迪（2012）从区域创新与产业集群互动的视角认为区域创新能力不能等同于科技竞争力，体现为区域知识转化与创新的综合能力，包括知识流动能力、创新的产出能力、企业的技术创新环境和能力、新知识不断产生的能力等。

　　总体来看，区域创新能力的定义在学界没有统一的观点，但以下几点基本达成共识，一是强调区域创新系统对区域创新能力的重要作用，创新系统包括创新主体所构成的创新网络、知识和技术等创新资源要素和创新环境等。二是区域内组织机构互动与知识流动是区域创新能力的源泉。三是区域创新能力体现了创新主体利用和整合现有资源开展创新活动的能力。四是强调区域创新能力是新产品、新服务和新技术的开发能力，需最终落脚到商业化的能力。

8.2.1.2　区域创新能力的影响因素

　　区域创新能力具有高度的异质性和不可复制性，影响因素是多方面的，在其他区域照搬同样的方式很难成功（Romijn，2002）。国外学者研究区域创新能力影响因素及形成机理基本以 Romer（1990）的内生增长理论、Porter 的集群理论和 Nelson（1993）的国家创新理论等三大理论为基础。Romer 认为内生技术进步是经济增长的决定作用，主要侧重知识资本和研发能力两个关键因素。Porter 强调产业网络、市场需求等具体因素对创新能力的影响，Nelson 突出了创新政策与创新环境对区域创新能力的决定作用。国外学者在此基础上拓展了这三大理论的观点，Cooke（1992）强调区域创新能力形成需结合当地的社会资本和文化等特定的区域资源。Tura et al.（2005）认为区域创新能力体现为利用社会、经济和智力等区域资源并有效整合这些资源的能力。Furman（2002）构建区域创新能力理论体系，在 Furman 的分析框架中，创新基础设施、基于产业集群的创新环境以及两者之间的联系是三个重要的因素。Mathews（2007）的理论与实证证明了知识资本对区域创新能力的重要作用。沙文斌（2018）梳理了国内外区域创新能力的文献，认为区域创新能力是一个复杂动态的过程，形成于一个复杂的社会网络，主要取决于区域社会资源以及创新主体对各种资源的整合能力。数字经济时代，国内学者侧重探讨了数字经济对区域创新能力的影响作用。陈丛波等（2021）基于长三角省级和城市数据，实证证明了数字经济能促进城市创新能力，认为知识经济与数字经济紧密相关，两者合力是区域经济发展的新路径，可以突破已有路径的"锁定"。陈洪玮等（2020）认为创新平台能显著地促进区域创新能力的提升和空间溢出效应。

随着新经济地理学和 Friedman 创新地理理论的兴起，货币 / 技术外部性、上下游产业关联、空间报酬递增等空间因素对区域创新能力的影响引起学者们的关注。新经济地理学的代表学者 Krugman 以 D-S 模型为基础构建的核心 - 边缘模型的价值在于预测区域经济地理模式的渐进式过程，按照该模型的理论思想，一旦某区位形成行业上的地理集中，该区域会迅速通过集聚经济获得垄断竞争优势。新经济地理学者在收益递增和不完全竞争的假设条件下，强调了上下游产业关联的货币外部性对制造业集聚和核心 - 边缘模式形成的重要作用。不同于地理经济学，创新地理理论比较强调和关注技术外部性和知识溢出。Friedman（1994）研究表明知识溢出与区域创新能力存在显著的正向关系，Peri（2004）基于欧洲和北美 113 个地区的专利引用数据也证实了同样的结论。Fischer（2003）实证证明了技术溢出导致的技术存量变化对区域创新能力的促进作用，空间面板数据模型表明随着空间距离的接近，技术溢出对区域生产力效应越明显。随着我国区域协调发展战略和创新驱动发展战略的推进，我国学者此方面的文献也日益丰富，主要以实证分析为主。魏守华等（2011）认为我国区域创新能力地区差距比较大，变化趋势呈发散性的特征，计量结果显示经济基础、R&D（Research and Development，科学研究与试验发展）投入是区域创新能力的重要影响因素，支持了 Romer 的内生增长理论和技术差距论的相关观点。温珺等（2019）实证分析认为数字经济发展对区域创新能力存在地域差异性，同时，FDI、R&D、资本的投入和政府的支持对区域创新能力也有重要的影响。李雪（2022）实证检验了知识溢出和互联网水平对区域创新能力的正向效应。

从更开放的视角来看，部分学者进一步实证检验了区域间互动对区域创新能力的影响。Greunz（2004）认为区域间外部区域的研发支出对本区域创新能力的影响与空间距离负相关，如果区域间空间距离较远，这种影响不显著。刘阳（2011）研究表明区域创新能力具有明显的空间相关性特征，从时间维度上看，科技创新能力往往从发达地区向落后地区传递。齐亚伟（2011）运用全局 Moran's 指数测度表明我国区域创新能力的空间相关性呈明显的递增趋势，区域创新能力较强的省份集聚在东部沿海地区，能力较弱的省份主要集中在中西部地区，也就是区域间创新能力在空间距离越接近，区域间传递的效应越显著。

综上所述，从空间因素视角探讨区域创新能力的形成机理拓展了区域创新理论的研究范围，但进一步解读区域间创新能力的互动机制，学者们从实证上尽管做了一些努力，但结论差异比较大，理论贡献比较缺乏。国内部分学者借鉴内在增长理论和 Friedman 创新地理理论等，用知识溢出产生的外部性来解析区域间创新能力的相互影响，如李雪等（2022）选用合适的空间计量模型实证结果表明：省域之间的创新活动不是独立的，知识溢出是省域间创新能力提升的重要推动力。知识溢出使区域间相互学习而获取研发的成果，进而驱动区域创新能力提升和经济增长，这种效应会随着空间距离的增加而减弱（原毅军 等，2020）。范柏乃等（2015）基于国内学者的研究结论，认为空间因素对区域间创新能力的互动机制这个"黑箱"可以解释为空间邻近性对知识溢出的作用机制。在 ICT 技术广泛应用的背景下，区域创新能力的影响因素以及区域间创新能力的作用机制有待进一步论证。

8.2.2 跨区域产业协同集聚对区域创新能力的影响机制

关于产业协同集聚与创新的内在关系，学界广泛认可产业协同集聚对创新的促进作用（程中华 等，2015）。两大产业间企业地理空间上的集中及邻近降低了交易及运输成本，增加了知识和信息，尤其缄默知识的转移和扩散，有利于集聚企业和其他服务机构吸收和整合创新资源，同时集聚企业的地理接近也会给企业带来竞争压力，竞争势必使企业进行技术改造来提供新的产品或新的服务，以提高自身的竞争优势（Porter，1985）。知识经济时代，产业集聚往往和创新活动存在紧密的内在联系，许多区域的集聚中心本身也是研发中心、高素质科技人才等创新资源集聚地。生产性服务业与制造业跨区域协同集聚作为一种高级化的产业组织形态，它首先是一种多样化产业集聚，具有多样性集聚对区域创新能力的一般性功能。Jacobs 外部性理论认为多样化集聚创新主体互动更频繁，比单一产业集聚更有利于创新产出（Jacobs，1969），由于该理论是基于城市产业集聚现象所提出的，且传统集聚理论隐含的适宜距离的假定，该理论解释邻近区域间生产性服务业与制造业协同集聚对区域创新能力的作用机制有一定的说服力。由于跨区域产业协同集聚比传统地理聚集模式开放程度更高，在互联网的技术条件下，集聚主体间制度上的邻近增强了资源的可达性和配置的合理性，基于内外区域优势互补资源配置的效率更高，随着集聚程度的加深，跨区域企业间认知距离缩短，互动的频率和创新活动进一步加深，能显著改善区域创新环境和创新能力。

1. 跨区域产业协同集聚有利于区域间资源优势互补整合

生产性服务业与制造业协同集聚主要表现为上游、中游、下游产业之间的纵向配套和供求关系，产业链上的每个生产环节以集群的组织形式进行明确的专业化分工，通过集群结点形成产业之间的供求关系。这种集群之间的供求关系形成了区域之间的经济联系，也内在反映了区域之间资源的互补性，资源的互补性与跨区域资源配置的强弱呈正向关系（白国强 等，2012）。资源能否跨区域流动配置，可达性是另一个重要的前提条件，可达性受众多因素的影响，包括地理空间距离、被传输客体的可运输性以及区域间的政治、文化、社会等方面的障碍。区域间地理空间上的邻近缩短了运输时间，降低了交易成本，增加了中间品、信息、人口等物品和要素的传输效率，随着 ICT 的应用，地理空间距离被现代通信、信息技术缩短，也就是跨区域资源流动和协同创新不再受地理邻近性的约束。在区域经济一体化的背景下，各地政府为实现区域自身利益，通过制度创新来消除区域间经济联系的障碍，制度上的邻近增强了资源的可达性和资源配置的合理化。

在市场经济条件下，跨区域资源配置遵循利益最大化的原则，由于区域之间的资源要素和外部经济存在差异，各地的资源配置效益不同而导致区域间存在比较效益，在制度邻近的区域背景下，产业会在比较效益高的区域集聚，以形成竞争优势。创新资源比较丰裕的区域会吸引其他区域高素质科技人才和研发中心流向该区域并形成生产性服务业集聚区，自然资源要素比较丰富的区域会有明显的制造业优势，并有效整合其他制造业集群而形成明确的横向分工，以避免地区之间的恶性竞争和资源浪费现象，随着产业协同集聚程度的提高，跨区域企业间认知距离缩短，互动的频率和深度也进一步加深。服务业与制造业因紧密而广泛的投入产出关系，根据互动论的观点，两大产业不是遵从或主导的"非此即彼"关系，而是相互依赖的"鱼水关系"。在资源和产业集群跨区域整合的过程中，两大产业的互动越来越频繁，分工进一步深化，相互联接的网络也更复杂，区域间信息传递更迅速，知识和技术更容易共享。白清等（2015）认为生产性服务业作为中间品为制造业提供服务时，不仅扩大了市场，也在互动的过程中实现知识积累，两业的互动过程充当了知识技术的"传递器"。同时，制造业作为被服务业服务的对象，通过委托研发、共同研发或深度学习等创新活动进行技术改造，以提升制造业的生产能力。服务业与制造业认知邻近的进一步缩短，促进了各区域产业集聚区进行价值链互补性整合，会产生整体聚合能动效应（郑勇军 等，2006），使各地资源达到最佳配置状态，并不断开创新的资源，使之创造更大的价值。

2. 跨区域协同集聚有利于改善区域创新环境

区域创新环境对区域的发展与成功具有关键性的作用（向清华 等，2010；Sakenin，2010）。欧洲创新研究小组于 1985 年提出区域创新环境这个概念后，区域创新的学者们对其进行了大量的跟踪研究，在区域创新环境的界定、构成、分类、作用机制以及测度等方面取得了丰硕的研究成果。王辑慈（1999）认为区域创新环境是在特定区域行为主体长期正式或非正式合作和交流的基础上所形成的稳定系统，由基础层次、文化层次、信息层次和组织层次等相互联系的四个层次网络系统构成（贾亚男，2001），具体包括基础设施环境、创新资源环境、区域制度环境和社会文化环境（蔡秀玲 等，2004），可以总体概况为区域创新软环境和硬环境。向清华（2010）认为创新系统的核心主体是企业，一方面，区域创新环境的构建必须立足于企业的创新活动；另一方面，企业的行为也会影响区域创新环境的动态发展。企业的发展与区域创新环境是相互促进、彼此依赖的互动关系。

根据第 7 章微观机制的分析，跨区域产业协同集聚是基于认知和制度邻近性而形成的一种产业新业态，区域间的基础设施、配套政策等软硬件环境的差异程度是知识、技术密集型服务业和制造业企业投资考虑的重要因素。地方政府为吸引更多的投资，有效激发区域创新活力，必然会改善当地交通、通信等硬件设施。同时，为缩短与其他区域的制度距离，会加强技术创新的扶持、知识产权的保护、公共服务供给以及高端人才的鼓励等配套政策，为强化产业集聚所产生的溢出效应，地区政府会加强工业园区、高新技术开发区等集聚中心的建设。两大产业跨区域协同集聚需利用现代通信信息技术，ICT 技术的出现使上下游企业和各类服务机构在互联网平台上的信息沟通更及时、迅速和准确，而 ICT 技术的普及和广泛应用本身也是一种创新活动，能极大改善区域创新环境和推动区域创新能力。跨区域协同企业为满足消费者个性化和定制化需求，配送时效性的高标准和高要求也促进了当地的交通运输、仓储物流、信息技术等生产性服务业的发展和创新水平。

饶杨得等（2006）从知识共享视角探讨区域创新环境作用机理时，提出企业技术创新过程中，随机涨落的四个因素，即市场和原材料价格的变化、技术发展的变化、员工的创新思维和企业家的"灵机一动"会诱发企业持续创新，创造新技术和新产品。在 ICT 背景下，随着平台经济、用户至上和粉丝经济等新理论、新业态的兴起，消费者通过网络平台集聚并直接和供货方按需定制、按需供货，消费者嵌入产业链对生产和交易等环节产生了重要的影响。在消费升级的背景下，跨区域协同集聚生产方式更加柔性化、智能化和网络化，因此，用户消费观的转变、创新思维的涌现以及市场需求的变化等涨落因素都会促进生产性服务业与制造业等创新主体的知识共享和技术创新。生产性服务业作为制造业的中间投入品具有很强的知识密集型特征，其创新不仅体现在技术创新，还体现在组织流程创新和服务产品创新上，在互联网的技术条件下，为满足消费环节的异质性需求，在"优胜劣汰"的市场机制作用下，生产性服务业企业必然扩大区域内外联系，在增加资本、知识和技术配置新产品和新技术的研发的同时，也促进新思想和新知识的涌现。新思维、新技术和新发明等这类涨落因素日积月累会形成巨涨落，从而积极营造出区域创新文化和氛围，有效提升区域的竞争优势。

综上所述，跨区域产业协同集聚主体在 ICT 条件下，跨区域资源流动和协同创新不再受地理邻近的约束。制度上的邻近增强了资源的可达性和配置的合理性，基于内外区域优势互补资源配置的效率更高，有利于区域间资源优势互补整合。随着集聚程度的加深，跨区域企业间认知距离缩短，互动的频率和创新活动进一步加深，能显著提升区域创新环境和创新能力。

8.3　多维邻近性视角下跨区域产业协同集聚与产业升级

8.3.1　全球价值链与产业升级

8.3.1.1　关于全球价值链的理论

随着运输、通信和金融等服务在全球贸易中的作用和规模不断攀升，分工的广度和深度进一步拓展，世界各国争相依托全球价值链助力本国产业升级，对应的价值链、商品价值链和全球价值链等概念逐步被学者们提出。企业经营活动包括研发、生产、运输、营销等基本活动和原材料采购、财务等辅助性活动，这些活动相互联系并形成一条价值创造的链条。从市场竞争来看，企业内部与企业之间的经营活动可以拆分为几个相互协调的增值环节（Porter，1985），进而进行全球化的战略设计，以此提升企业的竞争优势（Kogut，1985）。20世纪90年代初，随着贸易和分工的全球化趋势日益明朗，Gereffi 和 Korzeniewicz（1994）两位学者提出了全球商品链（Global Commodity Chains，GCC）理论，GCC 理论描述了全球价值产生与流动的地区特征，认为投资、生产和销售在全球化浪潮下相互分离，围绕某种商品生产形成跨国的生产组织体系。在价值链理论体系中，后期学者们提出了国际生产网络、国际生产体系等观点，Gereffi et al.（1995）整合了全球商品链及相应观点，提出了全球价值链（Global Value Chains，GVC）理论。GVC 理论描述全球化背景下，各行业纳入全球生产过程的不同层级中，将生产各环节、各工序等价值增值的全过程连接起来以实现商品或服务的价值，核心思想是一个最终产品的生产可以分解为多个增值环节，对一个企业或区域真正创造价值，决定其效益和经营成败只是某些特定环节，即"战略性环节"。在 GVC 模式下，生产链的各个功能环节散落在世界各地，在地理空间越来越分离并集聚成群，形成全球产业链片段化空间布局的地理特征（Krugman，1998）。

全球价值链的哪些"战略性环节"决定着产业链的运行，即全球价值链驱动力因素的探寻一直备受学者们的关注。Gereffi（1994）在全球商品链理论提出的二元动力机制学说为此研究提供了分析思维，Gereffi 认为全球价值链驱动力来自生产者和消费者。生产者驱动是指拥有技术优势、谋求全球扩张的生产者投资推动市场需求，通过全球市场网络组织商品或服务的外包、销售、海外投资等活动并最终形成由生产者主导的全球生产网络体系。消费者驱动是指跨国企业依托其雄厚的品牌优势和全球销售渠道在全球采购，或通过 OEM（Original Equipment Manufacturer，原始设备制造商）组织生产来形成强大的跨国商品网络，从而控制全球生产网络，尤其是奉行出口战略导向的发展中国家或地区的生产体系。张辉（2006）在二元动力机制学说基础上，引入了第三种动力机制模式，即混合式全球价值链的驱动模式，认为知识经济时代，一些高技术产业（如 IT 行业）同时受生产者和消费者两个因素的驱动，企业在从生产环节转向流通环节时，价值链条的边际价值增值率呈先递减后递增的变化。

8.3.1.2　产业升级的路径探析

Albu（1999）认为关注产业升级问题需从产业的核心竞争力入手，这种核心竞争力是其他产业难以复制的。Humphrey et al.（2000）从动态能力视角认为产业升级是企业通过获取技术研发和市场开发能力，并逐步赢得市场竞争能力以及从事高附加值的活动。从微观层面视角，产业升级就是制造产品的效率更高，生产的产品质量更好或能提供更多的技能或服务（Kaplinsky，2001）。从宏观层面来看，一个经济体的物力资本、人力资本积累到一定程度，产业发展从劳动密集型会转向资本密集型或知识技术密集型（Porter，1990）。梳理现有文献，产业升级大致有三条路径，分别为产业集群升级、产业结构调整升级和产业链升级。

1. 产业结构调整路径下的产业升级

产业结构演进的一般规律表现为两个方面：一是产业结构从低级形

式向高级形式的演进，即产业结构的高级化；二是产业与产业之间的关联水平和协调能力的加强，即产业结构的合理化。狭义的产业升级指产业结构的高级化过程，然而，产业结构如果缺乏合理化，各产业间的聚合质量较差（周振华，2014），产业结构的高级化会失去基本的条件，甚至存在产业逆转的可能性，产业结构的合理化本身就能使产业结构更好地向高级化转化，因此，产业升级是产业结构高级化和合理化的统一（李悦，2003）。1940 年，科林·克拉克（Colin Clack）在英国古典经济学家威廉·配第（William Petty）研究结论的基础上，在《经济进步的条件》一书中提出了对现代产业结构理论有重要影响的"配第 – 克拉克"定理，该定理认为，当一个经济体的国民收入提高，经济发展促进劳动力从第一产业流向第二产业、第三产业。在此基础上，Kuznets（1966）在其代表作《现代经济增长》中诠释了产业结构升级的一般规律：随着资本的积累和技术的进步，经济增长推动农业部门产值和总就业中的比重逐渐下降，制造业部门呈先增长后下降的趋势，服务业部门的产值比重大体不变或缓慢上升，而劳动力就业比重逐渐上升。Kuznets 的产业结构理论反映了大部分国家和地区工业化过程中产业结构演进规律，也指明了产业升级的一般模式和发展路径。

从 20 世纪 90 年代开始，此方面的研究聚焦在产业结构调整的影响因素，在最初的研究中，"产业结构调整"的内涵等同于"产业升级"。影响产业结构调整的因素有市场需求、国际投资、技术进步、制度安排、金融体系等（Levine，1997；姜泽华 等，2006），杨智峰等（2014）认为在诸多影响因素中，技术进步是区域产业结构调整的根本动因，也是推动产业升级的重要路径（宋辉 等，2003）。我国加入 WTO（World Trade Organization，世界贸易组织）后，关于对外贸易与投资对产业升级的影响也成为研究的重点。邓丽娜等（2014）认为外商投资和进口贸易通过技术溢出效应有效促进我国制造业结构升级，进口贸易渠道的技术溢出效应更大。贾丽莎等（2014）实证检验结果表明 FDI 对我国产业结构调整有明显的正向效应。制度安排对产业结构调整也有一定的促进作用，安苑等（2012）研究表明地方财政收入不稳定，技术较为复杂的产业份额明显下降，此外，市场化水平程度提高能缓解地方财政压力并显著促进产业结构升级。随着我国经济进入新常态，经济增长方式由投资驱动转向创新驱动，以现代 ICT 应用为基础的"四新"经济（包括新技术、新产业、新业态、新模式）加大对传统产业的改造升级。朱杰等（2022）认为数字经济的发展提升了城镇居民消费水平，其中，产业间产业结构调整和产业内效率提升是两者内在机制的重要途径。网络零售的不断创新，会通过技术、供需传导和要素资源优化配置等渠道赋能产业结构转型升级（梁俊 等，2022）。肖远飞等（2021）实证研究表明产业结构合理化是数字经济推动我国经济高质量发展的中介变量。产业结构调整离不开金融服务的支持，在 ICT 发展背景下，金融科技能通过恩格尔效应和鲍莫尔效应促进产业结构高级化和合理化双进程发展（李海奇 等，2022）。

2. 产业链路径下的产业升级

从产业链的视角探讨产业升级为产业升级研究提供了新的思路，王钰等（2017）总结了全球价值链的产业升级包括流程升级、产品升级、功能升级和链条升级等四种循序渐进的升级模式。Kaplinsky et al.（2006）提出企业可以以高端嵌入或低端嵌入参与全球产业链，只有高端嵌入才能提升企业的竞争力，低端路径会使企业陷入贫困式增长的陷阱。解释制造业产业链升级，被广泛应用的是微笑曲线理论。台湾宏碁集团创始人施振荣在《再造宏碁：开创、成长与挑战》一书中描绘了一个 U 形抛物线，用来解析计算机制造环节附加值变化的特征，后期管理学学者们认为整个产业链像个"微笑的曲线"，将其进一步修正后称为"微笑曲线"。根据微笑曲线理论，产业链的上游、中游、下游三个阶段分别对应微笑曲线的左、中、右三个部分，曲线的左右翘起部分是研发端和市场端，以知识经济、品牌、才智和综合服务等为主导，附加值比较高，微笑曲线的中间弧底部分是制造环节，附加值相对较低。著名经济学家吴敬琏（2009）将产业链环与微笑曲线原型图结合描述了微笑曲线动态图，揭示了我国不同时期产业变迁的价值变化。

我国制造业如何迈向全球产业链的中高端，国内学者从理论和实证上探讨了技术升级、创新投入和数字化等产业链升级方式对增值能力等方面的影响。冯艳丽（2009）认为随着全球国际分工的竞争从产业层面转向价值链层面，一国产业通过在同一条产业链环或不同产业链间互动并朝着高附加值链环或链条不断攀升就是产业升级。张耀辉等（2002）认为产业链系统中产业升级实质是产业创新的过程。王岚等（2014）提出增值能力弱是影响我国制造业攀升全球价值链的重要因素，通过培育先进优势技术和改善要素结构来提升嵌入位置促进我国制造业转型升级。梁中等（2021）针对我国高新技术产业价值链低端锁定问题，选取 19 个细分行业实证分析表明：促进高新技术产业链升级正向机制的既有两条路径分别为包括研发和人力资本在内的创新投入、国际知识溢出，其中，创新投入与产业链升级有显著的因果关系，是解决高新技术产业链低端锁定的关键因素。刘志彪（2022）认为新冠肺炎疫情和中美经贸摩擦使全球产业链呈"内向化"趋势，需逐步发展全球创新链，继续参与国际分工体系来推动产业链优化升级。随着数字技术的广泛应用，国内部分学者提出用数字经济赋能我国制造业产业链升级。数字经济有利于拓展产业发展新空间，催生新业态延伸产业链，推动我国制造业产业链以共享化、平台化和生态化的方式实现"弯道超车"（赵西三，2017；张于喆，2018）。石宗辉等（2021）认为数字化赋能制造业产业链突破了生产要素的时空束缚，"数字平台"中的知识和信息为资源配置指明了路径，提升了资源利用效率，数字化产业链优化升级的前提条件是共享。

3. 产业集群路径下的产业升级

Porter（2003）认为集群也是有生命周期的，一个产业集群经过 10 年的发展就会达到成熟阶段，如果不升级就会出现衰退。国内外许多著名的产业集群走向衰落，有个共同的特征，就是没有适时实现产业升级（罗勇 等，2008）。产业集群升级的内涵没有统一的定论，从产业升级的观点来看，产业集群升级是产业升级的表现形式之一，依据苏东水（2000）对产业结构高度化的界定，集群所依附的产业结构从劳动密集型依次演变为资本密集型或技术密集型，从低附加值向高附加值转换就是产业集群升级。任家华等（2007）强调产业集群升级还需考虑与区位关联的制度、文化等问题。

Gereffi 等提出的 GVC 理论为产业集群升级的研究提供了理论基础。产业集群只注重内部联系而忽视外部互动注定会走向衰退，通过嵌入或构建全球产业链，与全球生产网络有机结合，不断提升增值能力实现"升级"求得发展（Dichen，2001）。GVC 理论认为实现产业集群从低附加值价值链攀升到高附加值价值链，可以通过产品升级、功能升级、技术升级和价值链间升级等四种方式，尽管这四种方式的描述过于简化且相互之间有重叠之处，但为后期产业集群升级研究，尤其是发展中国家产业集群的发展提供了有益的思路。Kishimoto（2003）在此基础上，总结了台湾地区个人计算机集群从 OEM 制造到 ODM（Original Design Manufacturer，原始设计制造商）和 OBM（Own Brand Manufacturing，代工厂经营自有品牌）的升级路径后，提出了产业链视角下分析产业集群升级的两种角度：生产系统和知识系统。生产系统强调集群内部加强关联促进升级，知识系统主要强调与外部的联系来提升集群的技术创新能力。产业链视角下产业集群升级的核心和需重点关注的是产业链治理（朱建安 等，2008）。Gereffi et al.（2005）将产业链条上的治理描述为产品、人力资本和财力在链条上的流动和分配，在威廉姆森（1995）合约网络治理模式的基础上，Gereffi 等人提出了三种产业链网络治理模式：领导型、关系型和模块型。在这三种治理模式下，产业集群嵌入价值链的升级方式和路径有所不同。Humphrey 等人认为领导型价值链为产业集群的工艺和产品升级提供了条件，但不利于功能升级，关系型产业链条上产品和工艺升级趋缓，产业集群功能升级的空间越大。

国内产业集群升级研究主要以国外理论为基础，结合中国实践，围绕产业集群升级的动力机制、影响因素和发展路径等展开实证研究。汪少会等（2004）基于浙江省产业集群的演变，认为制度、技术和观点等组成的创新模式是产业集群发展的原动力。集群主体主动学习和创新能推动集群升级（李新春，2002）。文嫣等（2004）认为我国陶瓷产业集群不仅需强化内部产业关联和价值联系，还需积极嵌入全球价值链。黄纯等（2016）提出地方政府的集群政策通过作用于集群创新系统促进产业集群升级。当集群政策能有效解决创新系统失灵问题，并激活企业创新活力，集群自然会转型升级（马有才等，2019）。随着互联网经济影响力的不断加强，我国学者提出了互联网＋集群、虚拟集群等概念（柳州，2015），互联网＋产业集群有巨大的战略价值，张乃也等（2017）提出互联网经济可以助推产业集群通过工艺升级、产品升级、功能升级和跨领域升级四个升级阶段，实现互联网＋产业集群转型升级。朱晓静（2020）认为工业互联网深度融合了新一代ICT技术和先进制造业，是制造业集群升级的有效选择。总体来看，我国学者基于我国国情，探索我国产业集群嵌入全球价值链或应用现代ICT技术的升级问题，拓展了GVC理论的研究范围及应用。

8.3.2 多维邻近性视角下跨区域产业协同集聚促进产业升级的机制

通过已有文献发现，从集聚（集群）的角度研究产业升级的文献比较丰富，但更多的是要素集聚或单一产业集聚，从产业协同集聚角度研究比较少见，整体比较零散缺乏深入的探究。刘宏霞（2019）以长三角城市群为研究对象，实证研究发现产业协同集聚对长三角城市群产业升级的直接效应为正且显著，即产业协同集聚明显促进了地方产业优化升级，然而间接效应为负，由于城市间集聚要素存在竞争性，相邻城市间的产业协同集聚不利于本城市产业结构优化。王瑞荣（2018）选取北京、上海、浙江、广东、江苏等区域的面板数据，构建产业协同集聚指数和计量模型，实证结果表明两业协同集聚程度不高时，能促进制造业升级，但超过一定的集聚程度会抑制制造业的发展。杜姗（2022）基于省级面板数据构建面板数据模型，实证结果显示产业协同集聚对产业结构合理化呈线性正向效应，对产业结构高级化呈倒U形的非线性特征。以上研究成果为本部分内容研究提供了有益的理论和现实基础。在跨区域产业协同集聚模式下，区域间要素市场分割的藩篱被打破，基于全球价值链重构的生产要素跨区域流动性更快，在ICT条件下，以数据、知识为代表的新型创新要素配置水平比传统产业集聚更高，有效地提升了服务业的可贸易程度和专业化水平，规模经济效应的不断强化促进生产性服务业优化升级的同时，也通过协同集聚带动制造业升级。本部分内容从全球产业链重构和产业基础高级化两个维度探讨跨区域产业协同集聚促进产业升级的机制。

1. 跨区域产业协同集聚有利于产业基础高级化

按照产业经济学的观点，产业基础高级化是指上游的产业链能独立自主创新，通过强化管理来为下游产业链的生产、加工和装配提供高质量的产品、技术服务和供应保证。在世界贸易保护主义抬头和全球产业链面临巨大不确定的形势下，刘志彪（2019）总结了产业高级化的四个特征，即基础产业部门的自主可控性，包括知识产权、核心技术、可持续发展和国产替代能力等四个维度的自主可控；产业关联上的协调性；产业的高附加值；产业投资的自由进退，避免产业链上的短缺或过剩。地理集聚能产生规模经济，但城市空间总是有限的，过度集聚会提升城市的拥挤程度，产生负面效应，不利于技术进步和产业升级。在跨区域产业协同集聚模式下，生产要素向边际报酬高的区域流动，ICT背景下产业跨区域协同集聚基于认知邻近和制度邻近放大了集聚所产生的外部性，并通过要素匹配效应、知识资本累积效应、跨区域反馈效应等提升技术进步，进而促进产业基础高级化。

跨区域产业协同集聚必然引起人力资本、金融资本和技术等要素在生产性服务业与制造业间配置发生变化，并按市场价格机制引导要素流向紧密关联的产业并集聚。一方面，跨区域产业协同集聚通过深化分工，孕育了高水平人力资本，因共同的战略目标、类似的语言基础和技术水平，即认知上的邻近让合作双方沟通得更顺畅，有利于信息、知识和技术等要素的跨区域转移，降低了资源错配的风险，有效缓解了劳动力和金融资本等要素的扭曲程度；另一方面，生产性服务业为制造业集聚区的发展、升级和转型提供专业化服务，企业间知识共享的认知差距会逐渐缓解，企业与产学研合作联盟主体吸收新知识能力的增强，促进了创新活动的产生，这种知识资本的累积效应加速了制造业物质资本和机器设备的深化，在供给结构得到有效改善的同时，也会带来生产扩张以及新产品、新工艺的出现。同时，制造业资本深化程度的加深，与之匹配的劳动力通过"干中学"等知识溢出效应使人力资本的累积和生产效率大幅提升，循环累积因果机制使区域创新产业和创新投入随着时间的推移不断强化，由于空间上依赖性的存在，创新活动会通过反馈效应跨越地理边界双向溢出，各地政府在自身利益的驱动下，会选择建立区域合作机制，相似的制度环境保障了区际溢出效应的发挥，进而形成各区域合理的产业分工和竞争优势。

演化经济学地理学认为，对跨区域产业合作而言，技术距离比地理距离更有利于知识溢出。跨区域协同集聚的产业间技术关联，即上下游产业间技术的相似性或认知上的邻近会促进企业跨区域跨行业人才交流、科研合作和商品贸易，进而增进知识溢出。因为认知上的邻近，知识和信息特别是生产经营经验等隐性知识更容易输出和吸收，相互间沟通和协作的效率更高，技术上的相近更容易相互模仿，也带来了企业间更多的商品贸易和服务需求（Keller，2002）。知识溢出以及劳动力蓄水池作用于规模经济，知识经济时代，获得规模经济效应的服务业和制造业为增强市场竞争力，会进一步加大对知识和技术等创新要素的嵌入，提升产品或服务的技术水平和质量，以保证对下游的制造业或服务业供给能力的可控性。区域间政府的协调与介入也会产生"正外部性"。因制度邻近强化了地区关联和分工，产业链会进一步延伸，产业结构趋于"软化"，产业间认知距离的缩短使产业关联上的协调性加强，产业的上中下游间逐步形成链接紧密、附加值高、自主可控的现代技术关联，进而促进了现代产业链的形成以及产业基础的高级化。

2. 跨区域产业协同集聚有利于产业链重构

当前，世界范围内新一轮 ICT 革命和产业变革孕育兴起，全球产业链第四次重构的步伐加速推进。自 2018 年中美经贸摩擦发生以来，全球大国竞争加剧，第四次全球产业链重构未来不确定性显著增加，为应对本轮产业链重构的挑战，加快构建我国现代产业体系，提升产业链国际化、现代化水平已迫在眉睫。石建勋等（2022）认为第四次全球产业链重构将出现本土化、区域化和多元化的趋势，并总结出产业链重构的三种表现形式：价值重构、空间重构和组织重构。其中，价值重构是战略方向和基础。

跨区域产业协同集聚影响产业链重构很大程度上源于知识外部性。跨区域产业协同集聚涉及专业化集聚和多样化集聚，就专业化集聚而言，生产性服务业集聚提升了知识资本、人力资本等创新要素的投入与累积，通过正式交易、非正式交易方式增加了知识、技术流动与扩散，促进了新知识和新思想的创造，从而提高了生产性服务业的生产效率。在外部市场激烈竞争的驱动下，生产性服务业的高辐射性、空间可分性等特征，必然使集聚区企业加强与区域外联系，通过"集体学习"对区域外服务业或其他产业发挥溢出效应，同时也强化了社会资本网络的形成，随着服务业间认知距离的缩小，其他企业服务外包的可获得性增强，集聚区企业可以更专注核心业务和技能，从而优化了服务业内部结构，促进服务业向产业价值链更高端攀升。从价值重构的视角来看，随着跨区域产业协同定位与集聚程度的提升，生产性服务企业重点经营价值链上最大优势的环节。同时，随着制造业资本深化的加深，小批量、多品种的柔性化生产模式日益凸显，大型制造业依据自身资源要素的竞争优势，专注于一个或某几个环节的生产和经营活动，并精准定位其在全球产业链中的分工地位，将低效率、高成本的生产环节外包，从组织重构来看，制造业逐步强化了对其产业链条的控制能力，在全球产业链的治理体系中扮演着管理者、协调者和融资者等多重角色。

从多样化集聚角度来看，集聚中的制造业和服务业在 ICT 条件下，即使远在大洋彼岸也能跨区域随时随地通过文字、多媒体技术、数字化符号、VR（Virtual Reality，虚拟现实）/AR（Augmented Reality，增强现实）等信息技术交流，实时的、快速的知识溢出强化了两业产业关联，上下游企业的交易成本大幅度下降，市场交易效率得以提升。随着生产性服务业专业化集聚水平的提升，规模效应会导致生产成本持续下降，作为制造业的中间投入品，服务供给的成本下降意味着制造业可以投入更多的创新要素用于研发创新活动，攻克制造业发展中的关键核心技术，并进一步引发产业链上的一体化服务需求，制造业和生产性服务业间的频繁联动和协同创新，推动产业链现代化升级，并催生产业链的进一步延伸、扩充和细化，促进产业链本土化、就近化布局，以保障产业链安全稳定。

综上所述，ICT背景下跨区域产业协同集聚主体间知识共享的认知差距缩小，产学研合作联盟吸收新知识能力增强，知识资本的累积效应加速了制造业物质资本和机器设备的深化，同时认知上的邻近使知识和信息更容易输出和吸收，产品或服务的技术水平与质量的提升保证了下游的制造业或服务业供给能力的可控性。此外，制度邻近强化了地区关联和分工，产业链进一步延伸，产业结构趋于"软化"，进而促进了现代产业链的形成以及产业基础的高级化。跨区域产业协同集聚影响产业链重构很大程度上源于知识外部性，集聚中的制造业和服务业在ICT条件下，实时的、快速的知识溢出强化了两业产业关联，推动产业链现代化升级，促进产业链本土化、就近化布局，有利于产业链重构。跨区域产业协同集聚模式下，集聚主体间认知邻近和地理邻近有利于产业基础高级化和产业链重构，进而促进区域产业升级。

8.4 多维邻近性视角下跨区域产业协同集聚与经济持续增长

8.4.1 内生经济增长理论及其适用性

8.4.1.1 内生增长理论的提出

自20世纪50年代以来，随着电子计算机、生物工程、新材料等科学技术的发明和应用，社会生产力快速发展，在人类对大自然改造能力不断提升的同时，也对自然资源和生态环境造成的破坏越来越严重。在严峻的资源环境形势面前，学界也开始探索资源存量有限或不断枯竭的环境下如何保持经济可持续增长的问题。环境经济学家 Desgupta et al.（1979）假定一定技术条件下，利用新古典增长模型分析表明，即使资源短缺，人口增长率为正值，也有可能保持人均产业（消费）增长。新古典增长模型因给定技术进步为外生变量，此结论也引起了广泛的争议。20 世纪 80 年代 Romer et al.（1990）提出的内生增长理论克服了新古典增长模型将技术进步作为外生变量的缺陷，认为经济持续增长能够不依赖外力推动，内生的技术进步和人力资本是经济保持持续增长的决定因素，为了增强对现实问题的解释，该理论还将创新与资本积累两个关键因素统一在模型中。该理论的贡献还在于基于实证研究，总结了一套系统的促进经济长期增长的政策主张，由于其研究视角的独特和政策内涵的丰富性，该理论成为宏观经济研究的重要领域，也对各国经济实践产生了深远的影响。

内生增长理论是 Romer 和 Lucas 等经济学家对新古典增长模型的缺陷进行重新审视而建立的。在内生增长理论的分析框架中，技术进步内生化是研究的核心，涉及三个模型：一是技术进步结合物质资本 – 劳动相结合的内生化模型，以 Romer-Arrow 的干中学知识溢出模型为代表；二是结合技术进步与人力资本的内生化模型，比较典型的是 Lucas–Uzawa 的人力资本溢出模型；三是技术进步结合物质资本 – 中间品的内生化模型，以 Romer 的产品种类扩张模型为代表。三个模型以不同的方式和渠道将技术进步内生化，用来解释长期内经济持续增长的动力机制。从研究路线来看，学者们从两个研究方向来解释内生技术进步机制。一是广义资本积累引发的内生技术进步。这个研究思路基于完全竞争的分析框架，由干中学知识溢出模型、人力资本溢出模型等理论模型组成，认为经济的外部性弥补了广义资本（包括人力资本和物质资本）要素边际收益递减的缺陷，成为经济长期增长的关键。企业的广义资本积累中不可避免地通过实践中的干中学（知识积累）产生外部性，即技术的溢出效应，以提高他人的资本产业效率，就是这种广义资本积累中内生的技术进步，推动着长期内经济保持增长。二是创新所产生的内生技术进步，认为广义的资本积累不足以保持长期内经济增长，需依赖创新的技术进步，如产品品种增加、产品质量改进等。Romer（1990）在垄断竞争模型的分析框架下，将 D–S 形式的生产函数应用到产品种类扩张模型中，论证产品种类与技术进步的关系，假定资本存量一定且最终产品的生产用于更多的中间产品，中间产品被细分得越多，则表明企业更多的创新所内生的技术进步越大。在此基础上，Aghion et al.（1992）提出了产品质量改进模型，认为增长来自一系列随机的质量改进（也称为垂直创新），而经济长期内保持增长和中间产品品种的扩张取决于质量改进创新，该模型引入 D–S 生产函数设定总质量指数来反映产品质量改进程度。

8.4.1.2 ICT 背景下内生增长理论的适用性

随着 ICT 的快速应用以及数字经济的到来，社会生产的总过程尽管依然围绕生产、分配、交换和消费四个领域展开，但数字技术、数字经济可以推动各类资源要素在更大范围内快捷流动，畅通国民经济循环。根据"乘数效应"的理论，社会生产过程循环得周期越快，消费、投资、贸易等引发的乘数效应越大，代表财富创造与增长的速度也越快。知识经济时代，ICT 使知识、技术和数据等创新要素对经济增长的贡献放大，也对传统内生增长理论提出了新的研究课题。

内生增长理论对解释经济增长以及各国发展的差异性有很强的现实说服力，但理论本身的一些假定也为内生增长理论的修正和未来研究指明了方向。传统的内生增长理论忽略了两点：一是视同资本是同质的；二是没有考虑结构的变化。尽管 Romer（1990）认同资本品的异质性，提出了知识是体现在资本品中的思想，不同的资本品反映了不同的知识，但其模型并没有纳入这些思想。同时，内生增长理论认为制造业或生产性服务业都以相同的比率增长，是一种结构不变的增长。但是，不同产业部门资源配置方式和结构变化有很大区别，知识的存量、劳动生产率的提高和结构变化对创新和经济内生增长是重要的（Kuznets，1981）。大数据和知识经济时代，数据要素已成为经济产业发展的关键要素，也成为学者们跟踪研究的热点问题。李忠海等（2022）认为数据要素可能本身价值并不大，但其具有典型的"使能技术"的特征，内生于经济后带动效应和产业关联效应的潜力巨大。大规模体量的数据以及无穷无尽的数据要素组合经过转化成为各类异质性知识资本，并大幅度激发形式各异的创新或集成创新，进而推动经济持续增长。陈柳钦（2007）认为产业融合作为一种新型产业革命，通过创新性优化效应、竞争性结构效应、组织性结构效应、竞争性能力效应和区域效应等实现产业创新与发展，能极大地带动生产增长。本书借鉴 Romer 的产品种类扩张模型，分析数据要素促进知识加速积累并促进创新能力提升和经济内生增长。

在 Romer 的产品种类扩张模型框架中，知识和人力资本已被纳入一般均衡模型，研发部门生产函数为

$$\triangle A = \delta H_A A^{\partial} \qquad (8.1)$$

式中：$\triangle A$ 表示新增产品种类数量，也代表创新；A 为现有产品种类数量，也代表着知识存量；H_A 为从事研发的人数，也代表人力资本；δ 为数据要素驱动参数；∂ 为研发效率系数。

最终产品的生产函数为

$$Y = H_Y^{\alpha} L^{\beta} \left(\sum_1^A X_a^y \right) \qquad (8.2)$$

式中：Y 代表最终产品的产出；H_Y^{α} 代表该部门的人力资本数量；L 代表低技能劳动力数量；X_a 表示专业化资本品投入量。

根据上述研发部门生产函数和最终产品生产函数，数字要素驱动知识资本包括 A（知识）和 H_A（人力资本）的不断积累，促进产品种类创新，并最终促进 Y 的经济增长。

8.4.2 多维邻近视角下跨区域产业协同集聚促进经济增长的作用机制

随着各地产业融合发展的步伐加快，学者们开始更多关注产业协同集聚所产生的社会经济效应（郭卫军 等，2020）。关于对区域经济增长的影响，学界基本认可产业协同集聚具有正向效应（胡艳 等，2015；杨巧 等，2021）。但产业协同集聚对区域经济增长的影响机制，因研究的视角各异也形成了不同的结论。豆建民等（2016）基于我国城市2003—2012 年相关数据，研究表明产业协同集聚对城市经济增长效应的发挥受制于城市规模的大小，城市规模过大或过小均不利于产业协同集聚发挥效应促进城市经济增长。王静田等（2021）以长三角 27 个城市为研究对象，研究表明产业协同集聚对城市全要素生产率有显著的促进作用。伍先福（2019）应用一般面板门槛模型，实证分析结果显示：当制造业集聚度分别跨过一定的门槛值后，产业协同集聚对全要素生产率的影响由负转正。在跨区域产业协同集聚模式下，制造业与服务业技术关联和互补程度较高，企业间形成的认知邻近使跨区域产业集聚创新网络中知识传播和转移更加流畅，从而加快了企业间知识溢出和资源的获取，正向促进了创新效率的提升、区域资源环境的改善以及经济增长。同时，制度上的邻近保障了企业间的相互信任和对市场的快速响应，强化了生产性服务业与制造业的关联和协同程度，减少了创新活动的不确定性，有效规避了"拥挤效应"，保障区域创新环境的提升和经济持续增长。

1. 跨区域产业协同集聚有利于绿色创新

随着全球资源环境瓶颈约束的日益加剧，国内外学者对产业集聚与生态环境的关系进行了许多研究，但结论没有完全统一。我国经济发展已步入"新常态"，在追求经济结构调整和环境效率引领经济社会内涵式发展的关键时期，产业协同集聚如何缓解环境资源压力是当前我国经济绿色创新发展的主攻点，国内学者围绕产业协同集聚与生产环境也做了一些研究。陆凤芝等（2020）认为产业协同集聚与环境污染呈稳定的倒 U 形关系，产业协同集聚短期表现为环境污染的阻力作用，从长期来看，伴随着协同集聚程度的不断提升，这种影响作用会转化为助力，科技创新是促进此过程的中介变量。包彤（2022）研究表明产业协同集聚能显著降低企业污染排放强度，通过机制检验表明产业协同集聚产生的学习效应、成本效应和竞争效应使企业的生产过程更清洁，促进了企业减排。梳理已有文献，本书认为跨区域协同集聚通过技术外溢效应和环境保护效应，促进企业资源节约利用，并有效缓解区域环境污染，促进经济可持续增长。

跨区域产业协同集聚，无论是链群式集聚还是虚拟集聚，都关注的是利用各区域的比较优势来加强上下游产业关联的程度，促进技术创新的空间外溢。就技术层面而言，制造企业和服务业共有的经验和技术知识提高了不同区域产业集聚区的合作概率，形成了产业技术创新的空间基础和前提条件。生产性服务业知识密集性的特征决定了其对知识溢出的追求更强烈，基于隐性知识传播的需求，生产性服务业会基于地理邻近集中在特定区域呈现集聚分布，部分服务业应用 ICT 虚拟集聚于某一平台。技术创新是生产性服务业集聚的重要动因，嵌入制造业产业链的生产性服务业由于认知水平的接近促使企业间合作趋于稳定，协同集聚所引发的 Jacobs 外部性推动着制造企业技术改造和工艺过程的革新，对资源配置的最直接影响就是资源的节约。同时，源于跨区域协同集聚的市场规模效应，生产性服务部门的生产效率不断提升，也必然促进生产性服务业深化分工，加强对清洁生产的外包服务和研发投入，在价值链延伸的过程中，也拉动着制造业从价值链低端向高端攀升。此外，生产性服务业源源不断地为制造业提供研发设计、数据处理等中间投入产品或服务，实现了创新资源的快速集聚和技术门槛的突破，企业可以有针对性地改造生产模式和能源的利用效率，提升区域制造业的高级化和创新能力，从而有助于经济长期内的持续增长。

集聚主体参与合作创新是一种趋利性行为，然而，因环境问题的"公共产品"属性，企业在清洁生产技术创新方面会遇到成本、风险和系统集成等障碍（周燕 等，2015），因此，区域生态环境保护与经济可持续发展，还需特定的区域制度安排，保健云（2000）认为特定的区域制度安排是一种集体行为规则的规范体系。当集聚主体之间，以及与政府之间的制度邻近程度相近时，经济行为主体会在一定的制度安排下，具有对清洁生产和环境保护做出更大贡献的行为偏好。跨区域协同集聚的模式下，集聚区基本是在政府的引导下形成，集聚的制造企业多为资本密集型或技术密集型，在发展过程中区域制度安排会隐含地激励以及公共干预企业实现清洁生产，制造业基于自身利益最大化而具有将非核心业务（如污染治理）外包给集聚生产性服务企业的行为偏好，就环境治理而言，集聚主体和政府等在区域环境保护的行为方式、惯例和行为规则等制度上邻近程度比较高，有利于制造业和生产性服务业合作创新实现专业化的清洁生产，促进两业间横纵向的分工协作，激发企业的绿色创新活力。

2. 跨区域产业协同集聚有利于产业融合

产业集聚无论是专业化集聚还是多样化集聚，都能引发知识溢出效应，即集聚区的企业以及相关机构相互交流会增加企业创新能力的效果。然而，产业集聚的类型及"空间局限性"会对这种知识溢出效应的大小产生影响。跨区域产业协同集聚是基于认知邻近所形成的多样化集聚，两业的生产结构中知识技术所占比重较高，知识关联性强，在 ICT 的催化下，跨区域产业协同集聚显著地放大了 Jacobs 外部性。因而，认知相似为集聚主体在跨区域、跨产业的技术协同创新中提供了足够的知识吸收、消化和整合能力。加速了生产性服务业与制造业的相互渗透与融合，有效规避集聚的"拥挤效应"，进而促进区域生产效率的提升和经济持续增长。

跨产业协同集聚有利于产业融合发展。跨区域产业协同集聚既有传统集聚，也有虚拟集聚，即使是传统集聚也是应用了信息化技术改造升级。在 ICT 条件下，企业围绕消费者个性化需求而进行生产，由消费端引发的需求变化往往最先通过生产性服务业内部反映出来，在市场供求机制的驱动下，生产性服务业对生产环节的工艺、流程和组织等提出相应的结构性调整要求，认知的相似催生着隐性知识和显性知识在服务业与制造业之间相互转化，形成螺旋式上升的知识累积、融合和创新过程（余祖德 等，2010）。随着知识在两个产业间频繁地扩散与渗透，技术融合也由此产生，较强的技术接近是跨区域产业由协同集聚转向融合的基础。共同的目标、共同的语言、共同的规则等认知上邻近表现为跨区域协同集聚的企业间战略协同和信任关系，共同的远景、共同的战略协同如同"黏合剂"将企业紧密结合，推动企业建立技术交流、知识流动的交互网络和提升自身技术能力，同时，认知邻近所形成的彼此信任关系，降低了创新合作的交易成本，高频互动的知识技术交流和新知识的创新，缩短了彼此间的技术距离，并引发两个产业间融合。

两个产业间的技术距离缩小并不一定能使产业融合，当技术进步发生在一个产业内部，如果产业间存在壁垒，技术就无法相互渗透与融合。规制放松是两个产业协同创新与融合的外在动力，制度与文化上的差异会使合作双方"不兼容性距离"扩大，不利于产业间的整合和融合（Boscha，2005）。在区域一体化背景下，政府间规制政策的放松以及合作机制的构建推动区域间创新要素的自由流动，外部企业不断嵌入本地产业链，企业间竞争加剧，新兴产业开始形成，促进产业跨区域协同集聚发展。在规制放松的条件下，跨区域产业协同集聚主体在共享价值观的驱动下，知识转移、合作和激励机制更为有效（Cassi et al.，2012），新产品、新工艺和新的生产模式不断出现，产业间的技术壁垒逐步瓦解，产业边界进一步模糊化。

需要说明的是，许多企业和产业随着 ICT 的广泛应用而进一步向平台化、数字化、智能化和网络化发展，如数字化生产线、数字智能车间等改变着企业生产模式和生产形态，产业的边界越来越模糊和弱化，在 ICT 背景下，产业集聚化、融合化发展是建立现代产业体系、实现制造业突围的有效途径。知识经济时代，一方面跨区域协同集聚有更强的集聚能力和知识溢出效应，促进企业使用大数据和云计算等ICT 改善资源配置方式，提高服务供给和生产的效率，更大范围地推动生产性服务业与制造业的深度融合；另一方面，跨区域协同集聚模式下，生产性服务业通过网络空间平台联接着消费者和制造业企业，能快速应对市场需求的变化，推动企业加强技术创新，构建生产柔性化制造体系。

最后，跨区域产业协同集聚能有效降低集聚产生的拥挤效应。产业集聚会带来外部经济和外部不经济，即规模效应和拥挤效应。学者们在研究产业集聚现象时，更多强调规模效应对生产效率的影响。随着城市规模的扩大，规模收益递增规律驱动着生产要素总是往中心地带集聚逐利（张文武 等，2020）。然而，地理空间总是有限的，当城市规模达到最优后，过度集聚会抵消集聚产生的规模效应，土地租金的上升，生活成本的增加，环境污染的加剧等问题使产业集聚带来拥挤效应。ICT 背景下的跨区域协同集聚使上下游关系的生产性服务业和制造业各自在较远的区域独立集聚，甚至在虚拟的空间集聚。从集聚容量上看，企业集聚的空间和数量可以充分扩展，生产性服务业经数字化技术改造后，交易成本大幅度降低，作为中间投入品的市场规模效应远大于传统地理集聚。此外，Marshall 集聚经济的劳动力"蓄水池"效应在跨区域协同集聚模式下逐步演变为"水源涵养地"效应（谭洪波 等，2022），ICT 提升了生产性服务业的数字化程度，许多隐性知识经数字技术改造变得可编码、可传输，即 ICT 背景下隐性知识显性化，原本只能通过地理集聚才能获得的隐性知识外溢，通过线上集聚即可获取，相比传统集聚，线上知识溢出更加明显，生产性服务业劳动力和制造业雇主之间的联系更加紧密，知识互动所产生的技术创新效应更大。

综上所述，跨区域产业协同集聚模式下，认知邻近有利于制造业与生产性服务企业间的合作趋于稳定，协同集聚所引发的 Jacobs 外部性推动着制造企业技术改造和工艺过程的革新，对资源配置的最直接影响就是资源的节约。集聚主体与政府之间的制度邻近具有对清洁生产和环境保护做出更大贡献的行为偏好，有利于生产性服务业与制造业间合作创新实现专业化的清洁生产，激发企业的绿色创新活力。同时，集聚主体认知的相似为跨区域、跨产业的技术协同创新提供了足够的知识吸收、消化和整合能力，加速了生产性服务业与制造业的相互渗透与融合，并有效规避集聚的"拥挤效应"，进而促进区域生产效率的提升和经济持续增长。多维邻近性视角下跨区域产业协同集聚溢出效应模型如图 8.1 所示。

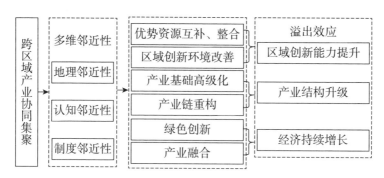

图 8.1　多维邻近性视角下跨区域产业协同集聚溢出效应模型

8.5　本章小结

本章首先对集聚效应的研究进行了回顾，可以看出知识经济时代，产业协同集聚效应甚至虚拟集聚效应的研究已备受研究者的关注，学界普遍认可产业协同集聚能优化资源配置、提升城市效率和创新，对经济增长有显著的促进作用。

其次从多维邻近的视角探讨跨区域产业协同集聚对区域创新能力的作用机制，跨区域产业协同集聚主体在 ICT 条件下，区域间资源流动和协同创新不再受地理邻近的约束。认知邻近和制度邻近增强了资源的可达性和配置的合理性，有利于区域间资源优势互补整合，集聚主体互动的频率和创新活动进一步加深，能显著提升区域创新环境和创新能力。

在此基础上，深入剖析跨区域产业协同集聚对产业升级的作用机制。集聚主体间知识共享认知差距的缩小增强产学研合作联盟吸收新知识的能力，知识资本的累积效应加速了制造业物质资本和机器设备的深化；制度邻近强化了地区关联和分工，产业链进一步延伸，产业结构趋于"软化",进而促进了现代产业链的形成以及产业基础的高级化;集聚中的制造业和服务业在 ICT 条件下,实时的、快速的知识溢出强化了两业产业关联,推动产业链现代化升级,促进产业链本土化、就近化布局,有利于产业链重构;跨区域产业协同集聚模式下,集聚主体间认知邻近和地理邻近有利于产业基础高级化和产业链重构,进而促进区域产业升级。

最后,本书从多维邻近的视角探讨跨区域产业协同集聚对经济持续增长的作用机制。制造业与生产性服务企业间因认知上的邻近合作趋于稳定,协同集聚引发的 Jacobs 外部性对资源配置的最直接影响就是资源的节约;集聚主体间制度邻近具有对清洁生产和环境保护做出更大贡献的行为偏好,有利于两大产业间合作创新实现专业化的清洁生产,激发企业的绿色创新活力;集聚主体认知的相似为跨区域、跨产业的技术协同创新提供了足够的知识吸收、消化和整合能力,加速两大产业间的相互渗透与融合,并有效规避集聚的"拥挤效应",进而促进区域生产效率的提升和经济持续增长。

第9章　结论与研究展望

9.1　结论

　　本书以跨区域产业协同集聚为主线，以多维邻近性研究视角，紧密围绕"多维邻近视角下跨区域产业协同集聚的微观机制和溢出效应"这一个崭新的论题进行系统性的理论研究与实证探讨，逐步回答以下几个问题：ICT 背景下产业分离式集聚的背景，以及基于地理邻近产业协同集聚外部性理论的缺陷是什么？ICT 背景下跨区域产业协同集聚的特征与模式是什么？认知邻近与制度邻近如何影响跨区域产业协同集聚外部性？多维邻近性视角下跨区域产业协同集聚如何影响区域创新能力、产业结构升级以及经济持续增长？具体内在机制有哪些？理论研究层面，本书在重新划分和界定多维邻近性的基础上，重新审视了单一地理邻近性产业协同集聚研究的局限性，阐述了临时性地理邻近对产业协同集聚的影响。在探究产业集聚虚拟转型的背景下，提出了跨区域产业协同集聚的内涵及模式，剖析多维邻近性对跨区域产业协同集聚的微观机制以及空间溢出效应，从而尝试构建比较完善的多维邻近性与跨区域产业协同集聚研究的理论分析框架。实证分析方面，本书以长江经济带为研究对象，对长江经济带跨区域产业协同集聚进行测度和评价，并实证检验多维邻近对跨区域产业协同集聚的微观机制，得出了具有现实指导意义的重要结论。总体来看，本书形成以下主要结论：

　　（1）分离式集聚现象普遍存在的背景下，将多维邻近性的概念划分为地理邻近、认知邻近和制度邻近三个维度，三个概念界定清晰，不同程度消除了概念间的重叠性与模糊性，新的多维邻近性分析框架能解析跨区域产业协同集聚的微观机制。

（2）随着 ICT 的广泛应用，以及产业集聚化、融合化和虚拟化趋势凸显，产业协同集聚带来的外部性不再完全依赖地理空间邻近，产业分离式集聚、线上＋线下协同集聚已成为新型的产业组织形态。本书受相关研究成果的启迪，总结跨区域产业协同集聚的特征：强化两业共生集聚、分离式集聚、放大 Jacobs 效应、协同融合性和社会根植性。

（3）产业协同集聚是一个动态演化的经济运行系统，在 ICT 迅猛发展的背景下，产业协同集聚生命周期会经历起源和萌芽阶段、成长和自增强阶段、趋同和调整阶段、深化和蜕变阶段等四个阶段。从产业集聚的演化而言，产业协同集聚的发展过程天然具有"开放性"的属性。一旦产业集聚进入自增强阶段，产业集群为突破"锁定"谋求更大的发展，必然将网络往外延伸，加强与区域外物质、信息与资金的交换，多个跨区域企业为创造共同价值而形成全球价值链或全球价值体系，这些企业相互构成上下游关系，在空间上离散性分布在不同的生产片段和不同区域，形成"大区域离散小区域聚集"的跨区域协同集聚格局。

（4）在 ICT 背景下，集聚外部性已不局限于地理空间上的邻近，ICT 的迅猛发展促成了"临时性地理邻近"概念的提出。要打开地理邻近的"黑箱"，需重视集聚行为主体的制度、社会和技术等维度的影响及相互作用。因而，ICT 背景下地理邻近的分析对产业协同集聚机制已缺乏解释力，ICT 背景下跨区域产业协同集聚的空间范围效应扩大。

（5）虚拟集聚与地理集聚都强调集聚，不同之处在于虚拟集聚的空间维度更加多元化。本书总结了虚拟集聚的特征：生产柔性化，跨区域性，信息、资本等要素的数据化，全链一体化，共生创新性。虚拟集聚除 MAR 外部性等总结的外部性优势，还能通过集体行动和进入壁垒的降低，缩短分工之间的"距离"（包括"地理空间距离"和"心理距离"），以此降低分工协作的成本。在 ICT 背景下，跨区域产业协同集聚在组织形态上具备一定的虚拟集聚的特征。跨区域产业协同集聚指在不同地理区域内,具有竞合关系的不同产业的企业、中介服务机构、互补性供应商等关联机构通过现代 ICT 的应用而形成的跨区域产业集聚,并通过上下游价值链的延伸、贸易投资等方式,以整合不同区域的产业集聚所形成的圈层网络集聚,以最终实现区域产业集聚协同发展和全球价值链地位攀升的演化过程。依据国内外跨区域产业协同集聚的经验,跨区域产业协同集聚的模式包括链群式协同集聚模式、圈层式跨区域产业协同集聚模式和虚拟产业协同集聚模式。

（6）测度长江经济带各省市、各区域以及整体 LQM 指数、LQP 指数和 RI 指数,研究结果显示:长江经济带整体制造业集聚处于全国平均水平,生产性服务业集聚略低于全国平均水平,RI 指数平均值为 0.9538,产业间协同集聚程度较高,反映两大产业跨区域集聚与协同发展的态势已形成。然而,生产性服务业 LQP 指数平均值小于 1,说明该区域整体创新要素流动不充分,生产性服务业集聚对制造业转型升级的影响并不是很显著。

（7）认知邻近对跨区域产业协同集聚的微观机制综合概况如下:

1）区域间知识价值的差异是跨区域知识流动的根本动力,知识流动是促进创新与区域协同发展的关键。跨区域产业协同集聚源于知识溢出产生的外部性,可以用"知识溢出"和"吸收能力"来解析跨区域产业协同集聚形成的微观机制。

2）生产性服务业服务于制造业过程中频繁的互动会产生共同的认知语境,共同的语言及语境是认知一致性的前提和基础条件;由于知识、信息等资源的准公共品属性或权属模糊,为防止机会主义和搭便车现象,需具备相同的规范和准则,保证合作目标的实现;知识溢出中会出现"供需落差""数据孤岛"等现象,集聚成员间如果有共同的认知目标,可以产生知识协同效应;知识溢出不能直接促进跨区域知识创新和产业协同集聚,知识吸收能力是重要的中介调节因素,相似的知识背景和技术水平有利于集聚主体深度学习并促进吸收能力的提高。

（8）制度邻近对跨区域产业协同集聚的微观机制综合概况如下:相近的社会规则能有效降低集聚主体间合作的风险和交易成本,促进服务要素向制造业渗透，实现制造业优化升级，进而深化了制造业与服务业的融合与跨区域协同集聚；趋同的文化准则有利于制造企业与生产性服务业企业间建立一种学习型的企业文化，主动共享知识，在创新过程中将外部知识吸收并有效整合，以提升技术创新能力。

（9）多维邻近性视角下跨区域产业协同集聚的溢出效应综合概括如下：

1）跨区域产业协同集聚主体在 ICT 条件下，区域间资源流动和协同创新不再受地理邻近的约束，认知邻近和制度邻近增强了资源的可达性和配置的合理性，有利于区域间资源优势互补整合，集聚主体互动的频率和创新活动进一步加深，能显著提升区域创新环境和创新能力。

2）集聚主体间知识共享认知差距的缩小增强产学研合作联盟吸收新知识的能力，知识资本的累积效应加速了制造业物质资本和机器设备的深化；制度邻近强化了地区关联和分工，产业链进一步延伸，产业结构趋于"软化"，进而促进了现代产业链的形成以及产业基础的高级化。跨区域产业协同集聚模式下，集聚主体间认知邻近和制度邻近有利于产业基础高级化和产业链重构，进而促进区域产业升级。

3）制造业与生产性服务企业间因认知上的邻近合作趋于稳定，协同集聚引发的 Jacobs 外部性对资源配置的最直接影响就是资源的节约；集聚主体间制度邻近具有对清洁生产和环境保护做出更大贡献的行为偏好，有利于两大产业间合作创新实现专业化的清洁生产，激发企业的绿色创新活力；集聚主体认知的相似为跨区域、跨产业的技术协同创新提供了足够的知识吸收、消化和整合能力，加速两大产业间的相互渗透与融合，并有效规避集聚的"拥挤效应"，进而促进区域生产效率的提升和经济持续增长。

9.2 研究展望

跨区域产业协同集聚作为一个崭新的研究领域在学界尚处于起步阶段，本书力图围绕此命题在理论机制和实证分析层面进行了一些探索性研究，并尝试构建较为完善的多维邻近性对跨区域产业协同集聚影响的理论分析框架。囿于作者学术能力的有限以及相关数据获取的困难性，本书研究中尚存在一些不足，以下方面后期尚需继续深入探究：

（1）跨区域产业协同集聚模式分为链群式协同集聚模式、圈层式跨区域产业协同集聚模式和虚拟产业协同集聚模式，这三种模式演化的路径、特征和外部性应有很大不同，囿于数据的可获得性，本书缺乏对这三种集聚模式机制和溢出效应的细分，这应成为后续研究的重点之一。

（2）本书基于生命周期理论，探究了产业协同集聚生命周期的四个阶段，从认知邻近和制度邻近探析了跨区域产业协同集聚的微观机制，对于处于不同生命周期阶段的跨区域产业协同集聚，多维邻近对其微观机理可能有不同。但作为一个全新的研究领域，本书对微观机理的研究具有笼统性，此方面研究尚需深化，也是后续研究的又一个重点。

（3）本书选择制造业和生产性服务业总就业人数作为区位熵指数的计算指标，测度长江经济带整体以及各区域制造业和生产性服务业集聚程度，在此基础上，借鉴我国学者豆建民等（2016）的研究思路，构建 RI 指数，测度长江经济带整体及各区域产业协同集聚程度，综合评价长江经济带跨区域产业协同集聚的情况，虽然借助总就业人数测度区位熵和产业协同集聚指数已得到广泛认可，但在两业融合趋势凸显的背景下，仅选用总就业人数作为跨区域产业协同集聚指数的计算指标存在一定的局限性，后续研究尝试应用总就业人数、行业产值或销售收入等与个案相结合的方式探索跨区域产业协同集聚的现状及发展模式。

（4）本书以长江经济带上市企业为样本实证分析多维邻近对跨区域产业协同集聚的微观机制，由于跨区域产业协同集聚的模式多样性，产业及其他相关数据尤其虚拟集聚的数据难以获取，以及受限于本人学术水平有限，本书只对认知邻近和制度邻近对跨区域产业协同集聚的微观机制进行了实证检验，对两者的交叉机制没有做具体的实证分析，这些数据的难获得性，也直接影响了溢出效应的进一步实证研究。这也是未来研究需要解决的重点。

参考文献

白重恩，杜颖娟，陶志刚，等，2004. 地方保护主义及产业地区集中度的决定因素和变动趋势 [J]. 经济研究，（4）：29-40.

白国强，李韬，2012. 跨区域配置资源理论探析 [J]. 经济研究导刊，（2）：5-8.

白清，2015. 生产性服务业促进制造业升级的机制分析：基于全球价值链视角 [J]. 财经问题研究，337（4）：17-23.

保健云，2000. 区域发展差距的成因、后果及调控对策之分析 [J]. 绥化师专学报，20（4）：20-21.

包彤，2022. 环境规制视角下产业协同集聚有助于污染减排吗——来自中国微观企业的证据 [J]. 产业经济研究（双月刊），（5）：86-100.

蔡华林，2005. 企业集群内社会资本演进的动力机制研究 [J]. 财经论丛，120（11）：76-84.

蔡坚，杜兰英，2015. 企业创新网络知识流动运行机理研究：基于系统动力学的视角 [J]. 技术经济与管理研究，（10）：23-28.

蔡秀玲，2004. 试析政府在营造企业集群区域创新环境中的职能定位 [J]. 当代经济研究，（6）：42-45.

陈畴镛，夏文青，王雷，2010. 企业同质化对产业集群技术创新的影响与对策 [J]. 科技进步与对策，27（3）：55-58.

陈国亮，2010. 新经济地理学视角下的生产性服务业集聚研究 [D]. 杭州：浙江大学.

陈红儿，2002. 区际产业转移的内涵、机制、效应 [J]. 内蒙古社会科学（汉文版），23（1）：16-18.

陈洪玮，王欢欢，2020. 创新平台发展对区域创新能力的溢出效应研究 [J]. 科学学与科学技术管理，41（3）：32-46.

陈怀超，张晶，费玉婷，2020. 制度支持是否促进了产学研协同创新——企业吸收能力的调节作用和产学研合作紧密度的中介作用 [J]. 科研管理，41（3）：

1–11.

陈建军，陈菁菁，黄洁，2009. 空间结构调整：以加快城市化进程带动产业结构优化升级 [J]. 广东社会科学，（4）：13–20.

陈建军，刘月，陈怀锦，2016. 市场潜能、协同集聚与地区工资收入——来自中国 151 个城市的经验考察 [J]. 南开学报（哲学社会科学版），（1）：77–88.

陈建军，刘月，邹苗苗，2016. 产业协同集聚下的城市生产效率增进：基于融合创新与发展动力转换背景 [J]. 浙江大学学报（人文社会科学版），（3）：150–163.

陈柳，刘志彪，2008. 人力资本型员工的创业行为与产业集聚生成机制 [J]. 产业经济评论，7（6）：52–68.

陈倩，2020. 数字经济背景下的政府支持、产业集聚与跨境电商发展 [J]. 商业经济研究，（24）：68–71.

陈曦，朱建华，李国平，2018. 中国制造业产业间协同集聚的区域差异及其影响因素 [J]. 经济地理，369（12）：104–110.

陈晓峰，2015. 生产性服务业与制造业协同集聚的机理与效应：理论分析与经验求证 [D]. 苏州：苏州大学.

陈晓峰，陈昭锋，2014. 生产性服务业与制造业协同集聚的水平及效应——来自中国东部沿海地区的经验证据 [J]. 财贸研究，（2）：49–57.

陈晓华，邓贺，杨高举，2022. 生产性服务业集聚会提升企业绿色创新水平吗——来自中国 3727 家上市企业绿色发明专利数据的经验证据 [J]. 兰州学刊，（10）：25–43.

陈小勇，2017. 产业集群的虚拟转型 [J]. 中国工业经济，（12）：78–94.

陈旭，2020. 生产性服务业集聚与全球价值链地位攀升 [J]. 首都经济贸易大学学报（双月刊），22（1）：69–79.

陈则孚，2000. 论知识资本的运行与发展 [J]. 中共中央党校学报，4（3）：43–49.

陈子真，雷振丹，2018. 产业协同集聚对区域经济的影响研究 [J]. 区域经济评论，（3）：50–58.

程中华，刘军，2015. 产业集聚、空间溢出与制造业创新：基于中国城市数据的空间计量分析 [J]. 山西财经大学学报，37（4）：34–44.

崔海潮，2013. 知识溢出集聚效应研究综述 [J]. 西安邮电大学学报，18（1）：112–115.

崔志，于渤，崔崑，2008. 企业知识吸收能力影响因素的实证研究 [J]. 哈尔滨工业大学学报（社会科学版），10（1）：127-132.

党兴华，弓志刚，2013. 多维邻近性对跨区域技术创新合作的影响：基于中国共同专利数据的实证分析 [J]. 科学学研究，31（10）：1590-1600.

丁淼，2015. 知识资本的定量研究 [J]. 科技情报开发与经济，25（12）：134-137.

丁冉，2018. 产业集群视角下区域产业结构趋同的合意性研究 [J]. 经营与管理，（6）：101-105.

董坤，许海云，崔斌，2020. 知识流动研究述评 [J]. 情报学报（哲学·人文科学·社会科学），39（10）：1120-1132.

董艳梅，朱英明，2016. 高铁建设能否重塑中国的经济空间布局：基于就业、工资和经济增长的区域异质性视角 [J]. 中国工业经济，（10）：92-108.

范柏乃，陈玉龙，段忠贤，2015. 区域创新能力研究述评 [J]. 自然辩证法通讯，37（5）：95-102.

樊贵莲，庞紫云，郭淑芬，2017. 国际产业集群研究的演进脉络及空间分布：基于 SSCI 数据库 1988－2015 年数据的科学计量分析 [J]. 科技管理研究，（10）：172-181.

方伟明，刘春娇，2013. 政府在产业集群制度创新中的作用与职能探析：基于新制度经济学视角 [J]. 哈尔滨商业大学学报（社会科学版），133（6）：83-88.

付红，2010. 区位理论研究及对外商直接投资的启示：基于集聚的视角 [J]. 河北学刊，30（1）：243-246.

符正平，2002. 论企业集群的产生条件与形成机制 [J]. 中国工业经济，157（10）：20-26.

盖晓敏，张文娟，2011. 中国产业集聚发展演变趋势探讨：基于"中心外围"模型的分析 [J]. 山东大学学报（哲学社会科学版），（6）：32-37.

高安刚，张林，2019. 知识异质性视角下产业跨空间协同创新的理论框架：条件、动力与路径 [J]. 科技管理研究，（11）：168-175.

高长元，杜鹏，2010. 高技术虚拟产业集群成员企业合作竞争与知识创新的关系研究 [J]. 管理学报，7（2）：212-217.

高传胜，李善同，2007. 经济服务化的中国悖论与中国推进经济服务化的战略选择 [J]. 经济经纬，（4）：15-19.

高峰，刘志彪，2008. 产业协同集聚：长三角经验及对京津唐产业发展战略的启示 [J]. 河北学刊，28（1）：142-146.

高山行，蔡新蕾，江旭，2013. 正式与非正式制度支持对原始性创新的影响——

不同所有制类型企业比较研究 [J]. 科学学与科学技术管理, 34 (2): 42–52.

高伟, 2012. 区际产业联动的内涵、模式与调控 [J]. 高校理论战线, (7): 26–30.

高展军, 李垣, 2006. 战略网络结构对企业技术创新的影响研究 [J]. 科学学研究, 24 (3): 474–479.

顾乃华, 2011. 我国城市生产性服务业集聚对工业的外溢效应及其区域边界: 基于 HLM 模型的实证研究 [J]. 财贸经济, (8): 115–122.

顾乃华, 毕斗斗, 任旺兵, 2006. 中国转型期生产性服务业发展与制造业竞争力关系研究 [J]. 中国工业经济, (9): 14–21.

郭卫军, 黄繁华, 2020. 高技术产业与生产性服务业协同集聚如何影响经济增长质量 [J]. 产业经济研究 (双月刊), (61): 128–142.

韩峰, 阳立高, 2020. 生产性服务业集聚如何影响制造业结构升级——一个集聚经济与熊彼特内生增长理论的综合框架 [J]. 管理世界, (2): 72–94.

黄纯, 龙海波, 2016. 政府辅助性制度工作、制度逻辑与集群升级: 基于余姚和安吉两地集群演化的案例研究 [J]. 管理世界, (6): 148–166.

黄德春, 刘志彪, 2006. 开放型产业集群形成中跨国公司的作用研究——以长江三角洲地区高新技术产业集群为例 [J]. 江海学刊, (1): 79–85.

惠炜, 韩先锋, 2016. 生产性服务业集聚促进了地区劳动生产率吗 [J]. 数量经济技术经济研究, (10): 37–56.

霍苗, 李凯, 李世杰, 2011. 根植性、路径依赖性与产业集群发展 [J]. 科学学与科学技术管理, 32 (11): 105–110.

纪祥裕, 顾乃华, 2020. 生产性服务业与制造业协同集聚具有创新驱动效应吗 [J]. 山西财经大学学报, 42 (7): 57–70.

贾亚男, 2001. 关于区域创新环境的理论初探 [J]. 地域研究与开发, 20 (1): 5–8.

江洪, 李金萍, 李秋雁, 2022. 政府发展性支出、产业集聚与绿色能源效率 [J]. 技术经济, (1): 53–65.

蒋丽芹, 李思卉, 2021. 沉淀冗余对企业创新绩效影响路径与作用机理研究: 基于长三角高科技企业的调研 [J]. 软科学, 35 (1): 95–100, 107.

江曼琦, 席强敏, 2014. 生产性服务业与制造业的产业关联与协同集聚 [J]. 南开学报 (哲学社会科学版), (1): 153–160.

江小涓, 2004. 我国服务业加快发展的条件正在形成 [J]. 首都经济对外贸易大学学报, (3): 18–20.

金飞，徐长乐，2021. 长三角城市群生产性服务业与制造业协同集聚的经济增长效应及门槛特征 [J]. 南通大学学报（社会科学版），37（6）：51-59.

金镭，2007. 产业集群萌芽的经济学分析 [J]. 探索，41（4）：86-92.

李惠娟，2013. 中国城市服务业集聚测度——兼论服务业集聚与制造业集聚的关系 [J]. 经济问题探索，（4）：13-20.

李健，高鹏程，谢衡，2023. 产业协同集聚、人力资本流动与高技术产业创新 [J]. 统计与决策，34（2）：179-184.

李建成，陈建隆，邓敏，2021. 地理约束、合作与劳动力知识分配空间偏好 [J]. 统计研究，38（11）：115-129.

李景海，陈雪梅，2011. 产业集聚根植性机理：一个综合的分析框架 [J]. 河南社会科学，19（4）：128-132.

李琳，龚晨，2017. 多维邻近性对不同知识基础产业创新的影响——基于 ANN 和 OLS 回归双重检验 [J]. 科学学研究，35（8）：1273-1279.

李琳，韩宝龙，2009. 组织合作中的多维邻近性：西方文献评述与思考 [J]. 社会科学家，147（7）：108-112.

李琳，雒道政，2013. 多维邻近性与创新：西方研究回顾与展望 [J]. 科学学研究，3（6）：1-6.

李琳，王晓峰，2014. 地理邻近与认知邻近对高新区创新绩效的影响：基于社会网络分析 [J]. 华东经济管理，28（11）：32-37.

李林，杨承川，何建洪，2020. 创意产业集群知识网络的知识流动：基于系统动力学的分析 [J]. 重庆邮电大学学报（社会科学版），32（11）：81-91.

李娜，2010. 基于集群效应的产业趋同评价 [J]. 商业研究，400（8）：50-53.

李珊珊，马艳芹，2020. 生产性服务业集聚对绿色全要素生产率的影响：基于不同集聚视角下面板门槛模型的实证分析 [J]. 商业研究，（4）：40-48.

李武艳，周依旬，2022. 产业集聚、空间溢出与区域创新效率——以长江经济带为例 [J]. 技术经济，41（8）：11-22.

李新春，2002. 企业家协调与企业集群——对珠江三角洲专业镇企业集群化成长的分析 [J]. 南开管理评论，（3）：49-55.

李雪，2011. 论高技术产业集群的知识溢出效应及潜在风险 [J]. 学术交流，209（8）：100-103.

李耀尧，邱永华，2011. 从产业演化视角看产业集聚理论的最新进展 [J]. 云南财经大学学报，151（5）：9-16.

李运强，吴秋明，2006. 虚拟产业集群——一种新型的产业集群发展模式 [J].

华东经济管理，20（12）：42-45.

黎振强，王英，2015. 地理邻近性与认知邻近性对创新绩效的影响分析——基于知识获取的中小高新技术企业的实证研究 [J]. 求是学刊，42（6）：39-46.

梁娟，陈国宏，蔡猷花，2015. 产业集群知识网络绩效研究 [J]. 统计与决策，421（1）：73-76.

梁琳，李勇，2015. 产业间集聚、外部性和金融服务业集聚 [J]. 经济问题探索，（5）：54-59.

凌永辉，查婷俊，2022. 我国地方创新集群形成与演化研究：基于产业链整合视角 [J]. 经济学家，（5）：69-77.

刘宏霞，2019. 生产性服务业与制造业协同集聚的经济效应研究——以长三角城市群为例 [D]. 兰州：兰州大学.

刘军，钱宇，段蓉蓉，2022. 产业共生集聚：一种循环型产业集聚的新形态 [J]. 江苏社会科学，（7）：152-162.

刘奕，2013. 服务业地理集中：产业尺度和空间尺度的影响 [J]. 中国社会科学院研究生学报，198（6）：49-56.

刘新艳，何宏金，2011. 新兴产业空间集聚的动力机制分析 [J]. 科技进步与对策，28（5）：66-69.

刘新艳，赵顺龙，2015. 区域环境对产业集群创新绩效的影响——基于集群创新能力中介作用的分析 [J]. 科技进步与对策，32（6）：72-79.

刘月，2016. 空间经济学视角下的产业协同集聚与区域经济协调发展 [D]. 杭州：浙江大学.

刘志彪，2018. 攀升全球价值链与培育世界级先进制造业集群——学习十九大报告关于加快建设制造强国的体会 [J]. 南京社会科学，（1）：13-20.

刘植惠，2003. 知识基因理论新进展 [J]. 情报科学，21（12）：1243-1245.

陆凤芝，杨浩昌，2020. 产业协同集聚与环境污染治理：助力还是阻力 [J]. 广东财经大学学报，（1）：16-29.

陆立军，郑小碧，2011. 基于共同演化的专业市场与产业集群互动机理研究：理论与实证 [J]. 中国软科学，（11）：117-129.

陆小成，2009. 生产性服务业与制造业融合的知识链模型研究 [J]. 情报杂志，（2）：117-120,124.

吕国庆，曾刚，顾娜娜，2014. 基于地理邻近与社会邻近的创新网络动态演化分析：以我国装备制造业为例 [J]. 中国软科学，（5）：97-106.

吕坚，孙林岩，马新莉，2003. 企业集群与虚拟企业组织模式比较及发展研究

[J]. 中国机械工程, 14 (13): 1111-1114.

吕玉辉, 2016. 创新视角下产业集聚区生命周期的演化 [J]. 商业经济研究, (6): 189-191.

罗良文, 孙小宁, 2021. 生产性服务业与制造业协同集聚、融合发展的效率分析: 基于微观企业数据的实证研究 [J]. 学术研究, (3): 100-107.

马力, 臧旭恒, 2012. 企业衍生: 高技术产业集群成长的动力 [J]. 现代经济探讨, (4): 37-40.

马随随, 2020. 长三角一体化背景下盐沪产业联动模式与路径研究 [J]. 盐城师范学院学报 (人文社会科学版), 40 (6): 34-42.

马有才, 刘柱, 2019. 集群政策对产业集群升级的驱动效应研究: 基于系统动力学模型 [J]. 山东科技大学学报 (社会科学版), 21 (6): 76-86.

苗长虹, 2004. 变革中的西方经济地理学: 制度、文化、关系与尺度转向 [J]. 人文地理, 19 (4): 68-76.

苗建军, 徐愫, 2020. 空间视角下产业协同集聚对城市土地利用效率的影响——以长三角城市群为例 [J]. 城市问题, (1): 12-19.

庞俊亭, 2013. 虚拟产业集群创新网络中知识转移影响因素实证研究 [D]. 长沙: 中南大学.

庞俊亭, 游达明, 2011. 我国区域产业经济发展风险规避路径研究 [J]. 经济地理, 31 (5): 805-809.

庞之栋, 2007. 产业集群生命周期分析 [J]. 现代管理科学, (8): 87-88.

彭向, 蒋传海, 2011. 产业集聚、知识溢出与地区创新: 基于中国工业行业的实证检验 [J]. 经济学 (季刊), 10 (3): 913-934.

邱成利, 2001. 制度创新与产业集聚的关系研究 [J]. 中国软科学, (9): 100-103.

任皓, 邓三鸿, 2002. 知识管理的重要步骤——知识整合 [J]. 情报科学, 20 (6): 650-653.

任曙明, 原毅军, 2003. 产业分工细化与经济中介组织的发展 [J]. 中国工业经济, 188 (11): 91-96.

阮建青, 张晓波, 卫龙宝, 2007. 资本壁垒与产业集群: 基于浙江濮院羊毛衫产业的案例研究 [J]. 经济学 (季刊), 7 (1): 71-92.

阮平南, 王文丽, 刘晓燕, 2018. 基于多维邻近性的技术创新网络演化动力研究——以 OLED 产业为例 [J]. 研究与发展管理, 30 (6): 59-66.

盛晓白, 2001. 网络经济的竞争原则 [J]. 审计与经济研究, 16 (5): 40-43.

石建勋，卢丹宁，徐玲，2022. 第四次全球产业链重构与中国产业链升级研究 [J]. 财经问题研究，（4）：36-46.

舒尔茨，1992. 论人力资本投资 [M]. 北京：北京经济学院出版社.

宋华，卢强，2017. 基于虚拟产业集群的供应链金融模式创新：创捷公司案例分析 [J]. 中国工业经济，（5）：172-192.

宋昱雯，于渤，2008. 虚拟产业集群组织模式探析及政策建议 [J]. 中国科技论坛，（11）：52-56.

苏华，都佳瑶，2019. 西北城市群生产性服务业与制造业协同集聚研究 [J]. 开发研究，（5）：59-64.

隋广军，申明浩，2004. 产业集聚生命周期演进的动态分析 [J]. 经济学动态，（11）：39-41.

孙超，王燕，2020. 高新技术产业与生产性服务业协同集聚对区域创新效率的影响 [J]. 科技管理研究，（22）：139-147.

孙金年，2003. 知识的存在形式 [J]. 南京大学学报（哲学·人文科学·社会科学），40（1）：89-97.

孙耀吾，韦海英，贺石中，2007. 虚拟集群：经济全球化中集群的创新与发展 [J]. 科技管理研究，（2）：176-179.

孙正，申伟桃，2021. 财政补贴、税收优惠对战略性新兴产业研发投入的影响研究 [J]. 财经理论研究，（5）：44-54.

谭洪波，2015. 生产者服务业与制造业的空间集聚：基于贸易成本的研究 [J]. 世界经济，（3）：171-191.

谭洪波，夏杰长，2022. 数字贸易重塑产业集聚理论与模式——从地理集聚到线上集聚 [J]. 财经问题研究，463（6）：43-52.

藤田昌久，雅克弗朗斯瓦·蒂斯，2015. 集聚经济学：城市、产业区位与全球化（第二版）[M]. 上海：格致出版社，上海三联书店，上海人民出版社.

田霖，韩岩博，2021. 虚拟集聚理论与应用研究评介 [J]. 重庆大学学报（社会科学版），27（1）：77-90.

王东京，2016. 谨防结构改革中的两个认识偏差 [J]. 中国经贸导刊，（9）：49-50.

王刚，郭雪梅，2018. 社交网络环境下基于用户行为分析的个性化推荐服务研究 [J]. 情报理论与实践，41（8）：102-107.

王红霞，邓智团，2007. 创新型国家战略与长三角合作创新 [J]. 江南论坛，（2）：5-6.

王辑慈,2003. 我国制造业集群分布现状及其发展特征 [J]. 地域研究与开发,(6):29-33.

王建军，叶明海，曹宁，2020. 知识权力、跨界搜索与企业创新绩效的关系研究 [J]. 软科学，34（2）：1-7.

王晶晶,李灵玉,2022. 生产性服务业与制造业协同集聚对经济高质量发展的影响：基于空间计量模型的实证检验 [J]. 南京邮电大学学报（社会科学版），24（4）：70-81.

王静田，张宝懿，付晓东，2021. 产业协同集聚对城市全要素生产率的影响研究 [J]. 科学学研究，39（5）：842-853,866.

王娟茹，杨苗苗，李正锋，2020. 跨界搜索、知识整合与突破性创新 [J]. 研究与发展管理，32（2）：111-122.

王雷，王圣君，2015. 外部社会资本、吸收能力与新产品绩效的关系：基于中国长三角地区企业样本的实证分析 [J]. 技术经济，34（12）：15-23.

王立勇,吕政,2021. 制造业集聚与生产效率：新证据与新机制 [J]. 经济科学,(2)：59-71.

王如玉,梁琦,2022. 数字经济下虚拟集聚的现实基础与应用[J]. 长安大学学报（社会科学版），24（4）：35-52.

王瑞荣，2018. 生产性服务业与制造业协同聚集对制造业升级的影响 [J]. 统计与决策,(4)：132-135.

王硕,郭晓旭,2012. 垂直关联、产业互动与双重集聚效应研究 [J]. 财经科学,(9)：34-41.

王孝斌，陈武，王学军，2009. 区域智力资本与区域经济发展 [J]. 数量经济技术经济研究,(3)：16-31.

王新新，2011. 生产性服务业的特征及发展趋势研究 [J]. 商业时代,(12)：111-113.

王旭辉，吉敏，2008. 产业集群创新网络知识累积路径：基于江苏省三个典型产业集群案例研究 [J]. 中国科技论坛,(1)：30-33,51.

王燕，孙超，2019. 产业协同集聚对产业结构优化的影响：基于高新技术产业与生产性服务业的实证分析 [J]. 经济问题探索,(10)：146-154.

王义银，王雷，丁黎黎，2005. 企业聚核化简论 [J]. 青岛科技大学学报（社会科学版），21（2）：67-70.

王越,2004. 组织内社会网络的知识传导及成本研究 [J]. 科学管理研究，22（4）：74-77，97.

王月欣,2006. 企业智力资本内在价值形成与特征的理论分析 [J]. 商业研究,(22): 48–50.

韦成, 孙文建, 2011. 产业集聚发展中政府行为模式比较分析 [J]. 哈尔滨商业大学学报（社会科学版）, 133（6）: 83–88.

魏江, 寿柯炎,2015. 企业内部知识与创新网络的架构及作用机制 [J]. 科学学研究, 33（11）: 1727–1739.

魏奇锋,顾新,2011. 产学研知识联盟的知识共享研究 [J]. 科学管理研究,29（3）: 89–93.

魏守华, 禚金吉, 何嫄,2011. 区域创新能力的空间分布与变化趋势 [J]. 科研管理, 32（4）: 152–160.

魏旭红, 孙斌栋, 2013. 城市区域形成的集聚机制: 基于集聚尺度的理论诠释 [J]. 城市观察,（4）: 81–91.

温珺, 阎志军, 程愚, 2019. 数字经济与区域创新能力的提升 [J]. 经济问题探索,（11）: 112–124.

吴波, 杨菊萍, 2006. 区域龙头企业的知识溢出与本地中小企业成长: 基于浙江省三个产业集群中小企业调查的实证研究 [J]. 科学学研究, 36（1）: 130–136.

吴迪, 2012. 区域产业集群竞争优势构建: 基于产业集群与区域创新能力互动关系视角 [J]. 企业经济,（2）: 128–131.

吴士健, 田为厚, 2010. 社会网络、知识溢出与产业集群衍生企业资源获取 [J]. 东岳论丛, 31（8）: 97–101.

吴文华, 张琰飞, 2006. 企业集群的演进——从地理集群到虚拟集群 [J]. 科技管理研究,（5）: 47–50.

乌云图, 陶克涛, 彭俊超, 2023. 产业协同集聚、数字技术支持与资源错配 [J]. 科研管理, 44（1）: 125–135.

吴中伦, 2011. 企业知识资本的内涵界定与结构划分 [J]. 企业经济, 370（6）: 31–34.

夏来保, 孟祥芳, 2011. 基于产业集群生命周期视角的中介机构服务创新 [J]. 科技经济市场,（11）: 101–102.

夏阳,顾新,2012. 产业集群的自主创新推进模式研究 [J]. 科技进步与对策,29(6）: 48–51.

向清华, 赵建吉, 2010. 区域创新环境研究综述 [J]. 科技管理研究,（13）: 15–18.

许士道，原小能，2021. 生产性服务业与制造业协同集聚促进产业融合了吗：基于中国地区投入产出表的研究 [J]. 南大商学评论，（54）：22–37.

宣烨，胡曦，2018. 生产性服务业与制造业关系的演变：从"需求依附"走向"发展引领"[J]. 南京财经大学学报（双月刊），（6）：93–98.

杨亚琴，张鹏飞，2022. 双向飞地模式：科技创新和产业联动跨区域合作的探索 [J]. 发展研究，（5）：46–52.

杨智峰，陈霜华，汪伟，2014. 中国产业结构变化的动因分析：基于投入产出模型的实证研究 [J]. 财经研究，40（9）：38–61.

叶传盛，陈传明，2022. 产学研协同、知识吸收能力与企业创新绩效 [J]. 科技管理研究，（3）：184–194.

游达明，朱思文，2014. 突破性技术创新中隐性知识吸收过程及规律研究 [J]. 科技进步与对策，31（6）：11–15.

于斌斌，吴丹，2021. 生产性服务业集聚如何提升制造业创新效率：基于集聚外部性的理论分析与实证检验 [J]. 科学决策，（3）：18–35.

喻登科，周荣，2015. 知识网络视角的产业集群研究述评 [J]. 情报杂志，34（12）：200–206.

余东华，芮明杰，2007. 基于模块化网络组织的知识流动研究 [J]. 南开管理评论，10（2）：11–16.

余祖德，2010. 基于价值链分析的我国制造企业知识竞争力的比较研究 [J]. 企业经济，（10）：90–92.

查成伟，陈万明，彭灿，2015. 外部社会资本、失败学习与突破性创新 [J]. 中国科技论坛，（2）：109–113，136.

查日升，2013. 产业集群跨区域合作的机制和模式研究 [J]. 产业经济评论，（2）：30–38.

詹浩勇，冯金丽，袁中华，2017. 我国城市生产性服务业集聚模式选择——基于制造业内部结构分类的研究 [J]. 宏观经济研究，（10）：92–107.

张红霞，李家琦，李育哲，2022. 生产性服务业集聚与城市绿色经济效率：基于动态空间杜宾模型与门槛模型的实证检验 [J]. 西部论题，32（4）：73–88.

张华胜，薛澜，2002. 技术创新管理新范式：集成创新 [J]. 中国软科学，（12）：6–22.

张林，刘继生，2006. 信息时代区位论发展的新趋势 [J]. 经济地理，26（2）：181–185.

张乃也，刘蕾，鄢章华，2017. "互联网＋"对产业集群转型升级的作用机制研究

[J]. 产业经济，（2）：9–11.

张韬，2009. 基于吸收能力的创新能力与竞争优势关系研究 [J]. 科学学研究，27（3）：445–452.

张文武，徐嘉婕，欧习，2020. 生产性服务业集聚与中国企业出口生存——考虑异质性和传导机制的分析 [J]. 统计研究，37（6）：55–65.

张延平，郭波武，樊爱国，等，2019. 珠三角三大高新技术产业集群纵向协同创新效率分析：基于人力资本的视角 [J]. 科技与产业，19（7）：1–10.

张益丰，刘东，侯海菁，2009. 生产者服务业产业集聚与产业升级的有效途径：基于政府规制视角的理论阐述 [J]. 世界经济研究，（9）：3–7.

张志斌，公维民，张怀林，等，2019. 兰州市生产性服务业的空间集聚及其影响因素 [J]. 经济地理，39（9）：112–121.

赵峰，王玲俐，2020. 产业专业化、多样化集聚对生态效率的影响机理及运用 [J]. 学术交流，311（2）：106–121.

赵静，2021. 产业集聚对制造业创新绩效的影响研究：基于政府干预和市场化进程视角 [J]. 科技与管理，（3）：26–33.

赵蓉英，邱均平，2007. 知识网络的类型学探究 [J]. 图书情报工作，51（9）：11–15.

赵伟，隋月红，2015. 集聚类型、劳动力市场特征与工资——生产率差异 [J]. 经济研究，（6）：33–45.

赵欣，李佳倩，赵琳，等，2020. 在线社区的知识增殖：用户行为与用户信任的互惠关系研究 [J]. 现代情报，40（10）：84–92.

赵艳玲，2011. 知识经济时代人力资本、知识资本与智力资本关系研究 [J]. 商业时代，28（10）：73–74.

赵玉林，汪美辰，2016. 产业融合、产业集聚与区域产业竞争优势提升：基于湖北省先进制造业产业数据的实证分析 [J]. 科技进步与对策，33（3）：26–32.

甄峰，黄朝永，罗守贵，2000. 区域创新能力评价指标体系研究 [J]. 科学管理研究，（06）：5–8.

郑耀群，2012. 路径依赖与产业集群演进中的制度锁定效应研究 [J]. 商业时代，（5）：109–110.

郑勇军，汤筱晓，2006. 集群间产业链整合：提升产业竞争力的重要途径——以中国沿海地区计算机制造业集群为例 [J]. 工业技术经济，25（7）：61–64.

植草益，2001. 信息通信业的产业融合 [J]. 中国工业经济，（1）：24–27.

周丽豪，黄莉，2006. 虚拟企业集群的模式及其合作动力分析 [J]. 华东经济管理，

20（6）：66-69.

周明生，于国栋，2020. 社会信任对产业协同集聚的影响研究 [J]. 经济理论与
经济管理，（3）：70-83.

周燕，郭偲偲，张麒麟，2015. 内外双向因素与搭便车行为：社会网络的调节作用
[J]. 管理科学，28（3）：130-142.

周肇光，2011. 沪台两地区域产业集群协同发展的路径选择研究 [J]. 上海经济
研究，（2）：113-122.

朱春燕，欧阳慧，张鑫，2022. 要素整合、产业集聚与沿边开放型经济竞争优势
[J]. 金融与经济，（11）：66-77.

朱海燕，2010. 知识密集型服务企业嵌入与产业集群网络结构：理论回顾与模型
构建 [J]. 首都经济贸易大学学报，（5）：17-25.

朱华晟，王玉华，彭慧，2005. 政企互动与产业集群空间结构演变——以浙江省
为例 [J]. 中国软科学，（1）：107-113.

朱华友，朱之熹，张林，2018. 集聚的原生性特征与地区转型发展的理论分析框
架 [J]. 经济地理，38（10）：111-117.

祝佳，2015. 生产性服务业与制造业双重集聚效应研究：基于政府行为差异的视
角 [J]. 武汉大学学报（哲学社会科学版），68（5）：52-60.

朱益霞，周飞，沙振权，2016. 跨界搜寻与商业模式创新的关系 [J]. 经济管理，（11）：
92-104.

庄宝丁，刘向晖，2009. 论电子商务虚拟集群现象与模式 [J]. 科技管理研究，（5）：
449-451.

祖廷勋，罗光宏，王丹霞，等，2006. 高校产学研合作模式的制度经济学研究
[J]. 社科纵横，21（1）：144-145.

ADLER P S, KWON S W, 2002.Social capital：Prospects for a new concept[J].
Academy of Management Review,（27）：17 － 40.

AGHION, PHILIPPE, HOWITT P, 1992.A model of growth through creative
destruction[J]. Econometrica, 60（2）：323-351.

AHOKANGAS P, HYRY M, RASANEN P, 1999. Small technology-based firms in
fast-growing regional cluster[J]. New England Journal of Entrepreneurship, 2（1）：
19-26.

ALBU M, BELL M, 1999. Knowledge Systems and Technological Dynamism in
Industrial Clusters in Developing Countries[J]. World Development,（9）：1715-
1734.

ALLYN A Y, 1928. Increasing return and economics progress[M]. Blackwell Publishing for Roral Economics Society.

ANDERSSON M, 2006.Co-location of manufacturing&producer services : A simultaneous equation approach[C]. In Karlsson C, Johansson B, Stough R, Entrepreneurship and Dynamics in the Knowledge Economy, New York : Routledge.

ARROW K J, 1962.The economic implications of learning by doing[J]. Review of Economics and Statistics, 29（3）: 155-173.

ASHEIM B T, ISAKSEN A, 2002.Regional innovation systems : the integration of Local Sticky and Global Ubiquitous Knowledge[J].The Journal of Technology Transfer, 27（1）: 77-86.

AUDRESCH D, FELDMAN, 1996.R&D Spillovers and The Geography of Innovation and Production [J].American Economic Review.

BAYSON J R, 1997. Business service firms, Service space and the management of change［J］. Entrepreneurship and Regional Development, 9（2）: 93-111.

BERLIANT M, FUJITA M, 2009.Dynamics of knowledge creation and transfer : The two person case[J]. International Journal of Economic Theory, 5（2）: 155-179.

BILLINGS S B, JOHNSON E B, 2016. Agglomeration with an Urban Area[J]. Journal of Urban Economics, 91（2）.

BOSCHMA R A, 2005.Proximity and innovation : A critical assessment[J]. Regional studies, 39（1）: 61-74.

BRESNAHAN T, GAMBARDELLA A, SAXENIAN A, 2001. Old economy' inputs for new economy' outcomes : Cluster formation in the new silicon valleys [J]. Industrial and Corporate Change, 10（4）: 835- 860.

CARLSSON, 1997.Technological Systems and Industrial Dynamics[M].Boston : Kluwer Academic.

CARRINCAZEAUX C, LUNGA Y, RALLET A, 2001.Proximity and localisation of corporate R&D activities[J]. Research Policy,（30）: 777-789.

CASSI L, MORRISON A, RABELLOTTI R, 2015.Proximity and scientific collaboration : Evidence from the global wine industry[J]. Tijdschrift Voor Economische En Sociale Geografie, 106（2）: 205-219.

CHANG K H, HUANG H F, 2012.Using influence strategies to advance supplier delivery flexibility : The moderating roles of trust and shared vision[J]. Industrial Marketing Management, 41（5）: 849-860.

COENEN L, MOODYSSON, ASHEIM B T, 2004.Nodes, networks and proximity : on the knowledge dynamics of the Medicon Valley biotech cluster[J]. European Planning Studies,（12）: 1003–1018.

COHEN W M, LEVINTHAL D A, 1990. Absorptive capacity : a new perspective on learning and innovation [J]. Administrative Science Quarterly, 35（1）: 128–152.

COLEMAN, JAMES, 1988. Social Capital in the Creation of Human Capital[J]. American Journal of Sociology.

CONNELL J, KRIZ A, JHORPE M, 2014.Industry Cluster : An Antidote for Knowledge Sharing and Collaborative Innovation[J].Journal of Knowledge Management.

COOKIE P, 2002. Regional innovation systems : general findings and some new evidence form biotechnology clusters [J]. Journal of Technology Transfer,（27）: 133–145.

CROZET M, KOENING P, 2005. The Cohesion versus Growth tradeoff–Evidence from EU Regions（1980–2000）[C]. ERSA conference papers, European Regional Science Association.

CUNNINGHAM S W, WERKER C, 2012. Proximity and collaboration in Europeannanotechnology [J]. Papers in Regional Science, 91（4）: 723–743.

DAHLIN K B, WEINGART L R, HINDS P J, 2005.Team diversity and information use [J]. Academy of Management Journal, 48（6）: 1107–1123.

DE BOER M, VAN DEN BOSCH, FRANS A J, et al, 1999.Managing organizational knowledge integration in the emerging multimedia complex[J]. Journal of Management Studies, 36（3）: 379–398.

DE VAAL A, MARIANNE V D B, 1999.Producer services, economic geography and services tradability[J]. Journal of Regional Science, 39（3）: 815–827.

DICKEN P, MALMBERG A, 2001.Firms in territories : A relational perspective[J]. Economic Geography, 77（4）: 345–363.

DONOGHUE G, GLEAVE B, 2004.A note on methods for measuring industrialagglomeration[J]. Regional Studies, 38（4）: 419–427.

EDVINSSON L, SULLIVAN P H, 1996. Developing a model for managing intellectual capital[J].European Management Journal, 14（4）: 356–364.

ELLISON G, GLAESER E L, 1997.Geographic concentration in U.S. manufacturing industries : A dartboard approach[J]. Journal of Political Economy, 105（5）: 889–

927.

ESTRADA I, FAEMS D, DE FARIA P, 2016. Coopetition and product innovation performance : The role of internal knowledge sharing mechanisms and formal knowledge protection mechanisms [J]. Industrial Marketing Management, (53) : 56–65.

ESWARAN M, KOTWAL A, 2002.The role of the service sector in the process of industrialization [J]. Journal of Development Economics, 68 (2) : 401–420.

FARRELL J, FLOOD P, CURTAIN S, et al, 2005. CEO leadership, top team trust and the combination and exchange of information[J].Irish Journal of Management, 26 (1) : 22–40.

FELDMAN M P, AUDRETSCH D B, 1999.Innovation in Cities : Science-based Diversity, Specialization and Localized Competition[J]. European Economic Review, (43) : 409–429.

FUJITA M, KRUGMAN P, VENABLES A J, 1999. The spatial economy : cities, regions and international trade[M]. MIT Press.

FUJITA M, MORI T, 2005. Frontiers of the new economic geography[J]. Papers in Regional Science, 84 (3) : 377–405.

FUJITA M, THISSE J F, 2012. Economics of agglomeration : cities, industrial location and globalization (second edition) [M].Cambridge University Press.

GABBY S M, 1997.Social capital in the creation of financial capital : The case of network marketing[M].Illinois : Stipes Publishers.

GABE T M, ABEL J R, 2015.Shared Knowledge and the Co-agglomeration of Occupations [J]. Regional Studies, 50 (80) .

GALBRAINTH J, 1969.Economics in the industrial state : science and sedative economics as a system of belief [J]. American Economic Review, 69 (2) : 469–478.

GEREFFI G, KAPLINSKY R, 2001.Introduction : Globalisation, value chains and development[J].IDS bulletin, 32 (3) : 1–8.

GLAESER E L, KALLAL H D, SCHEINKMAN J A, et al, 1992.Growth in cities[J]. Journal of Political Economy, 100 (6) : 1126–1152.

GOMES-GASSERES B, HAGEDOOM J, JAFFE A B, 2003. Do alliances promote knowledge flows[J]. Journal of Finacial Economics, 80 (1) : 5–33.

GRANOVETTER M S, 1985.Economic action and social structure : the problems of embeddedness[J].American Journal of Sociology, 91 (3) : 51–481.

GRANT R M, 1996.Toward a knowledge-based theory of the firm[J]. Strategic Management Journal, 17（S2）：109-122.

GRAY J, 1998. False Down : The delusions of global capitalism[M].Londen : Granta Publications.

GREUNZ L, 2004.Industrial structure and innovation-evidence from European regions[J]. Journal of Evolutionary Economics, 14（5）：563-592.

GRUBEL H G, MICHAEL A, 1989.Service industry growth : causes and effects[M]. Vancouver : The Fraser Institute.

GUERRIERI P, MELIEIANI V, 2003.International Competitiveness in Producer Services[C]. Paperpresented at the SETI Meeting in Rome.

HANSEN B E, 1999. Threshold effects in non-dynamic panels : estimation, testing and inference [J]. Journal of Econometrics, 93（2）：345-368.

HANSEN M T, MORS M L, LOVAS B, 2005. Knowledge sharing in organizations : multiple networks, multiple phases[J]. Academy of Management Journal, 48（5）：776-793.

HARRISON B, 1992. Industrial districts : old wine in new bottles[J]. Region Studies（26）：483-496.

HELMSING B, 2001.Externalities, learning and governance : new perspectives on local economic development[J]. Development and Change, 32（2）：277-308.

HUMPHREY J, SCHMITZ H, 2000. Governance and upgrading : linking industrial cluster and global value chain research[R]. Brighton : Institute of Studies, University of Sussex,（3）：36-52.

JACOBS, JANE, 1969.The economy of cities[M]. New York : Vintage.

JACOBS, JANE, 1969.Strategies for helping cities[J].American Economic Review, 59（9）：652-656.

JAFFE A B, 1986.Technological opportunity and spillover of R&D : evidence from firm's patent, profits and market value[J]. American Economic Review,（76）：984-1001.

JEHN K A, NEALE N M A, 1999.Why Differences Make a Difference : A Field Study of Diversity, Conflict and Performance in Workgroups[J].Administrative Science Quarterly, 44（4）：741-763.

JUN K, 2005.Technology Spillovers, Agglomeration and Regional Economic Development[J]. Journal of Planning Literature, 20（2）：99-115.

KALLING T, 2003.Organization-internal transfer of knowledge and the role of motivation : A qualitative case study[J]. Knowledge and Process Management, 10（2）: 115-126.

KATILA R, AHUJA G, 2002.Something old, something new : A longitudinal study of search behavior and new product introduction[J].Academy of Management Journal, 45（6）: 1183-1194.

KEEBLE D, BRYSON J, WOOD P, 1991.Small firms, business service growth and regional development in the UK : some empirical findings[J]. Regional Studies, 25（5）: 439-457.

KIRAT T, LUNG Y, 1999.Innovation and proximity[J].European Urban and Regional Studies, 6（1）: 27 – 38.

KLAUS, SAULE, SUMONB, et al, 2009.Institutions resources and entry strategies in emerging economies[J]. Strategic Management Journal, 30（01）: 31 – 60.

KLODT H, 2000. Structural change towards services : the German Experience[J]. University of Birmingham IGS Discussion Paper,（10）: 5-10.

KNOBEN J, OERLEMANS L G, 2006. Proximity and inter-organizational collaboration : A literature review[J].International Journal of Management Reviews, 8（2）: 71-89.

KOGUT B, 1985. Designing global strategies : comparative and competitive value-added chains[J]. Sloan Management Review, 26（4）: 15-281.

KOLKO J, 2007.Agglomeration and co-agglomeration of services industries[R].MPRA Paper.

KRUGMAN P, 1991. Increasing returns and economic geography[J]. Journal of Political Economy（99）: 483-499.

KRUGMAN P, VENABLES A J, 1995.Globalization and the inequality of nations [J]. American Economic Review,（60）: 857-880.

KRUMME G, 1970.The Interregional Corporation and the Region : a Case Study of Simens' Growth Characteristics and Response Patterns in Munlch,West Germany[J]. Tijdschrift Voor Economische En Socisle Geografie,（61）: 318-333.

LANE P J, LUBATKIN M, 1998.Relative absorptive capacity and inter-organizational learning[J]. Strategic Management Journal,（19）: 461-477.

LAZARSFELD P F, MERTON P K, 1954.Friendship as a social progress : A substantive and methodological analysis, freedom and control in modern society[M].

New York : Octagon Books.

LISSONI F, 2010.Academic inventors as broker[J]. Research Policy, 39（7）: 843–857.

LUCAS R E, 1988. On the mechanics of economic development[J]. Journal of Monetary Economics,（22）: 3–22.

LUNDVALL B A, JOHNSON B, 1994.The learning economy[J]. Journal of Industry Studies, 1（2）: 23–42.

MANSFIELD E, LEE J Y, 1996.The modern university : contributor to industrial innovation and recipient of industrial R&D support[J]. Research Policy, 25（7）: 1047–1058.

MARKUSEN J R, 2005.Trade and direct investment a producer services and the domestic market for enterprise[J]. Canadian Journal of Economics, 38（3）: 758–777.

MARSHALL A, 1890.Principles of economics : An introductory volume[M].London : Macmillan.

MARSHALL A, 1920. Principles of economics[M]. London : Macmillan.

MASKELL P, BATHELT H, MALMBERG A, 2006.Building global knowledge pipelines : the role of temporary clusters[J].European Planning Studies, 14（8）: 997–1073.

MASON R, WEEDS H, 2004. Investment, uncertainty and pre–emption[J]. International Journal of Industrial Organization, 28（3）: 278–287.

MAYER R E, 1989.Systematic thinking fostered by illustrations in scientific text[J]. Journal of Educational Psychology,（89）: 240–246.

MCKELVEY M, ALM H, RICCABONI M, 2003.Does co–location matter for formal knowledge collaboration in the Swedish biotechnology–pharmaceutical sector?[J]. Research Policy, 32（3）: 483–501.

MOLINA–MORALES F X, MARTINEZ–FERNABDEZ, 2009.Too Much Love in the Neighborhood Can Hurt : How an Excess of Intensity and Trust in Relationships may Produce Negative Effects on Firm[J].Strategic Management Journal.

MORA–VALENTIN E M, MONTORO–SANCHEZ A, GUERRAS MARTIN L A, 2004.Determining factors in the success of R&D cooperative agreements between firms and research organizations[J]. Research Policy, 33（1）: 17–40.

NAHAPIET J, GHOSHAL S, 1998. Social capital, intellectual capital, and the organizational advantage[J]. The Academy of Management Review, 23（2）: 242–266.

NOOTEBOOM B, 2000.Learning innovation in organization and economics[M]. New York: Oxford University Press.

NORTH D C, 1991.Institutions[J].Journal of Economic Perspectives,（5）: 97–112.

O'CONNOR K, HUTTON T A, 1998.Producer services in the Asia Pacific region: an overview of research issues[J]. Asia Pacific Viewpoint, 39（2）: 139–143.

OERLEMANS L, MEEUS M, 2005.Do organizational and spatial proximity impact on firm performance?[J]. Regional Studies,（39）: 89–104.

OHMAE K, 1995.The borderless world: power and strategy in an interdependent economy[M]. New York: Harper Business.

PASSIANTE G, SECUNDO G, 2002.From geographical innovation clusters towards virtual innovation clusters: The innovation virtual system[C]. European Regional Science Association.

PERI G, 2004.Knowledge flows and productivity[J]. Rivista Di Politica Economica（2）: 21–59.

PETER J, TAYLOR, 2001.Specification of the World City Network[J]. Geographical Analysis, 33（2）: 181.

PHILIPPE M, GIANMARCO O, 2001.Growth and Agglomeration[J]. International Economic Review,（42）: 65–73.

POLANYI, 1958. Personal knowledge: Towards a post–critical philosophy[M]. London: Routledge and Kegan Paul.

POLANYI, 1974.Scientific thought and social reality: essays by Michael Polanyi[M]. New York: International University Press.

PONDS R, VAN OORT F G, FRENKEN K, 2007. The geographical and institutional proximity of scientific collaboration networks[J]. Regional Studies,（3）: 79–91.

PORTER M, 1985. Competitive Advantage: Creating and Sustaining Superior Performance[M]. New York: The Free Press.

POWELL, WALTER W, 1990.Neither market nor Hierarchy: network forms of organization [J].Research in Organizational Behavior,（12）: 295–336.

PROBST G, RAISCH S, 2005.Organizational crisis: the logic of failure[J]. Academy of Management of Executive, 19（1）: 90–105.

RALLET A, TORRE A, 1999.Is geographical proximity necessary in the innovation network in the era of global economy[J]. Geo Journal,（49）: 373-380.

RICHARD G W, 2002.Factors associated with the development of Nonmetro Politan growth nodes in producer services industries[J]. Rural Sociology, 67（3）: 416-441.

RIDDEL M, SCHWER R, 2003.Regional Innovative Capacity with Endogenous Employment[J]. The Review of Regional Studies, 33（1）: 73-84.

RIZOV M, OSKAM A, WALSH P, 2012. Is There a limit to agglomeration? Evidence from productivity of Dutch Firms[J]. Regional Science and Urban Economics,（42）: 595-606.

ROMANO, PASSIANTGE, ELLAV, 1999. The web economy : Towards a new spatial context for learning and innovation processes in the business environment[J]. European Regional Science Association.

ROMER P, 1986. Increasing returns and long-run growth[J]. Journal of Political Economy, 94（5）: 1002-1037.

ROMER P, 1990. Endogenous Technological Change[J]. Journal of Political Economy, 98（4）: 71-102.

ROMIJN H, ALBALADEJO M, 2002.Determinants of innovation capability in small electronics and software firms in southeast England[J]. Research Policy, 31（7）: 1053-1067.

SAMUELSON P A, 1964. Theoretical notes on trade problems[J]. Review of Economics & Statistics, 46（2）: 145-154.

SAXENIAN A, 1994. High-Tech Dynamics[J]. Science,（264）: 1614-1615.

SCHAMP E W, RENTMEISTER B, LO V, 2004. Dimensions of proximity in knowledge-based networks : the cases of investment banking and automobile design[J]. European Planning Studies, 12（5）: 607-624.

SCITOVSKY T, 1954. Two concepts of external economies[J].Journal of Political Economy,（62）: 143-151.

SCOTT J, WALLSTEN, 2003. An empirical test of geographic knowledge spillovers using geographic Information systems and firm level data[J]. Regional Science& Urban Economics,（31）: 571-599.

SMITH K G, FERRIER W J, 2000. Competitive dynamics research : critique and future direction [M].London : Blackwell Publishers.

STEWART, THOMAS A, 1994. Your company's most valuable assets[J].Fortune, 130（7）: 68-73.

STOPER M, 1998. Innovation and new generation of regional Policies[J]. Entrepreneurship and Regional Development,（10）: 1– 6.

STOPER M, WALKER R, 1989. The capitalist imperative territory, technology and industrial growth[M]. Sxford : Blackwell.

STORPER, 1995. Industrial policy for latecomers : products, conventions and learning[M]. London : Rouledge.

TEECE D J, 1977.Technology transfer by multinational firms : The resource costs of transferring technological know–how[J].Economic Journal, 87（346）: 242–261.

TEECE D J, PISANO G, 1998.The dynamic capabilities of firms : an introduction[M]. Oxford : Oxford University Press.

TICHY G, 1998. Clusters : less dispensable and more risky ever clusters and regional specialisation[M]. Londen : Pion Limited.

TORRE A, GILLY J P, 2000.On the analytical dimension of proximity dynamics [J]. Regional Studies, 34（2）: 169–180.

TORRE A, RALLET A, 2005. Proximity and localization[J]. Regional Studies, 39（1）: 47–59.

TREMBLAY D, KLEIN J, FONTAN J, 2003. Territorial proximity and innovation : a survey in the Montreal region[J]. Revued Deconomie Regionale et Urbaine,（5）: 835–852.

TRIGLIA C, 2001. Social Capital and Local Development[J]. European Journal of Social Theory, 4（4）: 427–442.

TSAI W, GHOSHAL S, 1998. Social capital and value creation : the role of intrafirm networks[J]. The Academy of Management Journal, 41（4）: 464–476.

TURA T, HARMAAKORPI V, 2005.Social Capital in Building Regional Innovative Capability[J]. Regional Studies, 39（8）: 1111–1125.

UZZI B, 1996. The source and consequences of embeddedness for the economic performance of organizatons : the network effect[J].American Sociological Review, 61（4）: 674–698.

UZZI B, 1997. Social structure and competition in inter–firm networks : the paradox of embeddedness[J]. Administrative Science Quaterly, 42（1）: 35–67.

VENABLES A J, 1996. Equilibrium location of vertical linked industries[J]. International Economic Review, 37（2）: 343–360.

VENKATARAMAN S, 1997. The distinctive domain of entrepreneurship research [J].

Advances in Entrepreneurship, Firm Emergence and Growth, 3（1）: 119–138.

WACHTER K W, FREEDMAN D A, 2000.Measuring local heterogeneity with 1990 U.S. census data[J]. Demographic Research, 3（10）: 1–12.

WOOD P, 2006.Urban development and knowledge–intensive business services : too many unanswered questions[J]. Growth and Change, 37（3）: 335–361.

XIE X M, FANG L X, ZENG S X, et al, 2016. How does knowledge inertia affect firms product innovation[J]. Journal of Business Research, 69（5）: 1615–1620.

ZAHRA S A, GEORGE G, 2002.Absorptive capacity : a review, re–conceptualization and extension[J]. Academy of Management Review, 27（2）: 185–203.

ZUKIN P D, 1990. Structures of capital : the social organization of economy[M]. Cambridge : Cambridge University Press.